本专著系2023年教育部人文社会科学研究规划基金青年项目"清代外销画中传统手工艺的图像叙事研究"（23YJC760022）、广交大引进人才科研启动项目（K42022128）的重要研究成果。

范思婕

著

广州口岸的社会生活

18—19世纪中国外销艺术品中

一次历史岁月的回望

一次全球化背景下文化交流、身份认同
及文化消费等现代议题的当代启示

九州出版社
JIUZHOUPRESS

图书在版编目（CIP）数据

18—19世纪中国外销艺术品中广州口岸的社会生活 /
范思婕著 . -- 北京：九州出版社，2025. 7. -- ISBN
978-7-5225-3879-2

I. D669.3；J120.9

中国国家版本馆 CIP 数据核字第 20255JB832 号

18—19世纪中国外销艺术品中广州口岸的社会生活

作　　者　范思婕　著
责任编辑　陈春玲
出版发行　九州出版社
地　　址　北京市西城区阜外大街甲 35 号（100037）
发行电话　（010）68992190/3/5/6
网　　址　www.jiuzhoupress.com
印　　刷　长沙市精宏印务有限公司
开　　本　710毫米 × 1000毫米　16 开
印　　张　16
字　　数　220千字
版　　次　2025 年 7 月第 1 版
印　　次　2025 年 7 月第 1 次印刷
书　　号　ISBN 978-7-5225-3879-2
定　　价　98.00元

序　言

　　回溯18—19世纪的"广州贸易"黄金时代，外销艺术品的勃然兴起，不仅见证了中西商贸交流史上的一段辉煌篇章，更以其独特的艺术风貌，在东西文化碰撞与融合的历史背景下，给这个时代镌刻下深刻的印记。这个时期的艺术创作，得益于广州作为中西文化交流的重要港口，在全球化初期发挥了举足轻重的作用。外销艺术品不仅是中西物质交流的载体，更是跨越文化边界、推动社会认知变革的媒介。学界将这一时期孕育的融贯中西审美趣味与工艺技法的艺术品，称为"中国外销艺术品"。它们不仅是物质交流的载体，更是文化对话与想象构建的生动例证。这些专为西方市场精心雕琢的图像，不仅在视觉形式上独具特色，而且在内容上突破了传统绘画艺术的框架，呈现了广州口岸的社会生活与商业活动的生动场景。它们揭示了商品化生产模式下，艺术创作如何从一个单纯的美学表达转变为市场需求与商业利益的反映。与此同时，这些作品又深刻体现了当时广州港口社会的多元面貌及其文化功能，从而在历史的长河中为人们提供了一个窥视中西文化交流、经济互动及社会变迁的独特视角。

　　尽管中国外销艺术品广泛散落于全球各大收藏机构，并长期成为外籍学者研究的对象，然而早期的研究大多集中于特定馆藏及艺术品的个别特征，较少深入探讨这些作品所承载的文化、社会及历史背景。随着近年来国内外学术界对中国外销艺术品的关注日益增多，尤其是对中国外销画的研究逐渐深入，这一领域的重要性得到了广泛的认可。学术界开始从历史与文化的角度重新审视这些作品，试图从中揭示它们作为历史见证、文化桥梁以及跨文化对话的独特价值。外销艺术品不再仅仅是物质文化的象征，它们逐渐成为反映文化身份认同与社会变迁的重要载体。

本书旨在采用图像学与符号学的分析方法，深入挖掘中国外销艺术品的"解读"潜力。通过对这些艺术品中图像细节的细致剖析，不仅能够揭示广州口岸日常运作的诸多细节，还能探讨推动这些艺术创作背后的社会、经济与文化动因。特别是在分析外销艺术品中广州口岸的自然景观、人物形象与商业活动的表现时，本书关注西方审美偏好与中国传统审美习惯如何在"制作"与"匹配"的过程中发生碰撞与融合。这些作品的创作不仅是应市场需求而生的，更体现了中西审美文化的对接与融合，展示了艺术在跨文化交流中的独特作用。此外，本书还深入探讨了这些图像所构建的"视觉消费"世界，分析它们在全球化背景下的消费文化价值。从时间与空间的双重维度出发，剖析了外销艺术品在商业化、商品化的过程中所展现出的独特"视觉语言"，并考察这些图像背后的文化符号如何在不同的社会群体中形成认同与价值共鸣。最后，女性符号的视觉消费价值成为一个重要的议题，本书重点关注图像中"个相女性"与"共相女性"形象的呈现，探讨它们在视觉表达中的微妙平衡与调适，及其在构建文化认同和跨文化交流中的作用。

本书的研究不仅仅是对18—19世纪外销艺术品的学术探索，更是对这一时期中西文化交流与身份认同构建过程的深刻反思。希望通过细致的图像分析与文化解读，激发对这些艺术品在推动社会物质文化发展中的角色的更深刻的思考。这不仅是一次对历史岁月的回望，更是一次在全球化背景下对文化交流、身份认同及文化消费等现代议题的当代启示。

目 录
CONTENTS

第一章 绪 论

第二章　东西方图像审美概念的形成与互观

第四章　审美习惯与人物形象的趣味变化

第五章　传统的挪用：生产活动图像和传统图式的匹配

第六章 消费文化中的理想时间与空间：生活世界的塑造

第七章 消费文化中的性别符号："女性"角色的个相与共相

第八章　结　语

第一章

绪 论

第一节　研究源起

在中国美术史的传统叙述框架内，探讨的中心往往更侧重于笔墨趣味上的微妙变迁，而非风格层面上的突破性进展。长期以来，中国外销艺术品因受限于既定的审美价值评判，在传统史学论述中备受冷落，这一边缘化现象背后潜藏着多维度的缘由。首要的是，外销艺术品本质上作为一种商品存在，其工艺属性鲜明，风格设计多迎合西方消费者的偏好，故而其形态与内容相较于中国传统审美所崇尚的形而上意境，存在着显著的疏离。此类艺术品频繁穿梭于交易之中，而封建社会的四民秩序中，商人的地位远低于士人、农民与工匠，由此，商业驱动下的创作自然难以获得应有的重视。

其次，外销艺术品的流通范围局限在南方广东一隅，其创作者亦非出自文人雅士或名匠之手，作品形式趋于商品化的重复生产，难与北方宫廷工艺美术的精湛技艺相提并论。再者，从美术史的书写惯例审视，尽管众多西方博物馆与图书馆珍藏有中国外销艺术品，但在彼时的文化语境下，这些作品仅被视为异域文化的象征，且往往刻意模仿西方风格，难以单纯地从中国传统艺术的视角加以解读。这些因素共同导致中国外销艺术，尽管在中西文化交流史上占据举足轻重的地位，却在中西传统艺术史的书写中，长期处于被边缘化的尴尬境地。

本书聚焦于中国外销艺术品与广州口岸日常生活的紧密关联，若单纯从艺术造诣的高低或文学批评的标尺来衡量外销艺术品的价值，显然无法充分揭示其重要性。然而，外销艺术品以其独特的"图像历史"价值，弥补了传统写意水墨画在记录现实方面的不足，尤其在摄影术尚未传入东方之前，这种艺术形式展现了无可比拟的"以图证史"功能。

近二十年间，中国外销艺术品逐渐步入学术研究的视野，众多学者投身其中，特别是在对海外机构所藏外销画及外销瓷器上的图像与文字进行深入解读方面，取得了显著成就。然而，对于当时广东口岸民众日常生活、社会结构与家庭关系在外销艺术品图像中的映射，却鲜有研究者涉足。以现藏于大英博物馆的一幅外销版画为例，其画面生动展现了广州十三行馆区前的繁华景象，其中既有中国小贩，又有头戴礼帽的西方人、包头巾的波斯人，还有印度人；在对这些小人物进行描绘的背后，隐藏着复杂的社会关系网络。那么，这些社会关系的深层逻辑何在？西方消费者对中国的想象又是如何通过对艺术图像的选择来塑造呈现的？

　　本书旨在通过图像分析，揭示鸦片战争前后中国外销艺术品图像中广东口岸社会生活的真实面貌，深入挖掘图像背后更为隐秘的伦理学与人类学景观。这些图像所表现的生活反映出广东口岸地区不同族群的分化，其中不仅包括外国商贸人员和中国民众、男人和女人的直接区别，更包括一种多民族共存的民族体系，并且显示了疍家人和闽南人等的日常生活，以及一系列细微的伦理等级。本书将图像中的生活方式视为人与人之间互动与联系的生动体现，这些活动在商贸活动的宏大背景下，展现了各个群体共生共存的习惯与智慧。正如哲学家西奥多·R·斯凯奇所言，将"社会"定义为人类共存的状态，本书亦致力于通过外销艺术品的图像世界，探索并呈现这一共存状态的多维面貌。

第二节　研究背景

一、时代背景：16至19世纪的"中国贸易"

中国外销艺术品的产生可以追溯到鸦片战争之前，这些艺术品的出现应与欧美国家对华展开的"中国贸易"密切相关。所谓"中国贸易",是指16 至 19 世纪期间,欧洲、美国等国与中国之间的海上贸易活动。这一时期的"中西贸易",不仅给世界历史带来了深远的影响,也为中西文化的交融提供了独特的物质载体。

自明朝末期至清朝早期,中国长时间实施海禁政策,限制了与外部世界的商贸往来。然而,到了清朝乾隆年间,随着经济的增长和社会的发展,清政府逐步放宽了对外贸易的限制。乾隆二十二年(1757 年),清政府实施了"一口通商"政策,规定广州成为唯一合法的对外贸易港口,并允许外国商船仅在广州及其周边地区进行贸易。这一政策实施后,广州迅速成为中西文化与经济交汇的核心城市,外销艺术品的生产与贸易也由此开始繁荣。

在"一口通商"政策下,广州成为西方商人进入中国的唯一合法通道,这一地理位置使其在全球贸易中占据了重要地位。外国商人通过广州的"十三行"进行商品交换,"十三行"是清政府指定的管理外贸的商行,行商以中国商人和外国商人之间的中介身份,成为中西贸易的关键枢纽。随着18 世纪中期中西贸易需求的剧增,广州和其他沿海城市迅速发展成了繁荣的口岸城市。西方国家的商人和海上探险家开始频繁出现在中国的港口城市,他们带来了大量的商品和资本,也将中国的丝绸、茶叶、瓷器等商品带到欧洲和美洲。与此同时,西方的商品、文化和艺术观念也通过这一贸易渠道流入中国口岸城市,并在这些城市形成了浓厚的文化交流氛围。

这一时期,航海技术的飞速发展,使得欧洲列强能够更有效地开辟通往中国的海上航道。许多欧洲国家成立了自己的"东印度公司",它们在亚洲地区的贸易中占据了主导地位。这些公司不仅是商业组织,在某种程度上还承担了外交职能,其设立的办事处功能类似于今天的领事馆。这些公司不仅是全球化早期的经济力量,也在文化交流中扮演了至关重要的角色。通过这些东印度公司,欧洲的商品、艺术,以及文化理念进入中国,同时,外国商人在中国市场对中国外销艺术品的需求,也使得这一艺术形式迅速兴起。主要的东印度公司包括:英国东印度公司(1600—

1874 年）、荷兰东印度公司（1602—1798 年）、丹麦东印度公司（1616—1807 年）、法国东印度公司（1644—1769 年）、瑞典东印度公司（1731—1813 年）。

19 世纪中期，随着鸦片战争的爆发，清政府在与西方列强的对抗中失利，迫于压力与列强签订了一系列不平等条约。1842 年的《南京条约》不仅让中国割让香港岛给英国，还迫使清政府开放五个口岸，允许外商进行自由贸易。这一变化标志着广州在中国对外贸易中的中心地位开始下降，尤其在上海关口开放后，上海逐渐取代了广州，成为新的贸易中心。尽管如此，鸦片战争前的"广州贸易"黄金时期依然是中西贸易史上的一个重要高峰期。通过广州的"十三行"，中西方文化和商品的交流达到了空前的规模，这一阶段的外销艺术品正是这一贸易繁荣的产物。它们不仅是商品交换的结果，也反映了文化碰撞和融合的历史进程。

在"海洋史"的宏大背景下，中国外销艺术品得到了前所未有的发展。这些工艺美术品自 17 世纪中期至 19 世纪末，随着西方对世界的探索和贸易的兴盛，成为"广州贸易"的重要组成部分。外销艺术品不仅满足了西方市场的需求，也成为西方商人和消费者对中国文化想象与消费的产物。"海洋史"研究不仅关注海上贸易的兴盛，也关注这一历史进程如何塑造了全球化的早期面貌。中国外销艺术品的产生，正是在这一跨国贸易体系的推动下，作为文化交流的一个重要侧面进入历史舞台的。外销艺术品通过不同形式的工艺和图像，将中国的传统艺术与西方的审美趣味相结合，反映了中西方在艺术与商品化生产之间的互动。

二、地缘背景

广州的地理环境造就了它天然商贸要冲的地位。广州位于珠江三角洲，背靠白云山和越秀山，面朝南海，具有得天独厚的自然屏障与交通优势。珠江从市区穿过，四通八达的水道网络使得广州成为中国南方重要的交通枢纽。西江、北江和东江三条大河在此交汇，商船可以通过珠江流向东南亚、非洲，甚至美洲；同时，沿三江上溯，船只可以进入广西、湖南和江西，并进一步通向长江流域和中原地区。由于其重要的地理位置，广州自古以来便成了中外文化交流和商品交换的关键节点。作为中国的南大门，广州不仅能够接纳海上贸易的船只，还能与内陆地区的商贸活动紧密衔接，自然而然成为一个繁忙的经济和文化交流中心。

在北宋时期，广州便设立了"市舶司"，专门负责管理外来的贡品与货物，这为广州后来的贸易发展奠定了基础。随着中国对外贸易的逐步开放，广州的口岸文化也得到了进一步的发展，广州成为连接中国与世界的重要枢纽。《广东通志》卷六记载了当时广州的主要海港，其中以浪白和蚝镜最为繁盛，是商船停泊和贸易往来的重要港口。广州作为口岸城市，以其众多的港口和密集的河道网络，繁忙而高效地支撑了外来贸易的发展。无论是朝贡贸易还是私人贸易，广州的港口都成为中国对外贸易的主渠道。人们认为："华夷同体，有无相通，实理势之所必然。中国与夷，各擅土产，故贸易难绝。利之所在，人必趋之。"这段话突显了广州作为商贸港口的独特地位，同时也揭示了海上贸易在当时经济中不可或缺的作用。在清朝实施"一口通商"政策时，广州几乎成为"中国贸易"的代名词，它的繁荣与发展为中国外销艺术品的崛起提供了重要的经济基础和文化背景。

澳门作为广州的外港，也为广州的外销艺术品贸易提供了独特的支持。早在葡萄牙人到达中国之前，蚝镜（即澳门）就已经是一个各国商船停泊和贸易的海港。葡萄牙人于 1553 年开始逐步在澳门建立以贸易为核心的殖民势力。1557 年，葡萄牙在澳门建立了长期的驻地，并接连开辟了澳门——果阿——里斯本，澳门——马尼拉——墨西哥，澳门——长崎三条国际贸易航线，使其成为当时中国最为繁荣的通商口岸之一。而且，在清朝实行"一口通商"政策后，澳门与广州的联系变得更加紧密；清政府规定商船必须先在澳门等待审批，再到广州进行实际贸易，这使得澳门在广州贸易体系中的地位愈发重要，其逐渐成为一个重要的中转港。

广州和澳门的地理联系、经济互动以及文化交流的背景，为外销艺术品的蓬勃发展提供了深厚的土壤。在整个 18 世纪和 19 世纪初，广州不仅是中国对外贸易的中心，也逐渐成为世界经济体系中的关键节点之一。在这一时期，西方列强纷纷在广州设立代表机构，参与对中国的贸易和外交事务。随着全球贸易的不断扩展，广州的口岸也接纳了越来越多的外国商品与文化，这为外销艺术品的繁荣创造了前所未有的机会。广州的这一特殊地理与政治地位，使得它成为中西方文化交流与碰撞的前沿。外国商人在广州的交易需求推动了大量艺术品的产生，这些艺术品在满足西方市场需求的同时，也成了中西文化交汇的产物。

三、中西文化的交融互鉴

自中世纪以来，西方人士便踏上了远赴中国的漫长旅程，并留下了诸多记录。与此同时，西方作家亦根据旅行家、传教士等人的叙述，编撰出虚实交织的信息，这些信息共同构筑了西方世界对中国的初步认知和想象。亚洲与西方文化间的交流与碰撞，无疑是自文艺复兴以来世界历史上最具深远意义的事件之一。尤为值得注意的是，东西双方均对西方思想流向东方的传播持开放态度，这一趋势自 16 世纪起便显著加速。

在欧洲，至少自 17 世纪起，关于中国的资料与记载已屡见不鲜。彼时，大量词典的涌现以及中国历史与游记的出版，极大地推动了西方"包罗万象史"的编撰进程。进入 18 世纪初，"中国热"在欧洲急剧升温，诸多早期作品将中国描绘为理想的国度，这主要得益于西方传教士历年来所撰写的关于中国的作品的影响。这些入华耶稣会士向欧洲寄回了海量的书籍和信件，从而催生了欧洲 18 世纪的"中国热"。其中，《耶稣会士中国书简集》《中华帝国全志》与《中国杂纂》被誉为西方汉学的三大经典之作，也成为法国古汉学的不朽丰碑。特别是杜赫德的《中华帝国全志》，其影响力尤为深远，于 1738 年被译为英文。该书全名是《中华帝国及其所属鞑靼地区的地理、历史、编年纪、政治及博物》，尽管杜赫德未曾亲临中国，但他却塑造了中国被"观看"的形象。这一形象在 1772 年瑞典皇家科学院的演讲中也可以得到印证，卡尔·弗里德里克·诗福尔赞誉中国是"我们所知和所述的最强大的、最流行的和最有影响力的国家"。至 19 世纪初，对于欧洲人而言，中国的口岸已从繁华的贸易中心转变为各国贸易竞争的舞台，甚至由此滋生了欧洲中心主义的民族优越感，这在一些旅行游记中亦有所体现。于是，18 世纪风靡一时的"中国风"在 19 世纪演变为"恐华"的情绪，尽管这一过程在诸多文献中并未得到明确揭示，我们仍可从一些评价中窥见与之相应的观点。例如，19 世纪末英国先锋艺术家和设计师欧文·琼斯在其著作《装饰的基本原理》中，对中国装饰传统的态度近乎鄙视。他认为中国人毫无想象力，艺术作品亦缺乏艺术的最高境界——理想。

尽管如此，中国的艺术理念最终还是对欧洲自 18 世纪以来的审美趣味产生了深远影响，这种影响是以非常间接和微妙的方式发生的。彼时，东西方虽未深入洞悉彼此的艺术与思想精髓，但双方艺术间的相互作用却不容忽视。事实上，东西方的交流极大地拓宽了艺术家的视野，也开阔了其作品受众的眼界。此时的艺术家不仅相互借鉴对方的装饰性题材与内容，而且至少在一定程度上领悟到了对方的艺术主旨和理想。这段中西文化交融互鉴的历史，无疑是世界文化宝库中一颗璀璨的明珠。

第三节　相关文献研究

一、日常生活史研究

本书关注的日常生活是社会史研究的一个重要主题。日常生活史起源于 20 世纪 60 年代后的法国，当时的历史学家费尔南·布罗代尔呼吁将日常生活视为历史研究的新窗口。布罗代尔认为对日常生活的展示是所有经济、社会和文化活动的基础。而在 20 世纪 70 年代左右，关注日常生活的概念在德国形成一场被称为"日常生活史"的运动，作为微观史学的分支，它与宏观历史学所关注的宏观结构和经济事件相对立，并宣扬"从日常生活中和人们的生活中学习，可以给予历史性过程的解释很大的潜力"。在 1990 年到 2000 年间，日常生活史运动结合构成主义理论开启了新的篇章，也为许多关于日常生活、社交联系和创造性行为的研究提供了空间，使其更加关注与主观生活经验的结合。近几年，日常社会史的研究又出现了转向，开始关注主客观经验的物质载体层面的研究。研究者尤其关注社交行为实践，并将日常生活投射在群体、空间、交流和互相之间的信任感的联系中。与此同时，也存在许多研究日常生活史的社会史学家将不同时间维度的社会和经济研究联系在一起的现象，例如尝试将 18 世纪的贸易和当今的科学讨论和文化实践相结合。基于此，本书将探讨外销艺术品图像中广州口岸的日常生活，考察这些图像如何体现了早期全球化影响下的广州、澳门地区的城市生活方式以及其背后所体现的伦理意义。

探讨广州口岸的日常生活，现有主要文献来自中山大学范岱克教授（Paul A. Van Dyke）关于广州十三行地区生活生产的描写，包括《广州工厂的图像 1760 —1822》《广州和澳门的商人：18 世纪中国贸易下的成功与失败》《广州和澳门的商人：18 世纪中国贸易下的政治和策略》等。像很多关注 18 世纪口岸地区生活的文章一样，范岱克的兴趣在于从宏观尺度上对经济、政治、社会发展进行考察，而对每日活动的形成和变化的深入分析较少，所用的材料亦偏向于依赖英美的文献。与范岱克一样进行广州口岸社会研究的作者还有乔汉·A. 法瑞斯所写的《十三行：中西合作和对抗的体系结构》，以及牛津大学出版的由历史学家瓦勒瑞·M. 盖瑞特所写的关于广州十三行的著作 。除此之外，其他重要著作还有例如利用外销画描写外商生活的英国艺术史家孔佩特的著作《广州十三行：中国外销画中的外商（1700 —1900）》、李国荣，林伟森主编的《清代广州十三行纪略》、章文钦写作的《广东十三行与早期中西关系》等。

关于如何探讨澳门港口的日常生活，比较有代表性的文献有赖廉士和梅丽·赖德合著的《澳门基督教坟场》，该书内容涉及对 19 世纪中外关系史、中西文化交流史、中外贸易史、外交史乃至对澳门史和香港史的研究，极具学术价值。澳门大学历史系博士李庆翻译的由查尔斯·拉夫·博克塞所著的《葡萄牙贵族在远东（1550—1770）》一书，研究了早期外国人在澳门的生活状态。该书由十五章组成，以历任中日贸易船队司令和澳门总督在澳门的活动为基本线索，论述了澳门历史的各个方面。该书因征引大批已刊和未刊的葡萄牙语、西班牙语资料，到现在仍能为中国学者研究澳门史、中葡关系史提供重要帮助。

从现已出版的关于澳门的著作来看，研究跨越的时间段通常很长，有的甚至超过了 400 年，所以很难去讨论日常个人和团体的关系，日常活动一般也都被概括在整个历史长河中，缺少对个人或者团体如何发展和变化的细节描述。另外，大部分著作缺少理论性研究，也较少将之放在跨文化的语境中。

二、"符号消费理论"研究

法国社会学家、哲学家让·鲍德里亚于 20 世纪 70 年代构建了符号消费理论的体系，该理论在传播学和社会学界得到了广泛的认可。鲍德里亚认为，在符号消费中，消费者摒弃了商品的实用价值，竭力追求物的消费所带来的身份认同和彰显社会等级的快感，而商品的符号价值必须借助传播过程才能得以形成。

具体来看，符号消费理论在 19 世纪末就已萌芽。1899 年，美国社会学家托斯丹·范伯伦出版了《有闲阶级论》一书，提出了炫耀性消费概念。炫耀性消费指向的往往不是物的本身，而是它所承载的地位、身份和品位，即物的符号价值，该词在书中用于批判 19 世纪末的"有闲阶级"暴发户式的消费模式。法国社会学家居伊·德波于 1967 年出版的《景观社会》，为符号消费提供了理论支撑。德波认为商品的使用价值走向没落，"物"不再简单地分为使用价值和交换价值，而是通过交换价值的运作分化为"现实与意象", 这一过程在他看来是"商品完全成功地殖民化社会生活的历史时刻"。亨利·列斐伏尔在 1967 年出版的《现代世界的日常生活》同样将消费与符号相关联, 他认为生产已丧失主导地位, 消费成为最主要的议题。"消费物"不仅被符号和"美德"所美化, 它们俨然成为消费的意象。

当商品所具有的符号意涵越来越多时, 商品就逐渐不再是单纯的"物", 而可将其视为文化生产和文化象征的一环。虽然 18、19 世纪广州口岸形成的贸易市场远不及符号消费理论这种更高阶次概念的应用语境, 但通过对符号消费理论的梳理, 可以让本研究感受到更多中国外销艺术品作为商品的存在强度, 从而分析商品符号化背后所隐藏的象征内涵和价值, 这往往也是对推动商品生产的重要驱动因素和由地区文化赋予的人文精神内涵的一种考究。

三、西方学者对中国外销艺术品的研究

由于中国外销艺术品及贸易资料多藏于欧美的博物馆及图书馆, 西方学者对中国外销艺术品的研究起源较早。在外销画还没有正式进入研究领域之前, 1924 年, 詹姆斯·奥伦治的《遮打爵士的藏品: 与中国及香港、澳门地区相关的图像(1655—1860)》一书出版。虽然此书算不上严格意义的学术著作, 但其对早期图像的收集和归类具有很好的信息价值[1]。从严

---

[1] 此书在 2008 年发行了中译本, 译名为《中国通商图: 17—19 世纪西方人眼中的中国》, 由北京理工大学出版社出版。此书收录了香港金融家遮打爵士所藏的 1655—1860 年间的绘画共 430 余幅, 其中 259 幅被做成了插图。这些藏品于 1926 年捐给了香港政府, 本意是方便与大众分享, 但经总督府金文泰审视后, 却决定将藏品分别安放在总督府、香港大学和其他政府部门做装饰。后来, 太平洋战争爆发, 香港沦陷, 藏品多在混乱中被掳走或损毁, 仅存 94 幅藏于香港艺术馆。2007 年, 香港艺术馆举办 "香江遗珍——遮打爵士藏品选" 展览, 并出版同名藏品选集。在奥伦治的这本书中, 编余藏品散落前, 全书根据图像内容, 总共分为十二章, 每章包含主题背景、插图和说明三部分。书籍通过列举文献和图像, 试图呈现一段历史的面貌, 这些图像包括外国画家和中国外销画家对广州口岸的描绘。

格意义上说，对中国外销艺术品做全面研究的论著出现于约 20 世纪中叶。1950 年，英国学者玛格丽特·佐丹和索梅·杰丽斯合著了《十八世纪中国外销艺术》一书。此书以英国公共博物馆所藏中国外销艺术品为主，并结合日记、游记、书信等丰富原始文献，第一次比较系统地概述了 18 世纪中国外销艺术品全貌。另外，"中国外销艺术品"一词也似乎是从此书开始出现。除了外销画外，此书还研究了漆器、墙纸、版画、玻璃画、瓷器、广州彩瓷、牙雕、玳瑁壳雕、螺钿等类外销品，给后来学者的研究提供了宝贵的参考。

美国皮博迪埃塞克斯博物馆专家卡尔·克罗斯曼先生长期致力于中国外销品的展览、编目和研究，他的著作《中国贸易：外销画、家具、银器和其他物品》和《中国贸易的装饰艺术：绘画、家具和奇珍异品》先后于 1972 及 1991 年出版。克罗斯曼在书中已初步建构了中国外销艺术史的框架，在十五个章节中分别研究了绘画、家具、漆器、雕塑、扇、金属器、纺织品、壁纸等外销艺术品。在附录里，克罗斯曼罗列了外销画家的名单、港口的标识和关于广州景观的时间鉴定，十分有价值。另外，本书关于外销画研究的部分占据了主要的篇幅，以时间线索为据，呈现了史贝霖、蒲呱、林呱、廷呱、煜呱、顺呱等活跃在口岸的画家及其继承者的发展，但由于关于这一时期的史料比较稀缺，单纯的审美判断还是不能够作为评价的标准或者检定时间的依据。

除了与克罗斯曼一样对外销画进行整体风格研究的论著外，还有一些专门针对某一画科、某一机构或者是某一画家的研究。例如 1975 年英国的亨利·加纳出版的《施洛斯安步思的中国外销艺术》，以及 1984 年英国学者克鲁纳斯出版的根据英国国立维多利亚和阿尔伯特博物馆的藏品所编写的《中国外销水彩画》和 1987 年编写的《中国外销艺术及设计》。2016 年，罗莎连·凡·德·波尔调查和研究了荷兰的外销画藏品，其博士毕业论文为《贸易制造——中国制造，荷兰藏中国外销画：艺术与商品》。文章运用了艺术史、人类学、考古学和博物馆研究的相关知识，介绍了外销画的一些新视野中的理论，包括视觉分析和概念模型，对商品化和跨文化尺度的理解，谈到了荷兰与中国和其他口岸的贸易关系，重点阐释了"全球化"和"在地全球化"两个概念在外销画中的展现等。书中介绍的荷兰藏品及文末附录中的信息，富于数据价值。

在独立项目研究中，英国艺术史家孔佩特对中国外销艺术品亦有丰富的研究。自 1986 年起出版了多部专著，1993 年，他出版了《钱纳利生平（1774—1852）：一位印度和中国沿岸的画家》一书，书中考证了钱纳利的生平事迹，对其画作进行了分析和鉴赏，是研究钱纳利的重要著作。1998 年，他发表了《钱纳利眼中的澳门建筑》，此文的中译版发表在澳门《文化杂志》中。2009 年，孔佩特出版了新著《广州十三行：中国南部的西方商人（1700—1900），从中国外销画中所见》。这本书在 2014 年由商务印书馆出版了其中文版：《广州十三行：中国外销画中的外商（1700—1900）》。该书对描绘十三行商馆区的绘画进行了全面梳理和研究。除此之外，2015 年出版的由范岱克、莫家咏所写的《广州商馆图（1760—1822）：读艺术中的历史》，也是对于十三行图画的专门性研究著作。书中指出，相较于西方画家绘制的十三行和外销瓷上绘制的十三行图像，外销画中的十三行的景观更为写实，而非承袭固定的模式。此书引用了欧洲东印度公司以及中美贸易等方面的大量历史档案、文献与图像互证等。对外销艺术品某一方面进行专题研究的还有对外销瓷器中徽章纹饰有专门研究的英国学者霍华德以及对外销银器多有研究的罗斯比·福布斯。比较值得一提的还有 2014 年出版的，由伊凡·威廉斯所写、程美宝译编的《广州制作：欧美藏十九世纪中国蓪纸画》。书中的"蓪纸"亦多用"通草纸"来称呼，并对蓪纸水彩画进行了归纳和分析。作者用了大约四十年的时间，收藏、查阅了大量数据，并亲自拜访了全球四十多家藏有蓪纸画的博物馆、画廊，对蓪纸画作了全面系统的研究。而支持相关理论的实物画图版也是作者从自己多年的收藏及欧洲 29 家博物馆、画廊中精心挑选出来的代表作，一共 200 多幅，作为插图及图版在书中进行展示。到目前为止，这本书是关于蓪纸画研究最全面最系统的著作，内容从对原材料的产地、材质的生产、画作的主要生产者、现存画作的收藏经历及可知当年藏家情况到各绘画题材中相关的当时的一些广东地方风貌均有介绍。

四、国内学者对外销艺术品的研究

关于国内学者研究方面，他们主要集中在对外销瓷器和外销画方面进行研究。但由于外销画不入品流，在中国仅在罕见的文献中有所记载，且藏品机构多在国外，所以长期得不到中国美术史和历史学者的研究和重视。相对而言，香港和澳门对该方面关注的时间较内地学者早，一方面因为收藏机构的有意收藏，另一方面，其受殖民统治的背景也有助于掌握东西贸易和交流的文献资料。

近年来，越来越多的内地学者对外销艺术品产生了兴趣。就专著方面看，北京的陈滢是最早研究外销画的内地专家之一。《清代广州的外销画》一文收录在其美术文集中，它是作者参考香港、澳门相关机构的收藏，从岭南文化和美术史的角度，对外销画所做的专题研究。此文对画作的对比和分析，以及对外销画引入本土方面的研究具有开创性意义。

广州博物馆的程存洁于 2008 年出版了《十九世纪中国外销通草水彩画研究》一书，其主要以广州博物馆、广州宝墨园及一些私人藏品为研究基础，考察了"通草"水彩画一些基本概念叫法的演变，以及"通草"材料在我国从古到今的使用和认识情况。作者结合西方人旅华游记等史料论述了通草水彩画的产地、画家、题材和内容，其中包含对港口风景风情、广州新式消防、船舶、街头买卖、各行各业、茶叶和丝绸的生产和销售、人物肖像画、社会百态、戏剧表演、习俗与节庆、刑罚、花鸟虫鱼等主题的通草画做了内容上的分类和风格上的分析等。在"后论"部分，作者利用 19 世纪中国与各国签订的诸多海关税则，指出当时中国有大量通草水彩画销往英、美、法、德、瑞典、挪威、丹麦、奥地利、意大利、比利时、日本等国，并列举材料，反驳了外销画随照相术的出现而告终结的观点。最后利用 20 世纪的"海关出口货税则表"，指出通草水彩画直到 20 世纪 30 年代才退出历史舞台，更新了我们对通草纸水彩画的认识。

香港浸会大学艺术史学者李世庄于 2014 年出版的《中国外销画：1750 —1880》是外销画历史领域又一力作。全书通过剖析学术界就中国外销画研究之种种问题，以及当前海内外就此研究的状况，反映外销画是跟中外贸易和文化交流有多重关系的艺术品。在本书中，作者研究了18、19 世纪外销画的发展史，从侧面展示了中国外销画在艺术史研究中的重要性和影响，对我们了解近现代外销画的发展和贸易有较大帮助，对从事近现代艺术史的研究人员来说具有较大的参考价值。书中运用了不少未被公布的藏画，更引用了许多首次引用的中、英、法文材料，更新了很多已有认识。中山大学历史系江滢河 2007 年出版的《清代洋画与广州口岸》一书，对广州外销画和与广州相关的西方画做了系统的论述和研究。

香港中文大学历史系博士刘凤霞的《口岸文化——从广东的外销艺术探讨近代中西文化的相互观照》一文，主要运用作者在大英博物馆收集的礼富师家族所捐外销画作品，探讨在 19 世纪，中西早期交往中的相互态度、广州曾在中西贸易中的国际都会地位、十三行的兴衰、外销画的功能、口岸文化的传播等问题。

此外，广州地区的部分大学近十多年来都对口岸的历史进行了关注。中山大学在 2009 年成立了"广州口岸史重点研究基地"，而广州大学则在 2010 年成立了"十三行研究中心"，这些都表明口岸文化及其背景下的外销画历史越来越受到学界的关注。

五、其他展览编目、辑集和论文研究

除了关于外销艺术品的专著外，近年来，关于外销艺术品的展览、关于外销艺术品的编目与辑集等的出版，时刻丰富着研究者对图像资料的掌握。例如，1986 年的布莱顿英皇阁中国贸易展，是英国在此方面的第一次大规模展览，而孔佩特的《中国贸易：1600 —1860》一书即是该展览的目录。香港艺术馆编《珠江风貌：澳门、广州及香港》是 1996 至 1997 年香港艺术馆和美国迪美博物馆联合展览的目录。同样来自迪美博物馆的还有黄时鉴、沙进编著的《十九世纪中国市井风情——三百六十行》，这本画册描绘了 19 世纪中国南方市井的众生相，对清代民俗、历史、曲艺等方面的研究颇具价值。例如其中的"整番鞋"，从中可以见到中国最早的皮鞋制造；还有"看西洋景"，说明这种新事物在 19 世纪初已经出现在广州街头。2003 年，英国维多利亚阿尔伯特博物馆在广州举办展览，其图录在《18—19 世纪羊城风物——英国维多利亚阿尔伯特博物院藏广州外销画》一书中亦有呈现。这本图录收集了部分从 1860 年开始维院购入的中国外销画，并且收录了外销画中较典型的题材，如茶园茶行图、制丝图、船舶图，以及动植物图等。

除了配合展览的画册外，迄今出版的体量最大的外销画图册为《大英图书馆特藏中国清代外销画精华》。此系列图册包括八卷，其中一到六卷为广州口岸外销画，最后两卷为北京地区周培春风格的外销画。这是大英图书馆珍藏的中国清代外销画首次公布并在中国出版。其中，相当多的画作是罕见的藏品，有的更是存世的珍贵孤本。图册共收入 748 幅外销画，标注了馆藏编号、画作时间、画作种类、原画尺寸。该书按画的内容分为 15 类，反映广东题材的画作有：广州港和广州府城画、历代人物服饰组画、广州街市百业组画、佛山手工制造业作坊组画、广东官府衙门建筑、陈设及官吏仪仗器用画、刑罚组画、园林宅第组画、宗教建筑、祭祀陈设组画、劝戒鸦片烟组画、室内陈设组画、海幢寺组画、戏剧组画、广东船舶与江河风景组画 。难能可贵的是，本书每类画在开篇均有概略的描述，主要叙述该组画所反映的历史内容和对这些基本内容的分析考释，还介绍了与这些绘画相关的中外重要历史记载，考证了部分绘画的作者年代，最后指出该组画的价值。此书的导论叙述了关于外销画的一系列问题，包括收藏问题、绘画技艺传承问题、重要研究成果等。

第四节 研究目的和研究资料来源

一、研究目的

中国外销艺术品图像中反映的广州口岸社会生活是本书的研究中心。过往对中国外销艺术品和口岸的研究，主要从美术史及近代历史的宏观角度入手，较少有学者从图像理论和社会史相结合的角度进行研究，尤其缺乏对外销艺术品中出现的各个类别图像的归纳，即主题性探讨。在21世纪的当下，若仍要对这一时期进行梳理和论证，显然仅从艺术本体角度研究是不够的。关注往昔是艺术史学科的传统，外销艺术品是历史时空的特殊产物，其写实艺术风格受功能和买家的制约。西方国家通过这些绘画形成对中国的理解，这在一定程度上满足了西方国家建立民族国家时所需的民族认同感，并体现了男性的权利视角。反观中国本土，由于外销艺术品特殊的民间性，这些图像记载着文本历史资料可能都无法阐明的模糊领域。结合文献类目对外销艺术品图像进行考察，探索这些图像中涉及的口岸文化和日常生活，不难发现，这些族群活动中甚至包含了隐秘的伦理学乃至人类学图景。这一切复杂状态表明，对外销艺术品的研究能够为多个学科带来价值，远超对其艺术性本身的单一讨论。本书试图在"阅读"这些宝贵图像的基础上，结合各类文献资料，阐释图像背后的图像学意义。

二、研究资料来源

本书的基础材料是18、19世纪描绘广州口岸社会生活的外销艺术品图像。这些作品来源广泛，大部分来自大英图书馆、大英博物馆、英国维多利亚和阿尔伯特博物馆、美国皮博迪·艾塞克斯博物馆、瑞典中国宫、里斯本东方博物馆、香港艺术馆、澳门艺术博物馆、广东省博物馆等机构；部分来自伦敦马丁·格里高利画廊等画廊；还有部分收藏于私人藏家手中。

文字数据的主要来源包括生活琐记、轶事汇编、笔记小说、地方志、航海志、贸易记录等。这一时期主要的文字资料多数来自贸易史，相关典型研究多从考察公司或商人的视角出发，如范岱克关于广州贸易的部分研究。长期研究口岸城市的学者迈克尔·瓦内尔认为"广州是一个冗杂社会，只有理解这一点，本地的群体才能被理解"。本书希望通过中西材料，从多方面、多角度汲取关于这一时期广州口岸日常生活的记载。

值得注意的是，清政府虽有缜密的官僚报告系统和广泛流传的文学传统，但在口岸日常生活记载方面，直接文献较少。在非官方领域，却存在不少与本地官员或乡绅有关的记录文档被印制和发表，如较早期的《广东新语》①，以及它影响下的《粤中见闻》②、《粤东见闻录》、《南粤游

---

① 《清代史料笔记：广东新语》（上下）作者屈大均，是一本较有价值的清代笔记。全书二十八卷，每卷述事物一类，如天、地、山、水、虫鱼等，凡广东之天文地理、经济物产、人物风俗，无所不包。文中所谈其所以名"广东新语"者，为"吾于《广东通志》，略其旧而新是详，旧十三而新十七，故曰'新语'。是书则广东之外志也"。

② 《粤中见闻》为范端昂编写。范端昂，字吕男，广东三水县三江乡人，出身仕宦之家，父亲范吴曾任怀集知县、韶州知州。他本人曾候选州同，仕途不畅，一生主要精力花在研经、讲学和著作上。范氏活动的主要时代是康熙、乾隆两代，《粤中见闻》是他晚年之作，成书不会迟于雍正八年（1730）。全书凡35卷29万字，翔实记述了广东农业和手工业生产的情况，介绍了广东人民的生活习俗，引用了大量的民间谣谚和故事传说，很有地方特色。

记》①等。通过这些来自本土的记录，我们可以了解到法律是如何作用于此时的口岸，以及当地人们的一些生活习惯和传统仪式的，但作者们仍然很少关注到个体以及他们每天的琐事，这也是为什么在深入具体的群体和事件时，应该多角度地挖掘材料。从官方档案中，也不难找到外国总督和清朝政府有关贸易和贡品流通之间的礼仪的回应，当然也有地区管理者和清政府之间互通以更好规范口岸生活的记录等，例如《皇清职贡图》②、《澳门纪略》和其他一些宫廷记录。此外，还有一些官府的记录描述了航海时代的某些风俗，如《粤海关志》③等。虽然这些记载的传统可以追溯得更早，但更多零碎的关于风俗仪式的记录大多完成于 1820 到 1850 年间，这也是第二次鸦片战争（1856–1860 年）前的时期。近年来，因学界的关注，部分西方学者也出版了相关档案的翻译本，例如《中西关系编年史档案》等。原典的材料在引用时也存在着风险，这不仅有来自对内容的考核，从语言方面来讲，这些材料并非仅用中文和英文书写，大多时候，很多档案由西班牙语、葡萄牙语、法语等语言写成，所以在某种层面也限制了此一类型的研究。

---

① 《粤东闻见录》由张渠撰写。张渠字浚川，河北武强县人，雍正八年（1730 年）题补广东惠州知府，十年迁广东按察使，《粤东闻见录》共两卷，为张渠宦粤期间所作，对广东地区的高山大川、名胜古迹、逸闻轶事、人情风俗有所描写。

② 《皇清职贡图》，为清代傅恒、董诰等纂，门庆安等绘。此书为风土地理类著作，其中卷一为夷人卷，卷四为广东、广西卷。全书共绘制 300 种不同民族和地区的人物图像，每种皆绘男女图像 2 幅，共 600 幅。图后皆附说明文字，措辞用语浅显明了，简要介绍该民族与清王朝的关系及当地的风土民情。所绘图像以描写外形为主，并注重对人物表情的刻画。由于书中所记均为作者亲见，故较为真实可信，为研究历史提供了宝贵的形象资料。

③ 《粤海关志》辑录了历代史书、方志、航海见闻及清政府档案等有关资料。分皇朝训典、前代事实，口岸（附各口岸图说），设官（附清粤海关职官表）、税则、奏课、经费、禁令、兵卫、贡舶、行商、夷商、杂识等十四门。叙述了道光十八年前广东海关沿革，并对二十左右的来华贸易国历史、地理作了简单考察。力主健全海关制度，发展中外贸易，兼述广东海疆形势及兵营设施，要求加强海防，禁止鸦片入口，严防外敌入侵。税则部分记当时各种货物税率及乾隆十五年至道光十七年历年征税，尤为详备。

再看西方的游记传统，现存的西方文献记载显示，从中世纪开始已经有旅行家远游至中国并写下记录。无论长期还是短期旅行，旅行家在旅行过程中都有写航海日志的习惯，这些航海日志对欧洲看待中国视角的变化产生了很大的影响。比较有效和系统的航海日志记录来自瑞典东印度公司（1731—1813 年）的雇员们，尤其通过对科林·坎贝尔笔下的 1730 年代、迈克尔·古拉布笔下的 1750 和 1760 年代、乌鲁夫·林德笔下的 1770 和 1780 年代和龙思泰笔下的 19 世纪早期的梳理，不难发现，这一系列航海日志记载有序，因此可以成为对各个历史时期进行比较研究的重要材料。除此之外，地理历史学者麦利·欧本亦认为，研究者对旅行日志可以进行更宽泛的解读。他重点表明旅行日志不仅作为记录，也作为书籍被携带在后来旅行者中的行为，以及日志在不同地区的使用情况，使这些日志在被阅读的同时，也成为早期全球化进程中的一部分。从关于广州口岸的实际材料来看，此方面可供参考的记录包括较早期阿德里亚诺·德·拉斯·柯尔特斯记录刑法、兵器等一系列民俗的《中国游记》，彼得·密迪的《彼得·密迪游记》，约翰·尼霍夫 1665 年出版的《荷兰东印度公司使臣朝见鞑靼大汗——当代中国的皇帝》，阿塔纳斯·基歇尔的《中国图志》，菲利普·希尔维斯特·杜福尔的《处理新奇有趣的咖啡、茶及巧克力》和威廉·希基的《游记》等。

第五节　研究方法

一、图像学研究法

本书以观看、分析与理解 18、19 世纪中国外销艺术品图像中广州口岸社会生活的呈现为出发点，将图像纳入"阅读"的范围。具体而言，本书将主要分成两大部分，一是对外销艺术品中特定图像的图像志分析[①]，其中包括此类艺术品中常见的符号进行分析，例如代表广州口岸的"澳门外港""虎门关口""黄埔锚地"等港口描绘的固定图式组合。二是对分类后的图像进行图像学研究，主要为结合原典解释作品更深的内在意义或内容。"把日常生活转化成一件艺术品"，研究日常生活生产图像、婚丧嫁娶等伦理图像与中国传统绘画的图式联系，以及基于西方趣味和视角下的视觉调适；并且持续考察外销艺术品图像中表现的，东西方族群在广州口岸这一特殊区域所进行的自我和他者的建构。

二、鲍德里亚商品符号理论研究方法

鲍德里亚在《消费社会》中提出，商品的意义构成一种在"杂乱"的外表下暗中起着控制作用，让消费者"逻辑地"从一个商品走向另一个商品。由此可见，在消费逻辑中，对商品所体现的意义的分析和批判就成为解读当下境遇的重要途径，而商品也由"物"转换为符号。接着，鲍德里亚在《符号的政治经济学批判》中试图将生产逻辑中的交换价值与使用价值对应起来，在文中他展示了商品—符号的对应公式：

[①] 此处借用潘诺夫斯基在其著作《图像学研究》里所用的阐明图像学研究基本原理的方法，即三个层次，分别为：第一层为"现象"层次，第二层次解释意义含义是主题和图像志层次，第三层次的解释对象是记录含义或者说本质含义，解释的主观来源为我们独特的世界观。在《图像学研究》中潘诺夫斯基是这样表述的："假如我们完全依靠原典，就会茫然失措，但幸运的是，我们可以通过探究不同的历史条件中艺术家表现对象和事件的不同方式，即通过探究风格的历史来修正和控制我们的实际经验，同样，我们也可以通过探究不同历史条件中艺术家使用物体和事件表现特定主题和概念的不同方式，即通过探究相关类型的历史，修正并控制我们从文献中获得的知识。"

$$\frac{EV（交换价值）}{UV（使用价值）} \Longleftrightarrow \frac{Sr（能指）}{Sd（所指）} \Big/ \quad \frac{Symbolic\ Exchange}{（符号象征交换）}$$

就生产于 18、19 世纪广州口岸的外销艺术品而言，其交换价值无疑体现在作为商品的本质中，而其使用价值（所指）则是时间和空间变化在流通中产生的各种表象。就此来看，"真实"永远是被虚拟所建构的。当西方观者相信"被"呈现于眼前的外销物品是真实的"中国"之后，实际上已经把自己植入了一个"巨大的拟像系统"之中。本书将对中国外销艺术品中社会生活题材的图像进行归类，分析其在演变发展过程中，这一特殊商品背后的相关驱动因素。

第六节　重要词语概念界定

对中国外销艺术品的研究是近几十年来新兴发展的研究领域，许多描述词汇来自西方历史学家和美术史学家的定义。为了更好地辅助本书的阅读及理解，有必要对书中经常提及的一些重要词语及其范围加以界定。

一、"中国贸易"与"广州贸易"

"中国贸易"与"广州贸易"是西方学者在研究中国近代历史中常用的词汇。"中国贸易"一般被认为是 16 到 19 世纪欧美国家与中国之间的航海贸易；而"广州贸易"则是指 1757 年清政府颁布"一口通商"后，至鸦片战争结束之间，活动于广州口岸的东西方贸易。此外，就美国方面来看，这一时期的中美贸易也被称为"旧中国贸易"，其范围从 1783 年美国独立战争结束后不久，到 1844 年与中国签订《望厦条约》之时，该时间段与

"广州贸易"的时间段基本重合。

二、"广州体制"与"广州口岸"

"广州体制"是指 1757 年清政府施行"一口通商"至鸦片战争结束期间，欧美商人在广州贸易中所面对的官方政策、协议，以及具体实施的买卖实践和程序。具体而言，粤海关监督通过引水人、通事、行商、买办等各级工作人员，对外商及其贸易船只、贸易程序进行有效的规范管理。这既保证了贸易能顺利进行，又确保了外国人不对中国的文化习俗造成冲击，这套管理模式得到了清政府的批准。整个广州体制建立在船舶运输的基础之上，这些船的航行通道必须是官方规定的河道，因此，清政府只要控制了珠江的导航（澳门引水人）以及深入通道的入口（虎门），就控制了整个贸易。

此外，"口岸"亦是西方学者研究中国近代历史的常用词汇，它指代的是近代中国与外国进行航海贸易的城市和港口。本书所使用的"广州口岸"是"一口通商"时期"广州体制"下的"通商口岸"，这并非只涉及现今地理位置上所理解的"广州"一处，而是在"一口通商"时期，西方贸易者进入珠江三角洲水系前往广州十三行地区经商时，所需要通过的关卡、锚地、港口等重要地理位置。

三、"中国外销艺术品"与"中国外销画"

本书中所论述的"中国外销艺术品"是近年来西方艺术史学者研究相应主题时所使用的词汇，它指的是清代欧美诸国与中国进行贸易时，伴随商船带回本国的中国工艺美术品。这些"外销"西方国家的商品艺术应西方贸易者的需求制作，其艺术风格与内销本地的工艺品风格有所不同。

"中国外销画"是"中国外销艺术品"中重要的组成部分，它兴盛于18、19 世纪的广州十三行地区，其风格受到西方艺术审美趣味的影响。中国外销画的种类有布面油画、象牙油画、玻璃油画、通草水彩画、纸本水粉画、纸本线描画等。19 世纪广州十三行地区的靖远街和同文街，最多时有两三千名外销画画师。随着清代广州贸易的繁荣，一些西方画家也来到广州口岸并收徒授业。这一时期的知名外销画画家有煜呱、啉呱、庭呱、新呱等。"呱"字洋文写作"Qua"，有学者认为该词出自"官"字，那时十三行商人往往捐有顶戴，他们的别号通常带"官"字，西方贸易者也习以为常。所以外销画家们用带"呱"音的别号，应是从行商别号的"官"字借过来的，用以提高身份。另有学者认为，"Qua"从葡萄牙语词"Quadro"（绘画）而来，西方贸易者看见商行的"呱"字招牌，便知道店里做的是洋画生意。

四、"广州十三行"

"广州十三行"，是指清朝沿用明朝之习惯，称呼广州对外贸易特区内的十三家商行，之后这片区域被称为"十三行街"①。在"一口通商"时期，"广州十三行"的发展达到了巅峰，成为"天子南库"，几乎所有亚洲、欧洲、美洲的主要国家和地区都在此处与中国发生过直接的贸易关系。广州十三行地区现今位于十三行路以南以及广州文化公园一带。

---

① 参阅梁廷枏在《粤海关志》卷二五中之记载：国朝设关之初。番舶入市者，仅二十余柁，至则劳以牛酒，令牙行主之，沿明之习，命曰十三行，舶长曰大班，次曰二班，得居停十三行，余悉守舶，仍明代怀远驿旁建屋居番人制也。

东西方图像审美概念的
形成与互观

　　本书核心聚焦于探讨 18—19 世纪期间，中国外销艺术品如何通过描绘广州口岸地区日常生活，映射出东西方文化交汇视角下形成的独特"审美风尚"。本书开篇深入剖析东西方在图像领域相互审视的历史脉络，这一互动历程构成双方"审美习惯"共融共生的基石。值得注意的是，中国外销艺术品风格的演进，始终伴随着图案设计的创新与融合，即图式的创造与适配。本章将透过对西方出版物与艺术作品中关于"中国"及"中国风情"图像的想象构建与创作实践，细致考察西方观赏者的审美偏好与选择。这不仅是对视觉文化的深度挖掘，也是理解东西方美学交流互鉴、相互影响的尝试，旨在揭示全球化早期阶段，不同文化如何通过艺术媒介，共同塑造超越地域界限的审美共识。

第一节　西方的探索与东方的回应

　　历史学家大卫·阿诺德认为，在 15 世纪之前，整个世界其实被区隔成了数十个各自独立的社会与文明，彼此之间基本没有或者仅有微不足道的接触与沟通。13 世纪，蒙元西征打通了欧亚大陆的通道，但不能简单将其视为中国古代第一次的扩张效应，中国古代对外交流和扩张在之前早有体现，如丝绸之路时期。欧洲人早期基于对亚洲的模糊认识，用"契丹"指代中国，"Tartars"（鞑靼）主要是对鞑靼人的称呼，二者概念不应混淆。"契丹"的概念一直沿用到清朝的贸易年代，所以欧洲人称呼清朝的皇帝为"Tartar King（鞑靼皇帝）"。到了 15—17 世纪，欧洲沿海多国派出船队进行远洋探险，这个历史时期被称为"地理大发现"和"大航海时代"，由此奠定了新地理概念的基础。这一历史发展的背景因素，一般认为首先来自中古末期西欧封建制度的没落、现代国家的兴起，及由此诞生的民族主义热潮；其次是 16 世纪的宗教改革与 17 世纪理性主义视角下基督教会掀起的海外复兴潮流。

　　欧洲在建立所谓"现代世界体系"模型的过程中，将中国等其他地区被动地拖入此一新的体系后，对其历史发展产生了深刻影响。正如近代文学理论家爱德华·萨义德在其 1978 年出版的《东方学》一书中所指出的，"东方并非一种自然的存在……'东方'和'西方'这样的地方和地理区域都是人为建构起来的。因此，像'西方'一样，'东方'这一观念有着自身的历史遗迹思维、意象和词汇传统，正是这一历史与传统使其能够与'西方'对峙而存在，并且为'西方'而存在"。

　　历史学家费南德兹·阿梅斯托认为："中国之所以跟更广大的世界脱钩，并非肇因于科技低劣或好奇心不足。中国人若想乘船前往欧洲或美洲，亦绝非办不到。"但中国传统上对待周边的发展一向显示出"怀柔远人"的态度，所以并没有产生如欧洲般改变世界的巨大影响，两者表现出不同的个性。"怀柔远人"的理念来自儒家经典《礼记·中庸》，书中解释道："柔远人，则四方归之；怀诸侯，则天下畏之。"这种疏离世界市场的态度导致了从 16、17 世纪开始直到 19 世纪，中国的资本主义经济成分发展始终较为缓慢，并且直到鸦片战争前，都没有产生质的飞跃。具体来看，明代前期施行的是海禁政策，禁止民间进行海外贸易，将"朝贡贸易"视为唯一合法的对外贸易方式。到了明朝后期，政府对海贸政策仍充满限制，隆庆元年（1567 年），明王朝宣布开放海禁，允许民间商人从福建漳州港出海贸易。耶稣会士利玛窦于 1582 年到达澳门后观察道："中国人将老祖宗传给他们的东西保持了数千年之久…… 我仔细研究了中国长达四千多年的历史，我不得不承认我从未见到有这类征服的记载，也没听说过他们扩张国界。"

康熙二十三年（1684 年）清朝统一台湾，康熙帝随即颁布开海令，"今海内一统，寰宇宁谧，无论满汉人等一体，令出洋贸易，以彰富庶"。次年（1685 年）清政府宣布设立江、浙、闽、粤四大海关，管理中外贸易，中国对外贸易行政管理机构——海关制度诞生。康熙帝认为国家统一后实行开海贸易对社会经济发展有积极作用，发展海外贸易有利于改善沿海百姓的生活，活跃商品经济、增加财政收入。但是，康熙实行开海贸易依然是有限制性的。随着中外贸易的发展，欧洲殖民主义者的行径引起了清王朝的疑惧。西洋商人威胁海防，清政府担忧其破坏中国传统社会的道德风俗，二者的冲突不断加剧。1757 年底，清政府下令禁止外商到江、浙、闽三关贸易，只许其在广州一口通商。1759 年，两广总督李侍尧颁布《防范外夷规条》（防夷五事）。条例十分严格，包括：外商不得乘轿，不得向官府投递文书，不得随意出外游览，外国妇女不得进入广州城等。在西方国家向东方殖民的过程中，中国传统的贸易伙伴纷纷沦为西方的殖民地，遭受了西方的殖民掠夺。中国与欧洲殖民国家间的贸易也在此背景下渐渐展开，西方的殖民贸易对殖民地的疯狂掠夺瓦解了中国的"朝贡体系"。直至鸦片战争战败前，广州是中国与西方唯一的通商口岸，也因此广州的贸易主要是针对与欧洲人的贸易。第一次鸦片战争后，中国传统的自然经济基础逐步解体，中国经济被纳入了世界资本主义经济体系之中。

第二节　西方视角下的中国图像

历史学家周宁在其著作《天朝遥远——西方的中国形象研究》一书中认为，对西方眼中中国形象产生深远影响的中西关系节点有两个：一是 1250 年前后，西方扩张开始；二是 1750 年前后，西方扩张进入凯旋阶段。① 从航海大发现到鸦片战争，欧洲人看到了从"怀柔远人"的天朝到被迫打开国门的中国。欧洲人笔下的中国图像反映出的既是他们眼中的东方国度，也是欧洲人自身的身份建构。就图像来说，绘画者的身份、技法的传统、各地域的流派，以及语境中的宗教、阶级趣味、人文关怀和贸易背景等都是图像建构需要考虑的重要因素。

一、早期西方游记的幻想

《马可·波罗游记》与《曼德维尔游记》②是地理大发现时代之前，欧

① 厦门大学作者周宁在其著作中通过关注七百多年以来西方对于中国形象生成和演变过程的促进，发现了其在不同社会文化语境下的延续方式，以解释在西方，中国形象叙事中带有普遍稳定性的特征。
② 《马可·波罗游记》记载了威尼斯人马可·波罗从威尼斯出发至亚洲，又从中国返回威尼斯旅游的经历，并记述了途中亚洲及非洲多国的地理及人文风貌。《曼德维尔游记》记载了作者约翰·曼德维尔在东方数十年的旅程，描述了中东、印度、中国、爪哇岛、苏门答腊岛等地的风俗，对当时的欧洲影响巨大。

洲人观看和体察东方国度的百科全书，这两本书以及同时代的一些游记和历史著作，都一致地称赞了元朝统治下东方国度的繁荣和安定，创造了西方集体记忆中的"契丹传奇"①。对于中世纪尚处在贫困和混乱交织的欧洲来说，契丹是一个稳定的世俗天堂，契丹的形象象征着财富和帝国的力量，可以激发中世纪晚期西方文化中的世俗欲望，并将其转变为资本主义文明的推动力。

　　早期的游记还只是单纯地文字记录，而后期的游记则开始出现插图以增强视觉的印象，但大多仍保留了很多夸大、抄袭和谬误的成分。例如1655年约翰·尼霍夫出版的《东印度公司荷使觐谒鞑靼大汗》一书中就添加了150幅铜版画插图，这些插图中的主题在后期欧洲人对于中国图像的描绘中亦经常出现，包括了城墙、寺庙、中国人的服饰、房屋和一些奇异的动植物等。画中的景物都是铜版画家根据文字臆想的，所以画面的风格和此时荷兰风景画的发展，以及荷兰旅行记中盛行铜版画的风气是分不开的。尼霍夫的游记自出版后，通过各种语言翻译、翻印了至少八个版本，它成为关于中国图像描绘的最具影响力的书籍之一。这种以游记为主，并加上自我想象的中国图像一直贯穿在西方人不断发现和观察中国的进程中，并且这些图像也进行着不断的自我验证和修正。

二、"耶稣会适应政策"下传教士的中国图像

　　"耶稣会适应政策"是根据耶稣会士方济各·沙勿略向东方传教的核心思想演变而来的政策。在文化传播的领域，它发展为以图像作为天主教教义传播的重要手段，以促进基督教文化和域外文化的融合。以广州为东方起点的南海交通要道成为天主教艺术的东传要道，极具宗教特性的美术品也成了最早出现在中国的西方美术品。从16世纪开始，中国就出现了一些以绘画形式传播福音的耶稣会士画家。万历七年（1579年），耶稣会

---

① 在马可·波罗的游记中，称中国北方为契丹，南方为蛮子，佛教为偶像崇拜。

传教士罗明坚到达广州和肇庆，他曾要求教会寄来一些描绘基督生平和关于《旧约》的故事画册。两年后，同为传教士的利玛窦抵达澳门。1601年，他进献给万历皇帝一幅天主像和两幅圣母像，并为皇帝绘制《坤舆万国全图》。利玛窦晚年将自己在中国的传教经历写成《利玛窦札记》，并由传教士金尼阁于1615年编辑出版，其拉丁文名意为《基督教远征中国史》，该书被翻译为拉丁文、法文、德文、西班牙文及意大利文①，其中封面上利玛窦身着明代儒服的形象（见图2-1a）流传甚广，许多后续油画和所出版书籍中的利玛窦像都参考了这一中国服饰形象。②该形象亦由金尼阁传递给其他西方低地国家，1617年活跃在安特卫普的鲁本斯在绘制金尼阁肖像的时候，很明显也参考了这位耶稣会士带来的中国传统服饰要素，（见图2-1b）鲁本斯还将自己对中国服饰的见解写在画面的右上方，这些来自东方的素材极大地丰富了艺术家的语言③。

到了清代，耶稣会调整策略，许多传教士在宫廷为中国皇帝进行绘画创作，其中广为熟悉的有意大利人马国贤、郎世宁、法国人王致诚、蒋友仁以及波希米亚人（今捷克）艾启蒙等。其中，马国贤擅长油画和铜版画，可以被称为将西方铜版画技术引入中国的第一人，《避暑山庄三十六景图》是他的代表作品，他还将自己在中国的经历写在《京庭十有三年记》一书中，并在回国后于那不勒斯建立"中国学院"，以培养去往中国传播基督教的学员。传教士画家在宫廷的身份和地位限制了他们绘画的题材，但他

---

① 《基督教远征中国史》五卷本最早以拉丁文发表，第一版于1615年在奥格斯堡出版，书名全称为《耶稣会士利玛窦神父的基督教远征中国史，同会神父比利时人金尼阁注释五卷》。该书意大利文刊行于1622年，而利玛窦用意大利文所写的回忆录原稿直到1913年才由汾屠立出版，书名为《利玛窦神父的历史著作》。

② 在各媒介中，身穿明代儒服的利玛窦形象可以在澳门艺术博物馆2010年的展览"海侨儒宗——利玛窦逝世四百周年文物特集"上看到。

③ 鲁本斯在画面的右上角写道："黑暗的色彩主要是为了耶稣会神父穿戴的需要，中国学者服饰的色彩并不局限于这种色彩，蓝色的衣领是耶稣会士和中国学者都能够接受的。此外，中国人的服饰可以根据他们个人的喜伴有多种颜色，不过黄色除外，那是皇帝的特权。"

◎图2-1a　利玛窦像，《基督教远征中国史》插图，1615年。

◎图2-1b　鲁本斯，金尼阁像，彩色粉笔及墨水纸本素描，44.8厘米×24.8厘米，1617年，美国大都会博物馆藏。

们也直接推进了中西方的图像互观。例如，应乾隆皇帝纪念西域作战成功的要求，由宫廷西洋画家郎世宁、王致诚、艾启蒙、安德义绘制的《平定准噶尔回部得胜图》，该图表现了平定额鲁特蒙古准噶尔部达瓦奇叛乱以及平定天山南路回部维吾尔大小和卓木叛乱的重大战争场面①。（见图2-2）为表彰军威，乾隆皇帝令两广总督李侍尧将画稿送交法国，并由掌握娴熟

① 此图的名称较多，《石渠宝笈续编》著录为《平定伊犁回部战图》，台湾"中央"图书馆善本书目著录为《平定回疆图》，故宫博物院图书馆编《清内府刻书目录题解》著录为《平定伊犁回部得胜图》，《箩图荟萃》著录为《御题平定伊犁回部全图》等。

◎图2-2 平定西域战图册之凯宴成功诸将士，纸本铜版画，55.4厘米×90.8厘米，1761年，故宫博物院藏。

铜版画技术的法国工匠柯欣负责，集合雕版名手勒巴、圣多米、布勒弗等七人共同制作。经历了11年，印刷的铜版画，刻版和原始图纸才寄回中国。该画采用全景构图，刻画细致入微，它不仅反映了欧洲铜版画生产的最高水平，也是中西文化在融合与交流中和图像相关的杰作。

整体来看，17、18世纪的耶稣会传教士对中国的观察和记录以及生成的图像以颂扬中华文化为主，这些传教士往往具有科学家、历史学家的双重身份，他们所接触的中国人也主要以士大夫和宫廷官员为主。但与早期游记中传奇幻想中的中国图像相比，传教士的描绘在一定程度上将奇幻图像在西方变成现实，正如金尼阁在《基督教远征中国史》中致读者时所说："耐心的读者，你必须了解，我们对于向你提供事实真相，要比提供文学体裁的乐趣更大。至于记述中所包含的事物的真实性，只要是在人力所能达到的真理限度之内，那就简直没有留下什么可怀疑的余地了。"传教士在中国生活时间之长，是经商为目的的西方贸易者所无法比拟的。数以百计的耶稣会士寄回欧洲的书简被集结成《耶稣会士书简集》，分别被翻译成了多国语言，就中国的历史、宗教、民俗、文学等作出介绍，使之成为西方汉学研究的基础。这些书简的编辑之一杜赫德编撰了《中华帝国全志》，其成为18世纪中国的百科全书，对启蒙运动时期的思想家产生了极大的影响。在此书中，中国被刻画成为重农和稳定道德制度下的理想国度，而中国风的装饰风格也在其对中国的赞扬之下开始风靡欧洲。

三、"中国风"的艺术趣味

"中国风"是指在欧洲艺术和装饰中，模仿、借鉴甚至理想化中国风格的艺术形式。该词源自法语中的"Chinois"（中国），最初用于描述一些带有中国或东亚风格的装饰艺术。尽管这些艺术品并非完全来自中国，而是西方艺术家对中国文化的浪漫化想象，但其背后却折射出中西方文化和艺术之间的深刻互动①。"中国风"的起源可以追溯到17世纪下半叶。当时，随着欧洲与东亚贸易的扩展，尤其是葡萄牙、荷兰、法国和英国等国与中国之间的商业往来，中国的艺术风格和工艺品成为欧洲贵族阶层竞相追逐的奢华象征。尤其是欧洲的贵族和上层社会，对于中国的传统工艺，如细腻的瓷器、漆器以及丝织品等表现出了极大的兴趣。17世纪中期，耶稣会传教士将他们在中国的见闻传递回欧洲，这些对中国的介绍逐渐纠正了欧洲人对中国的早期幻想，使中国文化的高雅与文明形象在欧洲得到了广泛传播。中国的瓷器、丝绸、家具、园艺和园林设计等成为欧洲上层社会所热衷的对象，特别是在法国、英国等国，还形成了强烈的"中国风"装饰热潮。

---

① 非中国的东方装饰主题来源于17、18世纪欧洲人对"中国"的定义并不明确，他们往往采用"中国""东方""东洋"等概念来阐释以中国为主体的东亚世界，但在路易十四的财产目录里，已时常出现"façon de la Chine"（中国式）或"à la chinoise"（中国品）等字样。直到19世纪，"中国风"一词才正式出现，巴尔扎克于1836年发表的小说《禁治产》首次用 Chinoiserie 指称具有中国风味的装饰工艺品。1878年，"Chinoiserie"一词被正式收录在《学术辞典》中，用来指代根据中国品位制作的艺术品。

　　"中国风"的装饰风格对欧洲的陶瓷、漆器、绘画、工艺品、纺织品、建筑、造园和室内设计等影响巨大。17世纪中叶以后，耶稣会传教士将自己在中国的经历记录并传递回欧洲，更正了欧洲人对中国的传统幻想认知，自此，具有高度文化理想和高度文明的中华帝国形象才被介绍到欧洲。中国风在法国艺术中表现出浓重的影响，尤其是在路易十四时期（1643—1715），路易十四为了彰显自己国家的富贵与奢华，大力推动了中国风装饰风格的流行。他命令建筑师阿杜安·芒隆设计的"特里安农瓷宫"便是典型的中国风建筑，这座宫殿的装饰大多采用了中国风格的瓷器、屏风以及东方元素，成为欧洲对中国艺术风格模仿的标志性作品。为了迎接18世纪的到来，路易十四于1700年在凡尔赛宫举办了以"中国节庆仪式"为主题的舞会，进一步推动了中国风的流行。而为法国宫廷服务的艺术家，如布歇、华托、贝然等在其作品中也绘制了大量带有中国风格的图像，尽管他们从未亲自到过中国，但通过他们的艺术表现，欧洲观众对于"理想化"的中国生活有了深刻的幻想与认知。这些艺术家通过插画、壁画、瓷器和家具设计等形式，将中国的传统艺术和风格融入西方艺术的创作中，极大地推动了中国风的流行。例如，布歇的画作《仿华托的中国少女》（见图2-3）便是典型的"中国风"艺术作品。这幅画不仅在形式上采用了东方女性的服饰与姿态，还通过装饰性的细节如扇子、花卉图案等，展现出对中国风的浪漫化与理想化。布歇和其他艺术家的作品为欧洲社会塑造了一个理想化的中国形象，亦即一

◎图2-3　布歇，仿华托《中国少女》，18世纪中期，纸本蚀刻版画，23.4厘米×17.7厘米。

个优雅、闲适、富有诗意的东方世界。

中国风在欧洲风靡一时的时间正值中国繁荣昌盛的康、雍、乾年代，从约翰·盖里18世纪初所作的《献给一位热爱旧中国的女士》一诗中可以看到，此时欧洲女性对来自中国的器物所葆有的源源不断的热情 ①：

WHAT ecstasies her bosom fire！是什么使她心中火焰狂喜！

How her eyes languish with desire！她的眼睛如何因欲望而憔悴！

How blest，how happy should I be，我如何祝福，我应该多么快乐，

Were that fond glance bestow'd on me！那欢喜的一瞥是我的赠予！

New doubts and fears within me war：新的怀疑与恐惧在我的战争里：

What rival's near？ a China jar. 哪个竞争对手在附近？是一个中国的罐子。

China's the passion of her soul；中国是她灵魂的激情；

A cup, a plate, a dish, a bowl，一个杯子，一个碟子，一个盘子，一个碗，

Can kindle wishes in her breast，能够点燃她胸中愿望，

Inflame with joy, or break her rest. 激起愉悦，永不止息。

马克思主义历史学家维克多·基尔南认为直到18世纪末为止，欧洲人对中国的印象仍犹如童话般美好。至乾隆晚期，清朝国势日渐衰落，以英国为首的国家由于迫切需要开辟新市场，对清政府在贸易上的限制感到不满。1793年，英国派马嘎尔尼大使来华，紧接着在1816年，阿美士德使团也提出开辟新口岸的请求，但都遭到清政府的拒绝。与此同时，来华欧洲使节和商旅笔下的中国显示出落后和野蛮的一面，随团而来的画师也捕捉到了清朝底层人民更真实的生活景象。到了19世纪，随着中国的衰落及欧洲对中国的认知变化，"中国风"逐渐被其他艺术潮流所取代。特别是在鸦片战争后，西方列强对中国的压迫使得欧洲对中国的印象发生了转变，这也导致了中国风的逐步式微。在这种背景下，许多原本"理想化"的中国形象被更具批判性的视角所替代。

---

① 约翰·盖是英国诗人和剧作家，他最出名的剧目是乞丐歌剧和民谣歌剧，这首诗写于1725年。

四、18、19世纪西方艺术家来华的写生图像

在 18 世纪中后期至 19 世纪这一时间段内，众多西方艺术家，无论是职业画家还是业余爱好者，都怀揣着对遥远东方的无限憧憬与好奇，踏上了前往中国的旅程。他们带着画笔和颜料，记录下这里的风土人情、自然风光与社会风貌，为后世留下了宝贵的视觉资料。这一潮流不仅展现了西方对遥远东方的浓厚兴趣，也促进了东西方文化的交流与融合。以威廉·亚历山大为例，他作为英国使团的画师，于 1792 年（清乾隆五十七年）随马戛尔尼勋爵率领的英国使团访问了中国。亚历山大凭借其精湛的技艺，描绘了中国的天津、北京、承德、杭州、广州和澳门等地的风景，创作了大量的速写和水彩画。在回到英国后，他将这些在中国的所见所闻转化为一系列风俗画，这些画作生动地再现了当时中国的人物和景物。他的这些作品在伦敦皇家艺术学会展出，后又以画册等书刊出版，使得英国乃至欧洲人民对中国有了更为直观和形象的认识，极大地促进了西方对中国的了解。值得一提的是，亚历山大笔下的中国市井图像，因其生动而富有生活气息，成为西方画家和出版商竞相临摹的模板。这些图像不仅满足了西方观众对遥远东方国度的强烈好奇和了解欲望，更在无形中促进了东

◎ 图 2-4 威廉·亚历山大，故宫的中国园林，1793年，纸本水彩，42厘米×58.4厘米，维多利亚与阿尔伯特美术馆藏，编号：2930-1876。

西方文化的交流与传播。它们如同一扇扇窗户，让西方观众得以窥见那个神秘而迷人的东方世界（见图 2-4）。

　　然而，威廉·亚历山大并非孤例，在他之前和之后，还有许多西方艺术家也曾来到中国，并用画笔记录下这里的点点滴滴。这些艺术家来自不同的国家和背景，他们之中有随船来到广州口岸的制图员和建筑师，如丹尼尔叔侄、法国画家博格特等；也有出于个人兴趣和职业发展考虑，选择到东方发展的艺术家，如被视为对东方最具影响力的西方画家乔治·钱纳利。他们在中国期间，不仅创作了大量的钢笔画、水彩画和油画作品，还通过与其他西方艺术家的交流与分享，共同推动了东西方文化的交流与融合。在这些艺术家中，约瑟夫·法灵顿①的日记为我们提供了宝贵的线索，他记载了威廉·亚历山大与马噶尔尼大使以及另一位随团画家托马斯·希基在中国的生活经历。希基是英国官方任命的使团绘图员，他来自爱尔兰，是一位肖像画画家，他与亚历山大一起工作但年薪是亚历山大的一倍，遗憾的是，希基的画作并没有很好地保存下来。更早一点来华的西方艺术家还有亚瑟·威廉·德维斯，他是船只安特罗普号的制图员，该船在帕劳群岛附近被撞毁，虽然他在广州逗留了一年，却未能留下任何可参考的图画，这无疑成为一个遗憾。另外，约翰·韦伯也是早于亚历山大的来华艺术家，1775 年，他作为绘图员随库克船长②来到中国，并在澳门港停留了一个月，绘制了航行期间一路的风土人情。在 18 世纪末至 19 世纪初这一旅行家和风景画兴旺的时代，更多的西方艺术家在中国留下了足迹。这些艺术家们用画笔记录了沿途的景色、口岸的商业活动以及居住期间所

---

① 约瑟夫·法灵顿是一位 18 世纪的英国风景画家和日记作者，从 1793 年 7 月 13 日直到他去世，法灵顿每天都写日记，他的日记记载了这一时期伦敦艺术界的宝贵信息。法灵顿在 1796 年 11 月 20 号的日记中记载了"去往中国的大使"的故事，该故事由亚历山大口述，内容包括了到达中国后清政府"怀柔远人"的态度、广州街道和楼房的装饰以及珠江上当地人生活的日常等。

② 海军上校詹姆士·库克，被称为库克船长，是英国皇家海军军官、航海家、探险家、制图师，他曾经三度奉命出海前往太平洋，带领船员成为首批登陆澳洲东岸和夏威夷群岛的欧洲人，也创下首次由欧洲船只环绕新西兰航行的纪录。

见的中国人的生活状态，创作出了一系列钢笔画、水彩画和油画作品。

一些西方艺术家在回到本国后，往往会整理自己在中国创作的画稿，并将其印刷成各种类型的版画。这些版画因其生动逼真、色彩丰富而深受本地顾客的喜爱，使得西方最广大的平民观众也有机会接触到不同于先前幻想下的东方古国的真实面貌。同时，这些艺术家们也将西方绘画技法带到了中国，一些中国画师在学会这种技术后，在广州开设画室，大量绘制商业图像，如港口风光、人物肖像、生产生活场景以及奇异花鸟画等。这些作品不仅丰富了中国的艺术市场，也直接影响了广州口岸外销艺术品图像风格的形成。

整体而言，18 至 19 世纪西方艺术家在中国的写生图像不仅展现了西方对东方的浓厚兴趣和文化交流的重要性，也促进了东西方艺术风格的相互借鉴与融合。这些作品不仅是艺术史上的珍贵遗产，更是我们了解那个时代东西方文化交流的重要窗口。

第三节　中国对西方图像的观照

自古以来，中国人对世界的地理观念虽然在逐渐扩展，但直至鸦片战争前，我国的地理认知仍深深植根于以华夏为中心的观念之中。这种观念不仅体现在对周边国家的认知上，更体现在对遥远西方国家的模糊而片面的理解上。自 16 世纪以来，明朝官员与葡萄牙、西班牙和荷兰等国的贸易接触日益频繁；稍后，在"耶稣会适应政策"下，文人士大夫和宫廷官员与各国传教士的交往也愈加密切。然而，似乎很少有人愿意去了解这些闻所未闻的国家在哪里。明清两朝在外交事务上也显示出不积极的态度，这主要表现在时而出现的禁教和"闭关锁国"等政策方面。即便后来设立海关并开放广州口岸进行"一口通商"贸易，西方商人的活动范围也非常受限，清政府的管控也十分严格。

　　然而，这种封闭并不意味着中国人对西方人的面貌和文化完全漠不关心。在一些中外交通史书中，流传着关于西方人野蛮行径的奇闻轶事，这些故事虽然可能带有夸张和虚构的成分，但无疑加深了中国人对"夷人"的某种刻板印象①。同时，这些史书也记载了一些西方国家的别称，如葡萄牙人被称为"弗郎机"②，荷兰人被称为"红毛番"等，这些称呼反映了当时中国人对西方人的直观感受和认知。在图像传播方面，最早的关于基督教图像的传入记录可以追溯到 1601 年利玛窦进献给万历皇帝的天主像和圣母像。这些图像以其细腻逼真的笔触和独特的艺术风格，引起了中国人的极大好奇和兴趣。姜绍书和顾起元等人在他们的著作中详细记载了这些图像的绘制方法和艺术特点，从中可以看出中国人对西方绘画技法的初步认识和评价。姜绍书在《无声诗史》中记载："利玛窦携来西域天主像，乃女人抱一婴儿，眉目衣纹，如明镜涵影，踽踽欲动。其端严娟秀，中国画工，无由措手。"顾起元 1617 年在《客座赘语》中也记载道："所画《天主》，乃一小儿，一妇人抱之，曰'天母'。画以铜板为帧，而涂五彩于上，其貌如生，身与臂手俨然隐起帧上，脸之凹凸处，正视与生人不殊。人问画何以至此，答曰：中国画，但画阳，不画阴，故看之人面躯正平，无凹凸相。吾国画兼阴与阳写之，故面有高下，而手臂皆轮圆耳。凡人之面，正迎阳，则皆明而白，若侧立，则向明一边者白，其不向明一边者，眼耳鼻口凹处皆有暗相。吾国之写像者解此法，用之故能使画像与生人亡异也。"而中国早期对基督教图像的收录，要数明末《程氏墨苑》中四幅宣扬基督神迹的宗教宣传画，分别是"信

---

① 明朝严从简及李文凤分别在《殊域周咨录》和《月山丛谈》中记载了弗朗机人在广东购买并煮食小孩的故事，过程记录详细但不乏匪夷所思之处，这些轶事让中国人深化了对"夷人"残暴一面的认知。

② 佛郎机的称谓从何而来并没有具体记载，但据利玛窦的解释，当葡萄牙人首次抵达广东沿海的小岛后，岛上居民叫他们为佛郎机人，这是回教徒给所有欧洲人的名字。这个词本来是 Frank，但由于中国话没有"r"音，就被念成 Fulanci（佛郎机）。"佛郎机一词也被用来称一种传统炮。明嘉靖元年（1522 年），时任广东巡检的何儒在泊于当地的葡萄牙商船上看到一种新式火炮，其射程据载为 2000 尺。

◎图2-5　圣母抱子像及其下方题记，约 1610 年，《程氏墨苑》（明万历滋兰堂原刊本）。

而步海疑而即沉""二徒闻实即舍空虚""淫色秽气自速天火"，以及"天主图（内容为圣母怀抱耶稣之像）"（见图2-5）。

随着中西交流的深入，越来越多的西方图像和艺术品传入中国，清朝宫廷传世器物中就不乏西方图像的元素，这些图像不仅丰富了宫廷艺术的多样性，也促进了中西绘画技法的交流与融合。美术史学家杨伯达认为，清代院画在康雍乾时期形成了三种类型：分别是西洋传教士带来的风格类型；焦秉贞和冷枚的风格类型；以及继承娄东、虞山派文脉的唐岱、蒋廷锡、宋骏业派。而后面两种类型很明显借鉴了泰西画法并互相影响。具体来看，乾隆年间宫廷画家创作的《万国来朝图》和《皇清职贡图》等作品，就充分展现了中西绘画技法的融合与共生。这些作品不仅描绘了新年时外国使臣前来朝拜的情景和各民族的人物图像，还通过细腻的笔触和丰富的色彩，展现了中西服饰、风俗和文化的差异与共性。其中，《万国来朝图》寓意着清朝的强盛，而《皇清职贡图》更像是关于中西方人种与民族的图解全书，全书共绘制了三百种不同民族和地区的人物图像，每种图像均为男女两幅，共六百幅，并且附有文字说明①。

---

① 《皇清职贡图》共有九卷。卷一为域外，如朝鲜、琉球、安南、英吉利、法兰西等地区；卷二为西藏、伊犁、哈萨克地区；卷三为关东、福建、湖南、台湾地区；卷四为广东、广西地区；卷五为甘肃地区；卷六为四川地区；卷七为云南一带；卷八为贵州地区；卷九是 1763 年（乾隆二十八年）所续补增绘之图；1805 年（嘉庆十年），卷九末又增补越南地区的人物图 5 幅。

◎图2-6 大西洋国夷人（左）、大西洋国夷妇（右），《皇清职贡图（有乾隆谕旨和大臣的恭和诗）》，18世纪下半叶，绢本彩绘，38.8厘米×34厘米，法国国家图书馆藏，编号：FRBNF44476840。

（见图2-6）这种图文解析的对照模式在清末北京地区外销画家作品中得到了进一步的延续和发展，如周培春的外销画就经常采用这种模式来描绘清朝文武官员品级和民间神像等[1]。

柯律格在《中国画与它的观众》中指出，中西之间视觉文化的"互联性"在18世纪愈演愈烈，进入全新的状态。他在此主要为了说明从乾隆时期开始，专门生产外销艺术品图像的工坊的存在。除了宫廷内府外，其首要的生产地点就是广州。从绘画本体上看，商业图像和宫廷图像并无高低之分，它们互为存续、彼此共生。因此，王正华断言："在中国，欧洲的风格元素并没有为盛清时期的艺术与视觉文化增添一层虚饰，反而恰恰形成了它们的特征。"

---

[1] 清末北京画家周培春的外销画中就经常采用图文解析的模式，图像参阅美国大都会博物馆藏周培春绘清朝文武官员品级图，共十七幅，博物馆编号：57.109a - q；以及美国费城艺术博物馆藏周培春绘民间神像图，共五十幅，编号：1967-173-2（8a，b）。

第四节　进入中国的门户：广州口岸

在陈寅恪先生的《天师道与滨海地域之关系》一书中，他深刻指出："盖两种不同民族之接触，其关于文化方面者，则多在交通便利之点，即海滨港湾之地。"该论述精准地勾勒出滨海地域在文明交融史上的桥梁作用。自古以来，广州一直是一个连接内陆与海洋、东方与西方的关键枢纽。中国的海上丝绸之路滥觞于秦汉，而广州作为其重要起点，见证了无数商船往来、货物交流、文化碰撞的壮丽图景。明正德十二年（1517年）葡萄牙人率先踏上这片土地，拉开了中西方直接贸易的序幕。随后，西班牙、荷兰等欧洲航海者纷纷来华，海洋贸易的洪流势不可挡。这些远洋贸易背后，往往有着政府或贵族的强大支撑，如1600年英国组建了东印度公司，随后欧洲各国纷纷效仿。

清康熙二十四年（1685年），清政府下令开海，允许外国人在广州、漳州、宁波和云台山进行贸易，并且设立了管理贸易的海关，如在广州成立粤海关。粤海关在澳门设立了"关部行台"及四座税馆，负责监管贸易活动，确保税收，同时维护港口秩序。到乾隆二十二年（1757年），出于管理便利的考虑，清政府决定仅保留广州作为唯一的对外通商口岸。这一决策，使得广州成为中西方贸易与文化交流的独家舞台，此种状况，延续至鸦片战争前夕。在广州，西方商人的活动范围被严格限制在珠江边的十三行商馆区内，他们只能在特定日子到对岸"河南"的中国行商的宅院中参观游玩，并且不能携带家眷。清政府还规定欧美外商们在贸易季后必须返回本国，或是前往澳门过冬，因此，澳门成为广州的外港，也是外国商人及其家属在中国长期居留的唯一选择。

一、西方世界中的广州口岸形象

在早期文献记载中，葡萄牙使者托梅·皮莱资①的描绘无疑为西方世界打开了一扇窥视中国繁华的窗口。他笔下的广州，是一座位于大河入海口的城市，房屋坚固，船只众多，城内戒备森严。皮莱资虽然仅是基于听闻的转述，却已足够引发西方人对这座东方大都市的好奇与向往。而真正将广州的风貌以直观、生动的方式呈现给西方世界的，则是 17 世纪的荷兰使者约翰·尼霍夫②。他的《荷使初访中国记》不仅详细记录了他在中国的所见所闻，更通过精美的插图，让西方人首次领略到了广州城的壮丽与繁华。《荷使初访中国记》配有从珠江水面上绘制的广州城远景插图（见图 2-7），该图像描绘了一些大型洋船和岸边密布的人群，还有广州城内的三个地标性建筑——光塔、花塔和镇海楼（五层楼）。这些图像不仅展示了广州作为一座商贸重镇的繁荣景象，更反映了那个时代中西贸易的蓬勃发展。尼霍夫的书中还绘制了广州平面图，该图使用欧洲绘制地图的方法画成，将广州的山川景观、炮台布局以及船只航行等细节一一呈现，南面珠江上炮台（海珠炮台、海印东炮台）和船只绘画细腻，左、右上角有小天使牵带展帛，手持飘扬的彩带，彩带上写着"广州城地图"的字样。除此之外，该书还配有海珠炮台或海印炮台图像以及酷似凯旋门的牌坊图像。作为第一本用插图直观描述中国的文献，该书使得西方人得以更加直观地了解这座东方城市的地理环境与城市布局，影响着西方人心目中的中

---

① 皮莱资也被译为道咩卑利士，是葡萄牙的药剂师、作家、水手和财政大臣，亦是中国自明朝以来，葡萄牙乃至整个西方世界首位进入中国的使者。

② 约翰·尼霍夫是一位荷兰旅行家。他在 1655—1657 年间经历了从广州到北京长达 2400 公里的旅行，由此他成为当时在西方有关中国主题的权威作家。他把这次在中国的旅行记录在《荷使初访中国记》一书中。书名的其他中文翻译有《荷兰使节出访中国记》《从荷兰东印度公司派往鞑靼国谒见中国皇帝的外交使团》《荷兰东印度公司使团觐见鞑靼可汗（清顺治皇帝）纪实》等。

国形象。

随着时间的推移，对广州的早期描绘逐渐丰富起来。瑞典人卡尔·古斯塔夫·埃克伯格在 1773 年出版了《东印度行记》，书中收录了《广州十三行》（见图 2-8），它更是将广州作为通商口岸的繁荣景象推向了一个新的高度。这幅插图不仅记录了十三行的商业繁荣，更映射出了那个时代中西贸易的紧密联系与互利共赢。柯律格认为此图是"无论是在欧洲还是

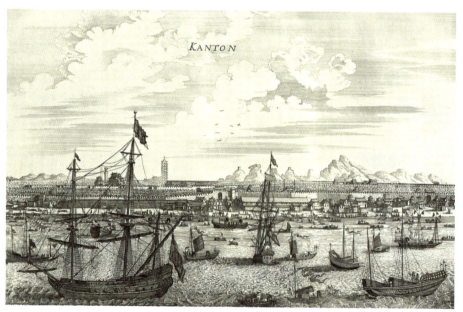

◎图2-7　尼霍夫，江面上遥望粤省城，《荷使初访中国记》插图。

◎图2-8　卡尔·古斯塔夫·埃克伯格，广州十三行，1773 年，纸本版画，《东印度行记》插图。

在中国，迄今为止最早、最清晰的关于广州通商口岸洋行的景色"。

到了 18 世纪，随着中英贸易的逐渐升温，越来越多的英国画家开始关注并描绘广州这座城市。托马斯·丹尼尔和威廉·丹尼尔叔侄的绘画作品，以及马戛尔尼使团画师威廉·亚历山大的版画作品，都成为西方观众了解中国的重要资料。这些作品不仅记录了广州的自然风光与人文景观，更展现了中西文化在交流与融合中所碰撞出的火花。1785 年，英国画家托马斯·丹尼尔和威廉·丹尼尔叔侄来到广州，他们的绘画作品很多是广州商馆的题材，也包括广州、澳门的人物和风景，这些图像收录在《图说旅行记：从中国到印度》一书中，其中关于中国的图像一共 23 幅。此时，除了珠江边的风景和广州标志性建筑外，画家笔下还绘制出了中国园林、中国市民等图像，表现了对广州口岸符号化的关注。1792 年，著名的马戛尔尼使团进京谒见乾隆帝，随团的画师威廉·亚历山大将使团一行所见景色绘制成版画，并于 1797 年出版，这批版画也成为西方观众了解中国的重要资料。19 世纪初，乔治·钱纳利迁居澳门，他的绘画作品更是成为欧美人士了解澳门及其周边地区建筑风景的宝贵史料。他的画作不仅捕捉了澳门渔民的淳朴生活，更以细腻的笔触描绘了当地的自然风光与人文景观，其大大影响了后来中国外销画家的绘画风格。同时期在华的画家还有奥古斯特·博尔杰，他以其精湛的技艺与敏锐的观察力，将广州和澳门的风俗景象生动地呈现在了画布上。博尔杰于 1838 年来到广州，并于 1842 年出版了《开放的中国》一书。他以精美的木刻版画，生动展现了广州街道的繁华景象和海幢寺的宗教生活，标志着西方贸易者在广州的活动限制逐渐得到放宽，中西文化的交流与融合达到了新的高度。这些早期描绘广州的西方画家与作品，不仅为西方人了解中国提供了宝贵的视觉资料，更在无形中促进了中西文化的交流与融合。

二、广州口岸的外港：澳门的形象

澳门，这座昔日在香山县寂寂无名的小渔村，自 16 世纪中期葡萄牙人入驻后，逐渐蜕变成为中国对外通商的重要门户。彼时，几乎所有穿梭于东西方之间的商船，都将澳门作为必经之地，因此，澳门不仅成为海上丝绸之路的关键节点，更成为东西方文化交融的前沿阵地。传教士们亦多选择澳门作为通往中国内地或日本的跳板，尤其是在广州成为唯一对外贸易港口的一口通商时期，澳门作为广州的外港，其重要地位更加凸显。这一系列的历史背景，使得澳门的形象较早地通过文字和图像的形式，走进了西方观察者的视野。

17世纪，荷兰使团成员尼霍夫在其著作《荷使初访中国记》中，不仅描绘了广州的壮丽风光，还绘制了一幅澳门的远景图（见图 2-9）。这幅图像并非单纯的风光描绘，而是记录了一场真实的历史战争——1622年荷兰人与葡萄牙人之间的冲突。图中的伽思兰炮台正遭受荷兰舰队的猛烈攻击，尽管尼霍夫并未亲历这场战事，但画面所展现的艺术张力，却远远超越了其历史叙述的层面，成为一幅兼具历史价值与艺术美感的佳作。

◎图 2-9　尼霍夫，澳门远景，《荷使初访中国记》插图。

　　除了战争场景，澳门炮台、南湾美景、妈阁庙以及教堂等标志性景观，也频繁出现在来华西方画家的笔下。18 世纪末，丹尼尔叔侄与威廉·亚历山大等艺术家，更是将澳门的海岸风光、贾梅士洞等自然景观（见图 2-10）描绘得淋漓尽致。这些作品不仅展现了澳门的自然之美，更成为关于澳门的经典图像。

　　进入 19 世纪，随着钱纳利与博尔杰等西方艺术家的到来，对澳门的景观描绘开始融入了更多的人文关怀。他们不仅捕捉了澳门渔民和居民的日常生活（见图 2-11），更通过细腻的笔触，刻画了理发匠、铁匠、小吃摊贩等底层民众的形象，展现了中国贫民虽清贫却满足而快乐的生活状态，钱纳利的渔女图像更是成为广州口岸外销画家竞相临摹的范本。这些艺术家对澳门街头巷尾的生动描绘，不仅为中西方观众提供了丰富的视觉图像，更为我们留下了宝贵的历史资料，让昔日的澳门景观得到保存，成为历史文献中不可或缺的一部分。澳门作为广州口岸的外港，其形象在东西方文化交流中扮演着举足轻重的角色。从战争记录到后来的生活描绘，澳门的形象在西方艺术家的笔下得到了全面而深刻的展

◎图 2-10　托马斯·丹尼尔、威廉·丹尼尔，澳门贾梅士洞，约1810年，纸本水彩，36厘米×25厘米，私人收藏。

◎图 2-11　乔治·钱纳利，女渔民手抱小孩的构图习作，19世纪，铅笔纸本素描，澳门博物馆藏。

现。这些作品不仅见证了中西文化交融的历史进程，更为我们提供了研究澳门乃至中国近代史的重要视角。

三、广州口岸的外销艺术品

广州口岸，作为古代海上丝绸之路的重要枢纽，其外销艺术品的诞生，最早可追溯至明代中叶。在这一时期，欧洲图像的影响悄然渗透，其中最具代表性的便是木板油画"木美人像"。这幅画作是中国最早的西洋油画之一，原供奉于新会区司前镇天等村的天后庙，后由新会博物馆珍藏。画中人物栩栩如生，身高近乎真人，身着低领汉式襟衣，发髻高耸，面容则透露出白种人的鲜明特征，成为中西艺术交融的早期见证①。

随着明清时期海上丝绸之路的日益繁荣，特别是 1757 年广州被确立为唯一对外通商口岸后，广州的对外贸易迎来了前所未有的全盛时期。清政府严格规定，西方贸易者仅能与特许的行商进行交易，且交易地点被限定在广州城西的十三行商馆区。这一政策不仅促进了广州经济的蓬勃发展，更为中西文化的交流搭建起了一座桥梁。到了 18 世纪，欧美各国对来自中国的各类艺术品产生了浓厚兴趣，包括精美的漆器、典雅的家具、别致的墙纸、细腻的牙雕以及丰富多彩的外销画（如玻璃画、水彩画、通草纸水彩画和油画）等。这些艺术品经由广州商人之手，源源不断地销往海外，成为连接东西方文化的纽带。美术史学家高居翰在其著作《致用与娱情的图像：大清盛世的世俗绘画》中指出，西洋风格通过沟通与交流传入中国，使得中国传统绘画观念需要被重新审视，并促使人们更加关注那些为中等阶层客户订单而工作的城市专业画家，他们正是吸收外来绘画技术，尤其是空间呈现技术的第一批热情的开拓者。

1768 年，英国人威廉·希基在其游记中生动描绘了广州十三行附近

---

① 中山大学教授江滢河在其专著《清代洋画与广州口岸》第一章第五节中，对新会"木美人像"进行了细致的考据。

的繁华景象，各类店铺
和工匠云集，如玻璃画
工、制扇工匠、象牙工
匠、漆器匠、宝石匠等，
他们用精湛的技艺和辛
勤的劳动，共同绘制了
一幅生动的外贸生活画
卷。这些商品的制作流
程和贸易生活的场景，
逐渐成为外销艺术品中
的热门图像主题，为西

◎图2-12　煜呱画室标签，法国国家图书
馆藏。

方观众提供了窥探东方世界的独特视角。从 18 至 19 世纪，广州外销艺术
品的制作和销售中心主要集中在十三行商馆区及其周边的同文街（新中国
街）和靖远街（旧中国街）一带。画家煜呱的画室便位于旧中国街第 34 号，
其标签上的信息清晰地记录了这一点（见图 2-12）。同样，香港艺术馆藏
的听呱画册封面上也留有题款，详细标注了"咸丰肆年吉日立　省城同文
街第一十六间店　领毛花卉山水人物各样俱全　关联昌听呱承办"等关于
店铺位置和经营范围的信息。此外，广彩瓷器的制作则位于珠江南岸，希
基曾详细描述过这一壮观的场景：在一间宽敞的长厅里，数百名工人忙碌
地描绘着瓷器上的图案，从年迈的老工匠到六七岁的童工，无一不展现出
对艺术的热爱与追求。

　　学者程存洁指出，外销艺术品的生产方式主要分为来样订货和看样订
货两种。来样订货是指外商提供自己喜欢的图样，由行商按样生产；而看
样订货则是在形制、花纹已确定的基础上，外商进行选购。这种灵活的生
产方式，使得广州艺术家能够充分满足西方人士的喜好，将港口风景、船
舶、贸易生产、家庭生活、宗教等题材巧妙地融入各类媒介之中，让西方
贸易者将这些充满东方韵味的艺术品带回本国。这些外销艺术作品中的图
像，与贸易或旅行者的文字记录相辅相成，不断更新并丰富着西方观众眼

中东方帝国的形象记忆。同时，它们也可能在一定程度上影响了中国传统文人阶层对山水空间的观看方式。例如，1819 年到 1831 年间，上元（南京）底层文人张宝将他亲历十四省的旅行绘制成版画集《泛槎图》，其中含有图像共计 103 幅，这部版画集不仅展示了张宝对山水自然的热爱和追求，更在图像选择和构图上融入了外销画的元素。书中"海珠话别"图描绘了从河南岛望向广州城的景观，画面中图像的选择以及整体的构图，和这时期的外销艺术品中的广州港口画很相似（见图 2-13a、2-13b）。同时，书中"澳门远岛"的景观也与这一时期外销画中澳门内港的图像有相似之处。两幅画都采用了俯视的角度，将澳门的城市风貌和自然景观尽收眼底。同时，在细节描绘上，两幅画都展现出了对圣保禄大教堂与下方海关等标志性建筑的精细刻画，这种对细节的关注和追求，正是外销画和《泛槎图》在艺术风格上的共同之处（见图 2-14a、2-14b）。除了艺术风格上的联系外，外销画与《泛槎图》在文化意蕴上也存在着深刻的交集。它们都记录了广州口岸的繁华景象和中外文化的交融，展现了中西绘画技艺的互补与融合。这种融合不仅体现在绘画技法上，更在于对自然景观、人文景观的描绘和解读上。联系外销画和《泛槎图》中的景观，我们可以感受到中西文化在相互借鉴、相互融合中形成的独特魅力。《泛槎图》的价值不仅限于其精美的图像本身，更在于其附带的四百多则诗文序跋，这些序跋中不乏亲王永瑆、翁方纲、阮元等政治、文化名人的佳作，它们共同见证了外销艺术品对中西审美观念与文化认知的深刻影响。这充分说明，外销艺术品中关于广州口岸的图式，通过文人游记插图的传播，其影响力和传播范围已经远远超越了出口商品图像的范畴，成为一种跨文化的艺术交流现象，深刻地影响着中西方的审美观念与文化认知。

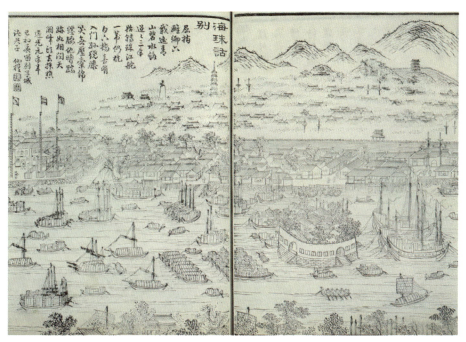

◎图2-13a 张宝,《泛槎图之海珠话别》,1825年羊城尚谷斋刊印。

◎图2-13b 佚名,《广州港口图》(局部),约1800年,纸本水彩,71.2厘米×128.5厘米,美国皮博迪埃塞克斯博物馆藏,编号:E79708。

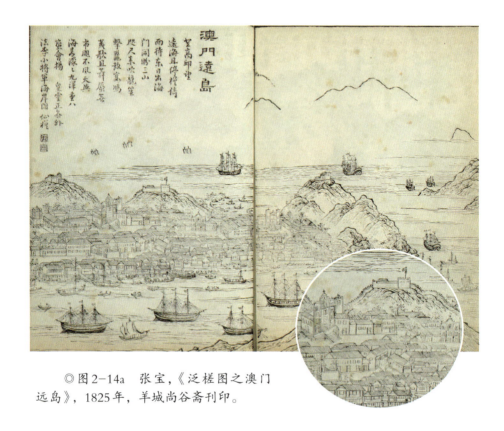

◎图2-14a 张宝，《泛槎图之澳门远岛》，1825年，羊城尚谷斋刊印。

◎图2-14b 佚名，澳门内港，19世纪，私人收藏，吴卫鸣摄。

第三章
审美习惯与广州口岸的景观图像

广州口岸不仅是东西方贸易的重要枢纽，更是中西文化交流的关键节点。在这个意义上，广州不仅是重要的图像呈现地点，更是一个承载着丰富商业文化的场域。从乾隆二十二年（1757 年）至第一次鸦片战争结束（1842 年），清政府实施的一口通商政策，使粤海关成为唯一负责海外贸易管理的机构。几个世纪以来，珠江三角洲的港口和锚地一直是中国对外贸易的生命线，而广州与澳门之间的珠江三角洲水系，构成了一个由炮台、关口、分口等组成的庞大网络。对于西方贸易者而言，这是一段必经的行程，因此，以各港口景色为主题的纪念图像，自然而然地成为他们热衷收藏的对象。

图 3-1 展示了广州外销艺术品中较早时期对广州十三行地区的景观描绘。这件制作于一口通商政策实施后十余年的外销瓷碗，以其细腻的笔触和生动的场景，将观者带回那个繁华的时代。画面中，各国商馆前的旗帜迎风飘扬，荷兰、英国、瑞典等早期参与中国贸易的国家，其国旗赫然在目，海珠炮台巍然耸立，运货舢板穿梭其间，构成一幅生动的贸易画卷。

◎图3-1　印有广州地区英国行、荷兰行商馆景色的碗，约1769年，美国皮博迪埃塞克斯博物馆藏，编号：inv. no. 81404。

这些显著的景观图式，不仅展现了广州口岸的繁荣景象，更见证了中西文化的交流与碰撞。

从18世纪中后期开始，对广州口岸沿线风光的系统描绘成为外销画主要图式之一。这些画作以广州、澳门、黄埔、虎门等为主要描绘对象，生动地再现了当时这些地区的自然风光和人文景观。画面中，江面上中外船舶交织，官私船只往来穿梭，展现了中西贸易的繁忙景象；广州城市内的交通工具和贸易生活也被细致地描绘出来，为西方观众呈现了一幅幅生动的东方生活画卷。本章将对这些图像进行归类和分析，旨在探索中国外销艺术品中西方观众所接触的口岸景观，以及这些图像在生产过程中如何参照传统图式语言，并如何根据西方趣味进行调适。通过这些图像，我们可以窥见中西文化在图像生产中的交流与融合，以及这种交流对中西方审美习惯的影响。这些图像不仅是历史的见证，更是中西文化交流的宝贵遗产，它们以其独特的艺术魅力和文化价值，为我们理解和探索中西文化交流的历史提供了重要的视角和启示。

第一节 外销艺术品中广州口岸的沿岸图景

广州，这座历史悠久的城市，在中国乃至世界的历史长河中，以其对海上贸易发展的卓越贡献而著称。在早期中西贸易的交往中，广州无疑是西方贸易者最为熟悉的中国城市之一。尽管传统中国社会以农业为本，对工商业的重视程度相对较低，但随着全球资本主义市场的蓬勃发展，在现代国际都市的评价体系中，经济开放度已成为衡量城市发展水平的重要标尺。在这一背景下，广州凭借其得天独厚的地理位置和开放包容的城市精神，逐渐发展成为中西贸易与文化交流的重要窗口①。外销艺术品中广州口岸的风景主题已有很长的历史，然而，就18世纪后期形成的系统风景图式而言，这些作品主要聚焦于珠江三角洲水系中的四个典型港口和锚地——虎门、黄埔、广州（特指十三行商馆区）及澳门，并通过集合的形态加以呈现。这一独特的艺术表现形式，不仅展现了广州口岸的自然风光和人文景观，更蕴含了深厚的文化意蕴和历史价值。

---

① Peter Hall（1996）对国际化城市进行了解释，指出了国际化城市的七大特征。Friedmann（1986）提出"世界城市假说"，指出了衡量世界城市的七大指标。Sassen（1991，1994）认为国际化城市应具备以下四大特征：高度集中化的世界经济控制中心；金融和特殊服务业的主要所在地；包括创新生产在内的主导产业的生产场所；作为产品和创新的市场。Beaverstoek Taylor（1999）发表了"世界城市名录"一文，指出划分世界城市的标准应用现代服务业中的财务、广告、金融、法律等四大产业来区分。联合国伊斯坦布尔城市年会（1996）提出的城市国际化指标体系包含：经济发展水平、城市产业结构、基础设施水平、社会开放水平、经济对外交流水平5个方面的17个具体指标，该指标体系可用来测度城市国际化发展的绝对水平。

　　来自美国罗得岛普罗维登斯的商人苏利文①在其书信中为我们揭示了这种集合形态出现的重要线索。他在 1800 年致其兄弟的信中，记录了自己将一组包含中国四个港口和锚地的外销画作为礼物赠送的故事。这一珍贵的信息，在外销画普遍缺乏作者和年份信息的背景下，显得尤为关键。它至少证明了在 18 世纪末，这一组合已经成为描绘广州口岸风景画的系统图式，并在中西文化交流中占据了重要地位。从航行路径的视角来看，来华贸易的西方商人需沿着由南向北的航行路线抵达广州。在这一过程中，他们依次经过澳门、虎门、黄埔锚地，最终抵达广州码头/十三行商馆区。这一系列的港口和锚地，不仅成了西方贸易者来华贸易的必经之路，更在他们心中留下了深刻的印记。出版于 1845 年的地图《珠江地图》便生动地展现了这一航行路径。该地图是为威廉·达拉斯·伯纳德的《1840 年至 1843 年复仇女神号的航行和服务叙事》一书绘制的。图中清晰地标注了西方船队到达广州前所需经过的各个关键节点——澳门（蓝圈标志）、虎门（红圈标志）、黄埔锚地（绿圈标志），以及广州码头/十三行商馆（紫圈标志）的位置。

　　从西方贸易者来华的航行路径来看，或许可以推测这四种图式反映的区位取向：澳门作为西方贸易者进入中国领土的第一个登陆点，不仅是他们开启贸易之旅的起点，也是贸易季节结束后逗留休憩的理想之地。虎门则是通往珠江的重要入口，贸易者在此可远眺到标志性的"浮莲塔"，进入虎门标志着他们正式踏入了中国这个神秘的东方国度。继续前行到黄埔锚地，这里集中了来自世界各地的船只，是贸易者交流互动、休憩放松的重要场所，而最终抵达的广州码头，则是这一漫长贸易旅程的终点。十三行商馆区内迎风飘扬的国旗，宣示着贸易旅行的成功。在第一次鸦片战争之前，画家们对广州口岸风景图式的选择和描绘保持了相对的稳定。然

① 苏利文是美国西北海岸从事皮草贸易的商人，他大部分时间是为 J. & J. Dorr 公司服务。该公司总部位于波士顿。苏利文在广州居住了五年（1799 — 1803），回到美国后，他在普罗维登斯定居，并成为一个富有的商人。

而，鸦片战争后，这一组合图式发生了一些变化。美术史家卡尔·克罗斯曼认为，1840年以后香港港口图像有时代替了虎门关口图像，而广州口岸风景图式组合由先前的四幅增加为六幅①。这一变化不仅反映了中西贸易格局的演变，更体现了中西文化交流在新时代的特点和发展趋势。

一、外销艺术品中澳门港口的图像观照

在鸦片战争之前，清政府对来华贸易的外商采取了严格的限制措施，旨在体现其"怀柔"与"抚远人"的官方态度。这种限制策略巧妙地利用了澳门等港口或关卡的天然地势，澳门也成了广州的一道天然屏障。澳门，这座三面临海、北面与香山县陆路相通的城市，自然而然地成了各国商船进入广州进行贸易的必经之道。清政府规定，除了在贸易季节期间，各国商人可以前往省城与洋行交兑并居住在省城商馆外，其余时间均须在澳门寓居，且禁止家属进入省城。这一政策使得澳门在中西贸易中扮演了广州外港的角色，既安置了外商，又有效防止了外商对内陆的扰乱。在清政府的严密监督下，澳门逐渐成为各国商人与广州进行贸易的基地，所有进口商船都须在此雇佣引水和买办，并规划下一次的航行路线，澳门也因此日益繁盛。

有关澳门的图像可能源自地图或航海图中对澳门的描绘，并带有一定的想象成分。例如，藏于里斯本东方基金会博物馆的一幅髹漆外销屏风，制作于18世纪，由六个面板组成，一面刻画了澳门的景色，另一面则展现了广州的风貌。（见图3-2）在这幅屏风中，澳门的城市景观以各处教堂为主体，画面尤为突出的是对每座教堂细节的精细刻画。其中，天主之母教堂（即圣保禄教堂）的前壁、石阶、钟楼以及与其毗邻的圣保禄学院均保

---

① 增加的港口景观为香港和上海，参阅 Carl L. Crossman: The Decorative Arts of the China Trade: Paintings, Furnishings and Exotic Curiosities, Woodbridge: Antique Collectors' Club, 1991, 130。

◎图3-2 外销屏风（澳门），18世纪，木板髹漆，贴有金、银、黄铜等材料，216厘米×330厘米×2厘米，里斯本东方博物馆藏，著者摄。

存完整，表明这幅屏风描绘的是1835年圣保禄教堂大火之前的全盛时期。这一细节不仅是对澳门历史风貌的真实再现，更为屏风赋予了重要的时间节点意义。尽管目前尚无法确定订购这件屏风的具体目的，但从画面主题的选择来看，其显然意在彰显澳门作为"天主圣名之城"的宗教地位。画面中的教堂布局和宗教氛围，无一不突显出澳门在天主教传播史上的特殊地位和作用。同时，这幅屏风还反映了澳门作为东西方文化交汇地的标志性形象。此外，屏风的定制者很可能是来自葡萄牙本土的商人或贵族，从画面中刻意融入的葡萄牙王权旗帜可窥一斑。这些旗帜不仅出现在城市陆地的建筑上，也在港口停泊的船只上随风飘扬。这种细节处理，不仅强调了澳门作为葡萄牙殖民地的重要象征地位，还生动展现了葡萄牙人在澳门构建天主教教区的历史野心。这种鲜明的符号性表达，为屏风增添了深厚的历史与文化价值，同时也进一步佐证了澳门作为葡萄牙海外领地在宗教和政治上的重要意义。

外销画则以相对固定的风景图式，进一步确认了澳门在中西贸易中作为广州外港的重要地位，并通过不断传播对西方观众产生了深远影响。这些图像通常可以与18、19世纪来华贸易者或旅行者的笔记中的相关记录相互印证。19世纪30年代中期，英国旅行家查尔斯·图古德·唐宁对澳门的描述便是一个生动的例证：

"人们第一次看到澳门是在一块狭长的土地上，这片土地形成了港口的外部边界。在绕过这一景色之前，你对这个地方已经有了一个全面的了解，这处的景色有点像圆形剧场，它刺激着陌生人的眼睛，拥有令人惊讶的美丽。澳门被众多小山丘所环绕，几乎都向水边倾斜。一排房子建在底部的圆形海湾上，前面有一个公共广场，用石头围了起来以挡住海水的侵蚀。"

具体来看，描绘澳门海湾的外销画具有相似的构图程序。画面中地平线较低，天空占据了画面的一半或更多空间。外销画对澳门的描绘大致可以分为两个角度：一是从主教山俯视澳门半岛的全景图像；二是从东西望洋山角度对南湾和澳门海岸线的风景图像进行描绘。

从澳门主教山向下俯视的全景角度来看，（见图3-3）澳门位于画面中心，左右两侧分别为内港和外港。澳门城中的建筑物被细致刻画，包括大大小小的教堂与修道院、中式和西式的建筑等，有的建筑立面朴素无华，有的则装饰奢华。一些熟悉的地标性建筑物也可以在图中观察到，其中包

◎图3-3　佚名，澳门全景图，18世纪，布面油画，尺寸未知，里斯本东方博物馆藏，编号：FO0927。

◎图3-4　佚名，澳门全景图及其局部，18世纪晚期，布面油画，52厘米×76厘米，荷兰国家博物馆藏。

括圣保禄大教堂和大炮台（红圈标志）、玫瑰圣母堂（亦称"板樟堂"）和圣老楞佐堂（亦称"风顺堂"，蓝圈标志）等。圣老楞佐堂在此画中表现了1846年以前未启用两座塔楼时的情景，可见这幅画创作的年代应该早于这个时间[①]。全景图左侧的水域是澳门的内港，水面上停留的较大船只可能象征着西方贸易者在此准备通关档案；而全景图的右侧水域则是澳门著名的南湾景象，新月形状的沙湾上房屋林立，为港口增添了浓郁的西洋风情；远处的山峰是东望洋灯塔的所在地，图中甚至可以看到代表葡萄牙的旗帜；画中近景的山坡上种植着植被。在另一幅构图相似的藏于荷兰国家博物馆的澳门风景画中，（见图3-4）画家还在山坡上绘制了忙于耕作的人群和圈养的牛、猪、羊等动物，使画面充满了生活气息。

从东西望洋山角度（南北方向）观看澳门南湾的景色，是外销画中最常见的描绘澳门风景的方式之一。画面中着重突出了南湾海岸线戏剧性的弯曲效果，并配以岸边华丽的西式建筑群，有时画家还会加入一些疍家女或渔夫的形象，使画面更加生动。图3-6与图3-7为这种视角下的典型构

[①] 风顺堂，1846年前后的建筑特征。参阅 W.R. Sargent et al.（eds.）（1996）. 萨金特等学者编，《珠江三角洲的风景：澳门、广州与香港》，香港大学出版社，1996年。

◎图3-5　庭呱，澳门南湾，19世纪，纸本水彩及水粉，20.1厘米×18厘米，澳门艺术博物馆藏。

图，从技法上看，画面几乎全无笔触，而只展现了色彩的平涂效果。为了吸引西方顾客的购买兴趣，画家对南湾的海岸线进行了大胆的简化与变形，并在水面上描绘了丰富的细节：较低的前景选择了深蓝色，然后在中部水域渐渐变亮，水面则描绘了些许褶皱以替换完全风平浪静的海面。这种对固有色的扩张及加强对比的方法，使画面呈现出强烈的装饰性效果。从《澳门南湾》（见图3-5）的画面上，可以看到从南到北的观察角度。画面以南湾大马路为主体，在近景处突出了站在马路中、戴着红色头巾、背负孩子的疍家女形象，旁边绘制了三位身着清朝服饰的男子，他们可能与暂时停泊在港口的渔船打着招呼。港口的堤岸上坐着一位头戴黑色礼帽的西方贸易男士，而在马路的远处，画家选择性地绘制出正在缓缓而行的西洋妇女，她的佣人正为她撑着伞。尽管画面的尺幅很小，但画家在人物刻画上毫不马虎，海岸上不同族群的人物、海面上的中式渔船和岸上高大的西式教堂"大堂"相互辉映，表现出澳门"华洋杂处"的独特景观。此外，美国皮博迪埃塞克斯博物馆藏的《澳门南湾风景》（见图3-6）则选择了

◎图3-6 佚名，澳门南湾风景，约1830年，布面油画，64.77厘米×86.36厘米，美国皮博迪埃塞克斯博物院藏，编号M9751.1。

◎图3-7 贝福特，澳门全景画，1838年，墨水版画，尺寸未知，《广州城、珠江和郊区景观描述》插图。

由北向南的观看角度，更多地表现了山丘和海水等自然景色。碧蓝的海面上停留着一只红色的帆船，二者形成了鲜明的色彩对比。在画面右侧的白色房屋门前绘制了带有葡萄牙盾徽的旗帜，显示出葡萄牙对这片土地的影响。岸上的圣老楞佐教堂还未建起双塔，说明这幅画中的图像应该描绘的是19世纪早期的风景。由此可见，在外销艺术品中不仅可以看到细致精美的画作，还可以体察城市的发展，具有一定的"纪实"功能。

1838年，英国商人罗伯特·巴福特出版了《广州城、珠江和郊区景观描述》一书，其中关于澳门港口的描绘，展现了典型的从海面观看港口风景的视角。（见图 3-7）据巴福特本人记载，该图像来自一位中国的外销画家"通呱"，巴福特将这幅作品赞誉为"最如画、最美丽的景色"。这一评价不仅彰显了画作的艺术价值，也透露出西方人在理解和欣赏中国风景画时所投射的美学理念——"如画"。"如画"，是西方人关于风景画的理念。18世纪英国"如画美学"诞生，它源自对理想风景的探索。这种理想风景源自文艺复兴到17世纪的风景画潮流，意在自然风景中体现所铺陈的叙事性古典人文内涵，并且创造出风景画中乌托邦式的效果。如画美学的理念在18世纪逐步成熟，并对多个艺术领域产生了深远影响，包括绘画、诗歌、戏剧、庭院设计以及旅行文学等。巴福特在描述澳门港口时使用"如画"一词，表明这幅由通呱创作的图像被置于西方理想化风景的框架内，是符合如画美学标准的杰作。进入19世纪后，"如画"理念的影响进一步扩展，不仅继续影响自然风景画家，还随着摄影技术的出现，催生了"画境摄影"和景观建筑的美学思潮。这些新领域以风景的营造和记录为核心，将传统的艺术理念转化为现代化的视觉表达方式，彰显了"如画"美学的持续生命力。因此，巴福特的评价不仅是一种审美认知，也反映了自18世纪以来西方对外销艺术品的文化定位和美学期待。

通呱绘制的这一风景图像可能是19世纪初流行的风景图式，而通过比对另一幅同样创作于19世纪初的佚名外销油画，（见图 3-8）不难发现两

◎图 3-8　佚名，澳门全景图，19世纪早期，布面油画，尺寸未知，里斯本东方博物馆藏，编号：FO/1087。

者在构图上存在着惊人的相似之处。两幅画作均以西望洋山的庄严教堂为起点，缓缓铺陈开一幅壮丽的山海画卷。它们穿越了南湾与外港那蜿蜒曲折的海岸线，最终将目光投向了东望洋山之巅那座高耸挺立的灯塔，完美捕捉了澳门这片土地上的自然美景与人文风情。值得一提的是，在通呱的画作基础上，巴福特巧妙地融入了更多细节，他不仅精准地标注出了澳门地区的重要建筑，还在图后附上了解释性文字，使得这幅画作不仅仅是一幅简单的风景画，更成为一部记录澳门历史与文化的珍贵文献。这样的处理方式，无疑将澳门景观的描绘巧妙地介于地志画与风景画之间，赋予其一种独特的"叙事性"，让人在欣赏美景的同时，也能感受到澳门深厚的历史底蕴。

在外销艺术品中，对澳门港口风景的描绘还展现出另外两个显著而独有的特征。首先，画面中鲜少出现大型外国商船的身影，取而代之的是澳门作为"濠镜"时所独有的那份宁静与祥和①。据史料记载，尽管清朝官员对澳门附近水域的外国商人活动监管相对宽松，但大型外国船只因负载沉重，往往难以驶入澳门西侧的浅水区域，只能选择在澳门东南方向的"澳门水道"停泊。随着时间的推移，到了18世纪，即便是吃水深度达18英尺的船只也已无法顺利进入锚地。1815年的相关记录更是明确指出，吃水16英尺的美国船只也曾因澳门附近水域过浅而收到警告。这一现实状况迫使鸦片战争前的大型船只不得不转而在澳门半岛以南的氹仔岛鸡颈东侧停泊，再由此处驶向外洋。因此，在画面中，我们更多看到的是捕鱼船、舰载艇、舢板以及疍家人的渔船等小型船只，它们或悠然航行于海面，或静静停泊在岸边，共同构成了澳门港口独有的宁静画面。其次，在描绘澳门外港时，艺术家们的笔触更多地聚焦于海岸线的秀丽风光以及作为"天主圣名之城"的澳门所拥有的丰富宗教建筑，而非其实际上繁荣至极的贸易

① 澳门因其形似蚝镜而得名蚝镜澳。濠镜澳即壕镜，又写作蚝镜。蚝镜是蚝外壳的一部分，平滑如镜，故名。《澳门纪略》记载澳门半岛的南湾、北湾"二湾规圆如镜，故曰濠镜"，这个名称又引申出濠江、海镜、镜海等对澳门的别称。

景象。尽管清朝的部分官员曾数次动议将澳门打造成为对外贸易的中心，但由于受限于当时落后的运输方式——只能依靠舢板在珠江上来回穿梭进行物资转运，这一宏伟蓝图始终未能实现。然而，正是这份未能如愿的遗憾，成就了澳门外港在画作中那份超然物外的宁静与美好，让每一个观赏者都能在这块画布上找到心灵的慰藉与归属。

二、外销艺术品中对虎门关卡的图像观照

虎门，这一被西方贸易者称为 Bocca Tigris 的重要水域关卡，矗立于广州口岸上游约40英里（即64公里）处，其宛如一道天然的屏障，守护着华南地区的商贸往来与海上安全。在中西贸易的漫长旅程中，虎门不仅是必经之路，更是检验船只与货物合法性的关键节点。据《粤海关志》记载，西方贸易者欲入广州，必先至澳门挂号，由官府审定的导航人，即"澳门引水人"引领，方能安全穿越虎门，抵达黄埔进行报验与交易。《粤海关志》对此有详细记载，船只"始赴澳门挂号，挂号后引至虎门报验，方始引进黄埔"。澳门引水人的功能非常重要，没有他们的帮助，西方贸易者

◎ 图3-9　佚名，虎门景色，19世纪，布面油画，22厘米×30.5厘米，英国国家海事博物馆藏品库，编号：BHC1783。

将无法完成这一危险的旅程。因为即使最小的 400 吨外国船也要汲取 18 英尺的水，但珠江的浅滩水比较浅，只有熟练的中国引水人才能计算出潮汐时间，避开危险的涡流并沿着安全的河道航行。

外销艺术品中的图像，生动再现了商船穿越虎门关卡的艰难险阻。（见图 3-9）在这些画作中，虎门景观的标志性元素——两岸的防御工事，尤为引人注目。这两座中国堡垒，如同忠诚的卫士，守护着这条仅约三公里宽的狭窄水道，其坚固的构造无不彰显着中国古代军事防御的智慧与力量。西方游记中的描述，与外销画中的图像相映成趣，如唐宁在其游记中描述：

"当你向它（虎门）靠近时，中间地带是非常美丽的风景。这块小部分陆地被分割成两半，无数的船只从中经过。在它之外，从极远的地方可以看到浮莲塔①的灰色痕迹，这是虎门关卡的入口，两边由强大的防御工事保卫。"值得注意的是，在外销艺术品中的虎门图像中，船只的数量相较于更上游的黄埔锚地与广州口岸而言，显得较为稀疏。这些船只大多被描绘成航行中或暂时停泊的状态，它们或乘风破浪，或悠然自得，共同构成了虎门水域一道独特的风景线。而较大型的船只，如西方贸易者的帆船、大型中国船或东印度公司的船只，则往往被巧妙地置于远景之中。这种布局既突出了虎门作为通商要塞的地理特征，也传达出一种航行过程中紧张而庄重的氛围。透过这些视觉与文字的交织，不难发现，虎门不仅成为外销艺术品中的重要题材，更成为西方人眼中"东方门户"的象征。画

---

① 浮莲塔为风水塔，按屈大均《广东新语》所记录，这种塔有 5 座：六榕寺的花塔、怀圣寺的光塔、赤岗塔、海鳌塔和浮莲塔。清道光年间的《石楼八景诗》里记载：在与石楼乡隔江相望的浮莲冈顶峰上再建了一座"浮莲塔"（一名"大魁阁"，又名"巽峰塔"），高三层，塔下有"五大夫亭"。在浮莲冈西麓，石楼乡镇水口处（俗称"冈尾口"）建有一座"青云台"，初为方形楼阁，高二层，后改为五层八角形高塔。此一带还有梅花书屋、小蓬瀛馆、凉亭三座，又有洗砚池、仙人掌印等名胜。周围栽有 100 多棵梅花、桃花、桂花和杨柳等，环境幽雅，常有骚人墨客到来吟咏，也有渔翁在江边悠然垂钓，自得其乐——后为石楼八景之"练溪钓月"。

家通过对水道、堡垒和船只等的描绘，不仅展示了虎门的军事防御价值，也记录了东西方贸易中不可或缺的航运环节与文化交流。

三、外销艺术品中对黄埔锚地的图像观照

在距离虎门上游约 40 公里的广袤水域中，黄埔锚地如同一颗璀璨的明珠镶嵌其间，成为西方贸易者船只歇脚与转换运输方式的重要节点。这些满载货物的远洋巨轮，在历经风浪之后，会在此抛锚停航，稍作休整。随后，一种独特的交通工具 ——"官印船"，便承担起将进出口货物运往广州城的重任。这种三板船在黄埔与广州城之间的水域穿梭，以其独特的"官印"标识，昭示着船上的大班已顺利完成了关税的缴纳。

黄埔锚地不仅地理位置优越，而且安全性极高。它能够抵御猛烈台风的侵袭，为船只提供坚实的避风港。同时，周边的土地空旷无物，不存在任何可供外国人破坏或制造威胁的重要设施。因此，外国船只被限定在黄埔锚地，既便于管理，又确保了它们与政治中心保持着十分安全的距离。美国商人内森·邓恩曾生动地描述了黄埔锚地的功能："进口的货物在这里先行卸下，并且用一种更轻便的西瓜艇（即官印船）带到广州的商馆，不论出口怎样的东西都是以相同的方式。"

在外销艺术品中，黄埔锚地的景观被赋予了丰富的图像观照。画家们通常将黄埔锚地置于画面的中部位置，前方的水域则布满了来自世界各地的船只。这些船只的尾部飘扬着各式各样的国旗，使得观者能够轻易地识别出它们的国籍。为了增强画面的动感，外销画家们巧妙地描绘了升起的船帆；由于锚地的特性，一些小型舢板也会停泊在堤岸处，这为画面增添了几分生动与活力（见图 3-10）。在这幅画作中，我们可以清晰地看到挂有英国、丹麦、法国和美国国旗的船只，它们与锚地岸边停泊的众多小舢板相映成趣。而画面水域的远处，一艘蒸汽船的出现，则暗示了该画作创作于 1840 年之后。英国商人威廉·希基曾对这些小型舢板进行了详尽的描述："一座 60 到 100 英尺长的轻型木结构建筑，上面的桅杆、帆、索

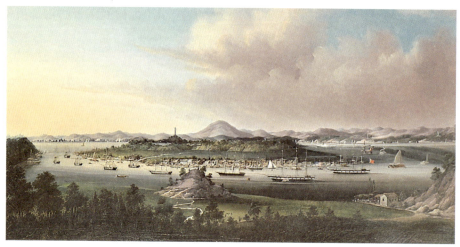

◎图3-10　煜呱，黄埔锚地，19世纪中期，布面油画，65.7厘米×109.9厘米，美国皮博迪埃塞克斯博物馆藏，编号：M4468。

具和悬挂物都被存放起来，在重新上船之前，都被修理好并放好显得秩序井然。"当外国船只抵达锚地时，这些提供接驳服务的中国舢板便会前来迎接。它们不仅带来了小贩、洗衣女工、裁缝和木匠等服务人员，还为外国船只提供了必要的补给和协助。

　　从画家绘制黄埔锚地所在的方位来看，他们通常选择站在长洲岛的高处进行创作。长洲岛位于黄埔的东南部，与旁边更大的小谷围岛相映成趣。唐宁在旅行日志中描述了长洲岛及其旁边更大的小谷围岛的位置："当您经过时，这两座岛屿位于河的左侧，与它们在黄埔的锚点上的船只相对。长洲岛周长约六英里，其高地悬垂在船只的上方，这些船只刚到达这里……长洲岛的末端是小谷围岛，这个岛与其他岛被一条宽阔而清澈的河流隔开……当我们步行到丘陵最高的山顶之一时，发现长洲岛似被劈开了一般，在此可根据周围情况观察这个国家……"

　　画家们采用从高处俯视的构图方式，为观众呈现了一个全景式的视觉效果。他们不仅展现了广阔的河流和运行中的船只，还通过细腻的笔触和丰富的色彩，将黄埔锚地的繁忙与喧嚣表现得淋漓尽致。在黄埔锚地的图式中，观众可以清晰地看到长洲岛的西北部，以及穿过河流到达锚地东南边缘的景象。再往上是远处的山丘和辽阔的天空，天空在构图中占据了半壁江山甚至更多，为画面增添了几分空旷与辽远之感。

黄埔锚地平时异常拥挤，新到的船只必须小心翼翼地移动，以避免与其他船只发生碰撞。这种繁忙的景象频繁地出现在来华贸易者的航海日志中。例如，唐宁的记录中有船员曾这样描述："黄埔锚地的场景被数不清的中国小船和房屋渲染得更加有趣。沿着海岸随波逐流，沉重的帆船在河面漂浮，或者在众多舢板的帮助下，穿过印度人的船只；职员的船和碎浪延伸成了迂回的路线，或是等待水流的转向，并等待着抛锚。中国人在装运木材和盐的船上来回移动，每个空位似乎都被填满了各种规模和形式的本地手工艺品。"

1828 年 12 月，奥古斯特·杜哈·西里来到黄埔锚地，他观察到："在几个国家的 25 或 30 艘大船间，大多数是英国人和美国人的船只。"如图3-11 所示，外销画家在绘制黄埔图式时，也极力表现出这一繁忙的景象。然而，现实中的黄埔水域旗帜飘扬、桅杆林立，景象之繁杂远非画面所能尽述。如唐宁在记载中说道："只有一两艘船可以区分开来，因为在远处，他们的桅杆和帆桁似乎交织成了紊乱而复杂的景象。"为了画面的整齐与美观，以及确保画面中旗帜的鲜明夺目，外销画家在制作黄埔锚地的图像时，显然摒弃了现实中纷繁复杂的细节，转而追求一种更为理想化的视觉呈现。他们精心构思，巧妙布局，不仅在选择船只位置时故意增大了船体之间的间距，使得整个画面显得更为开阔与疏朗，而且通过这种布局上的调整，成功地突出了每一艘船只的独特特征。这样的处理方式，既确保了艺术家能够有足够的空间与细节去仔细雕琢每一艘船的轮廓、构造乃至装饰，又赋予了画面一种前所未有的清晰度和视觉冲击力。更重要的是，这样的艺术加工策略巧妙地满足了西方购买者的心理需求。在航海贸易盛行的时代，对于那些远离家乡、航行在浩瀚大海上的商人而言，能够拥有一幅描绘中国港口景象的画作，无疑是对远方亲人的极大慰藉。画家们通过刻意放大并清晰展示各国船只上的旗帜，使得这些西方贸易者的家人和朋友即便身处千里之外，也能一眼辨认出属于他们国家的船只，感受到那份来自遥远东方的温暖与连接。这种对细节的精准捕捉与呈现，不仅让未曾踏足中国的西方观众获得了关于黄埔锚地最直接、最生动的视觉体验，而且通过画面中的船只、旗帜、人物等元素，搭建起了一座跨越时空的文化桥梁，使得对黄埔锚地的图像观照在外销艺术品中焕发出了别样的光彩，它也成为东西方文化交流的重要媒介与象征。

四、外销艺术品中对广州码头的图像观照

在外销艺术品中，对广州码头的图像观照不仅记录了那个时代广州作为国际贸易港口的繁荣景象，更通过艺术家的笔触，将中西文化交融的独特韵味展现得淋漓尽致。其中，对珠江边十三行商馆景观的描绘尤为引人注目，而外销画家在处理这一主题时，巧妙地布置了更多的中国船只，使得画面更加生动且富有生活气息。这一艺术处理手法与文献中对广州码头的观察不谋而合。19 世纪在美国费城创建第一座中国艺术和文化博物馆的内森·邓恩，在描述广州十三行商馆景致时这样说道："这一场景，特别是河流的水面，在美国人的眼中完全是新奇的，河流（珠江）上有来自各个国家的船只，并且极具特色。在这里，华丽的花船上大型派对在水上欢快地进行，而小小的舢板的尺寸却只能容下一位领航员。这里的景色特别生动和有趣。"

邓恩的描述，不仅让我们感受到了广州码头的热闹非凡，更体会到了画家们对细节的精准捕捉与呈现。与此同时，巴福特在《广州城、珠江和郊区景观描述》一书中，也为珠江的情景留下了生动的注解："广州城对面的河流有半英里左右宽，深度可以容纳最大的中国式平底帆船。我们简直不能联想到任何一个景象比眼前的更令人惊异。因为见到的是数量庞大、形形色色的船舶和小艇。这些船只是为了适应在河流和运河上航驶而设计的，在贸易季节中，河里通常至少有 5000 艘商船…… 还有无数小艇，主要是女人划动的。她们是在寻求乘客，或者下钓，…… 晚间，所有的船只都挂上彩色灯笼，景象非常迷人。"巴福特的描述，进一步丰富了我们

对广州码头图像观照的认知，让我们仿佛置身于那个繁华的港口，亲眼看见了珠江上的船影婆娑、灯火辉煌。

由此可见，对广州景观的图像观照主要有两个核心对象：一是十三行地区竖立各国国旗的商馆建筑群，它们作为那个时代国际贸易的象征，见证了中西文化的交流与碰撞；二是停留在珠江河面上的多种功能的船只，它们或繁忙地运输货物，或悠闲地载着游客游览，成为广州码头不可或缺的一部分。值得注意的是，在1840年以前，画面中的船只主要是中国船只，而之后则逐渐出现了外国的蒸汽船只，这一变化也反映了当时国际贸易格局的演变。早期对广州码头景观的描绘，由于受到空间限制，主要以十三行商馆建筑为主体，绘制在瓷器或漆器上（见图3-11）。随着18世纪晚期帆布油画媒介的大规模介入，单幅风景画风格开始流行起来。到19世纪，出现了全景式画图风格，天空和水面上的船只占据了画面的大部分空间，鲜明的色彩和清晰的轮廓线展现了荷兰或英国港口版画般的平面效果。这种风格的变化，不仅使得画面更加生动逼真，更通过艺术家的笔触，将广州码头的独特韵味展现得淋漓尽致（见图3-12）。值得注意的是，受到钱纳利等西方来华画家的影响，19世纪后期的广州图式开始呈现出新的浪漫主义风格。这种风格体现在描绘港口画面时更具有"涂绘"风格的特点，即按照块面观察而非线条观察的方式进行创作。在这种风格

◎图3-11 十三行商馆汤碗，约1780年，碗口直径36厘米，高15厘米，大英博物馆藏，编号：Franks.745。

◎图3-12 佚名，广州十三商馆风景，约1840年，纸本淡墨水彩，36.7厘米×57.1厘米，银川当代美术馆藏。

的影响下，天空依旧占据了画面的大部分空间，珠江水域上的船只依旧繁忙，但河岸上的建筑却明显不及之前商馆区那般拥有清晰的轮廓线。这种处理方式不仅使得画面更加富有层次感，更展现了外销画中新的趣味和审美追求。

第二节　"全景图式"与对广州贸易航线的叙事性观照

在视觉艺术中，18世纪末和19世纪流行的"全景图"是通过连续的场景或风景画的形式来进行描绘，以一种类似于场景画或戏剧画的广泛而直接的方式，引领着观众进入一个又一个视觉盛宴[①]。然而，当我们将目光投向18、19世纪的外销画时，会发现其中的"全景图式"与传统的全景图存在着微妙的差异。它不仅融合了西方对叙述场景的浓厚兴趣，还巧妙地融入了中国传统卷轴画的绘画传统，形成了独具特色的艺术风貌。在对广州贸易航线的全景观照中，这种"全景图式"大致可以划分为三种图式：一是卷轴形式的绘画，以大英图书馆藏的《广州和广州城府画》为例；二是带有解释说明效果的单幅绘画形式，以法国图书馆藏的《广州城府图》、广东省博物馆藏的《广州港全景图》，以及巴福特所临摹的通呱《广州全景画》为例；三是带有连续叙事性质的航海图册形式，以大英博物馆藏的《珠江水道》纸本水彩册页为例。

卷轴形式的"全景图式"目前多保存在海外的机构中，例如大英图书

---

① 全景画 "Panorama" 的解释参阅《大英百科全书》官网，https://www.britannica.com/art/panorama-visual-arts.

◎图3-13　广州港和广州城府画，约1760年，绢裱水粉，920厘米×74厘米，大英图书馆藏，编号：K.Tpo.116.23。

馆所藏《广州港和广州城府画》、瑞典德洛特宁宫所藏《广州府城和珠江山水长卷》、瑞典额普兰庄园所藏绢本长卷和哥德堡市博物馆所藏水粉长卷等。以大英图书馆的长卷为例（见图3-13），该长卷长9.2米，高0.74米，绘制时间在1760年左右。画面中绘制了西起广州府城西边珠江上游的黄沙、西关炮台（"西炮台"），东至广州府城东边珠江下游的大沙头、东水炮台（"东炮台"）的沿岸景致，大小码头、官私建筑、宗教场所、中西建筑以及或停泊或行驶的船只，共同构成了一幅生动的广州贸易航线全景图。画家在创作时，采用了中国卷轴画中常用的散点透视法，使得画面中的静物轮廓线清晰，天空占据了画面中一半的空间。这种追求写实的表现手法，不仅体现了中国传统山水卷轴画中少有的"写实"目的，更可能是为了满足西方贸易者的直接趣味需求。

　　第二类是以单幅绘画组成的全景观照。按照克罗斯曼在《中国装饰艺术》中的看法，完整的全景画应当有10幅图画组合而成，其中有两幅独立于广州府城的图像是来自虎门和澳门的风景。此类全景画既可以由珠江水系所联系，也可以作为独立的风景画题材。克罗斯曼书中记载的藏于皮博迪埃塞克斯博物馆的其中一例（见图3-14）以水彩为媒介，描绘得非常细致，画面中展现了海珠炮台附近岸边的景色，时间大约在1785—

◎图3-14 佚名，广州全景画，1785—1815年，纸本水粉，71.2厘米×128.5厘米，美国皮博迪埃塞克斯博物馆藏，编号：E79708。

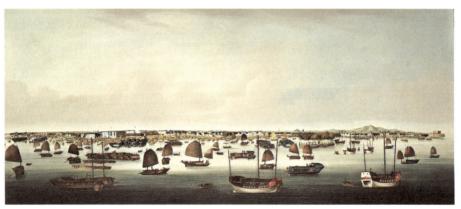

◎图3-15 煜呱，广州港全景图，约1845年，布面油彩，88厘米×200厘米，广东省博物馆藏。

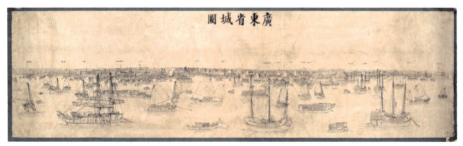

◎图3-16 佚名，广东省城图，19世纪，纸本墨水，55厘米×195厘米，法国图书馆藏。

1815 年间。类似的单幅风景画图像还有藏于广东省博物馆的《广州港全景图》（见图 3-15），画面描绘了从沙面、十三行商馆区、海珠炮台直至大沙头附近的东水炮台一带珠江北岸的广阔风景。图中所绘各类船只达三百余艘，集中展现了珠江烟波接海长、海上交通分外忙的景象，这是当时广州海上贸易极其繁荣的缩影。该画的画框背部上方残存有"煜呱"画室的标签残片。煜呱活跃于 1840—1870 年间，他在广州及香港都设有画店，店号"怡兴"。此外，著者发现法国图书馆藏有一幅《广州省城图》（见图 3-16），对比此图以及"煜呱"的图像可以看出它们具有极高的相似性。特别的是，《广州省城图》中用黑色毛笔字体标注了画面中各个建筑和船只的名称，用中文标注的做法与 19 世纪外销画册页中的注释风格很相近，可以推测该幅绘画在作为一幅优美的风景画的同时，应该也有出于"科普"性质趣味的考虑。"科普"目的下的风景与巴福特所临摹的通呱全景画图式联系了起来，类似的全景画在 19 世纪后期非常风靡。就画面构图来看，《广州省城图》很明显地让天空占据画面二分之一的位置，而《广州港全景图》采取了更理想化的风景模式，这可能是西方的贸易者所希望看到的"完美风景"。从画面中可以看到荷兰完美风景传统中占据画面三分之二的天空布局，其对云彩的处理也很显然属于西方的风景画传统。这可能源于中国外销画家从接受的知识和图式中修改了之前的地图构图，完成了外销画中"先制作后匹配"的过程①。

第三类是连续叙事性质的航海图册形式。其图式来源可能是西方贸易者中的画家沿途所绘制的航海图像，大英博物馆藏的《珠江水道》纸本水彩册页就是其中一例。该图册包含了 51 幅绘画，仔细描绘了从黄埔水道至广州和澳门沿途景观。每幅图像中都用墨水书写了解说，除了各个关卡以及对标志性建筑的描述外，还记载了一些船只的名称。这种连续叙事性的图像不仅介绍了风景，更起到了表明水域方位的作用，为后人研究广州

---

① 贡布里希提出了重要的"先制作后匹配"原则，这一原则认为"每位艺术家首先都必须有所知道并且构成一个图式，然后才能加以调整，使它顺应描绘的需要"。

贸易航线提供了宝贵的资料。

"全景图式"在广州贸易航线的叙事性观照中发挥了重要作用。无论是卷轴形式的绘画、带有解释说明效果的单幅绘画形式，还是带有连续叙事性质的航海图册形式，都以其独特的艺术风格和表现手法，将广州贸易航线的繁荣景象和历史变迁生动地呈现在观众面前。这些画作不仅是我们了解广州贸易航线历史的重要窗口，更是人类探索视觉叙事边界和艺术表现形式的宝贵财富。

第三节　外销艺术品中广州口岸的船舶图像

珠三角地区，以其错综复杂、四通八达的河网水系而闻名遐迩，这里的居民生活与船舶息息相关、紧密相连。在一口通商的特殊历史时期，广州更是凭借其得天独厚的地理位置，成为中外贸易往来的唯一窗口，并逐步构建起了一个以船舶运输为核心的商贸体系。珠江之上，船只往来如织，形态各异，大小不一，这不仅彰显了这座城市的繁荣，也让那些初来乍到的外国贸易者惊叹不已。据史料记载，荷兰东印度公司和英国东印度公司的大班们，在广州期间都曾雇佣过专业的外销画家，以细腻的笔触描绘珠江的旖旎风光和各式船舶。在这些画作中，各式各样的船只与沿岸的商馆交相辉映，共同构成了一幅幅生动而又不可分割的画卷。

一、繁忙贸易下对船舶图像的关注

在西方贸易者或旅行者的游记中，我们不难发现对珠江水域，尤其是广州十三行商馆附近水域繁忙景象的生动描绘。这或许是船舶作为核心元素频繁出现在外销艺术品中的重要原因之一。以美国商人威廉·亨特为例，他在 19 世纪 20 年代至 40 年代期间，曾长时间居住于广州。在他的笔下，1825 年的珠江是这样一幅景象：

"珠江在 1825 年 2 月挤满了本地船只，包括那些现在已经几乎完全消失的巨大的沿海帆船。排成一排的运盐船靠着河南的岸边…… 从内部来的货船、客船、疍家船和买手工艺品的船、政府巡洋舰和花船的数量都十分惊人，还有大量的理发船等。摊贩的船上有各种食物、衣服、玩具以及能在商店里找到的被称为满足家庭需求的东西。旁边还有算命和表演戏剧的船。简而言之，想象一个漂浮的城市，它传达了一种不断运动中的正确观念，这里有温柔的响声、河流的生命和欢乐。"唐宁在描述珠江航运的繁忙时，也提到了类似的场景："船桨划水声、船上的喧闹声、狗吠声和其他声音互相交替，一部分人收起了他们的上桅杆，其他人松开顶帆，把所有的东西都整理好并且准备好新的航行。"

此外，还有一段记载以娱乐的方式展现了广州码头船只数量的庞大。生活在广州十三行商馆区的西方贸易者们曾成立了一个帆船俱乐部，其中一名成员收到了一封来自负责外国商人行为的行商的信件。这封 1837 年的信件详细记录了珠江水域的交通状况："河流上，船只神秘地丰富；无论在哪里，它们都大量聚集，像湍急的水流一样不断前进和后退。因

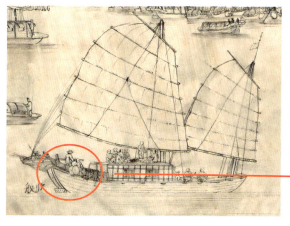

◎图 3-17　广东省城图中的快艇和上面戴礼帽的洋人。

此，河上的接触机会很多，事故也很多，甚至会损坏某人的船只，或者互相造成伤害，甚至可能造成更严重的后果。"正因如此，这位行商急切地提醒道："请避免船只进行速度竞争。"这些用于竞速的船只多为小型快艇，它们的前桅和中桅都向后倾斜，在外销画中经常被描绘成开帆疾行的样子。船上的洋人戴着礼帽，沉浸在竞速游戏的欢乐之中。（见图3-17，局部）

二、作为静物出现的船舶图式

◎ 图3-18　佚名，西南榖船（上），1800 —1805年，纸本水粉，41.6厘米×53.6厘米，大英图书馆藏，编号：Add.Or.1989。

◎ 图3-19　佚名，西南榖船（下），1800 —1805年，纸本水粉，41.6厘米×53.6厘米。大英图书馆藏，编号：Add.Or.2030。

船舶静物画作为静物画的主题之一，在外销艺术品中备受青睐。这一主题并非广州贸易或中国所独有，而是有着悠久历史的西方传统图式，其起源可追溯至17世纪甚至更早。船舶静物画的媒介多样，早期多绘制于瓷器之上，其图式往往借鉴西方船只的既定样式。随着时间的推移，这些图式逐渐出现在外销画中，以单幅油画、水彩或水粉纸本以及通草纸册页等形式呈现。

从外销艺术品中的船舶静物画类目来看，其通常有两种样式：一种是单纯的船舶画，即对船舶进行静态描绘，不添加任何背景元素。在这种画作中，船体往往被描绘得相当平坦，外销画家更注重二维表面的装饰性效果（见图3-18）。

另一种是船舶与江河风景相结合的画作，通常以黄埔锚地或附近水系为背景，将船舶作为主体置于近景处，而画面中景部分则被缩小到很小的比例，有的甚至直接省略中景，只描绘近景的船体和远景的天空。（见图3-19）

册页中的船舶静物画是19世纪极为流行的廉价纪念品之一。它们通常成组生产，每张都展示着不同的船只模型，从而构成了一部关于中国贸易船只的百科图册。一些具有代表性特征的船，例如快蟹船、鸭船、花船、鸳鸯船、盐船、戏船等占据了大部分，这些图像一般具有明亮的色彩和装饰性的特点。19世纪后期，船舶静物画受到了西方画家带来的浪漫主义风格的影响，其图式语言发生了一定程度的变化。然而，船上代表各国的标志性桅杆和旗帜仍然被保留了下来，并且被刻画得极为细致入微。这无疑是为了满足西方购买者对于异国风情的向往和追求。结合清代外销画和相关文献记载可知①，清代珠江有100～200种名称各异的船舶，这些船只以用途、形状、地域或者传统命名。以大英图书馆藏41幅船舶画水粉册页来看，货船有17幅，占比约40.5%；客船9幅，占比约21.4%；官船6幅，占比约14.3%；生产船1幅，占比约2%；生活娱乐船8幅，占比约19%。（见图3-20）从中可见，册页中船舶静物画的选题主要聚焦于对各种船只运输方式的兴趣，其次则是对特殊娱乐船只的关注。这些画作不仅为我们提供了宝贵的视觉资料，也为我们深入了

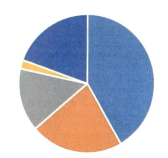

■货船 ■客船 ■官船 ■生产船 ■生活娱乐船

◎图3-20　大英图书馆藏船舶静物水粉册页船舶类型分析。

---

① 具体可参阅的文献有很多，其中，官、私客船主要延续了明代创制的漕运用浅平底的运粮船，其构造在明末宋应星的《天工开物》中多有保存，而广州地区特有的船只类型则可参考清初屈大均的《广东新语》和一些地方志中的记载。

解清代珠江的航运文化和船舶艺术提供了重要线索。

具体如下：

珠江上的货船主要为江上运行和出海运行两种。出海运行的船只包括暹罗贡船、运盐的白漕船；江上运行的包括白盐船、东厂盐船、载运的"大开尾"船、运米的"穀船"与"西南穀船"、运石船、运油船、蚝穀船、运米的"香山米船"、炭船、运瓦片的火同船、九江渔船、低仓艇和渔船、运糖的糖漏船、运粪的"田料船"和藤系船。

客船：麻阳船、客运西瓜扁、客运夜渡船、"木马船"、舢板、"四注船"、快艇、衡水渡船、公司小艇。

官船：有送军需的解饷炮船、捕盗米艇、海关守卫的桨艇、缉私艇、运送官员的官船与黑楼船。

生产船：鸭艇。

生活娱乐船：七月半"鬼节"用的装饰水陆船、戏船、五月龙船、妓女所住横楼船与沙姑船、水上商店水寮船、商船马草艇和鞋艇、顺德红艇。

第四节　外销艺术品中对广州口岸城市贸易生活的观照

1757 年到 1842 年之间，珠江之畔的十三行商馆区域不仅是清政府特许的西方贸易唯一门户，更是中西文化交流与碰撞的前沿阵地。这一时期的西方贸易者，受限于清政府严格的居住与交易规定，其活动范围被限定在贸易季节内的十三行区域，且所有交易活动必须通过指定的"行商"进行。尽管面临重重管制，但不可否认的是，18 世纪与 19 世纪见证了中西贸易的蓬勃发展，双方借此积累了巨额财富。这一历史背景深刻地影响了外销艺术品的主题选择，使得广州贸易与广州城市生活成为外销艺术品中经久不衰的创作源泉。

一、外销艺术品图像中出现的行政机构

清初文学家仇巨川曾为其著作《羊城古钞》绘制了《广州府城廓图》（见图 3-21），其中，红圈标注的范围为粤海关所在处。粤海关直接隶属于中央的户部，全称为"督理广东省沿海等处贸易税务户部分司"，长官称"监督"。粤海关监督公署设在广府新城五仙门内盐政院旧址，署衙内设有算房、库房和八房。在全省沿海等地口岸设置大小关口，即"税馆"75 个，简称"总口""子口"，并按职能分为"正税口""挂号口"和"稽查口"，均以所在地为名。正税口查验进出口船舶上的货物，征收关税；挂号口检查船舶进出境手续，收取挂号、销号等费用；稽查口缉查走私船舶货物，实施处罚。其中，位于监督署内的省城大关是正税口的总汇，

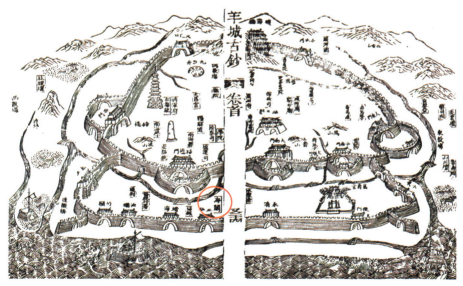

◎图 3-21　广州府城廓图，仇巨川纂，陈宪猷校注，《羊城古钞》，广东人民出版社，2011 年版。

直接管理着广州城内外的各个关口，是粤海关的核心所在。此外，澳门作为重要的对外贸易窗口，也设有粤海关的分支机构——澳门大关，并于 1744 年在澳门城墙外的望厦村增设了副关，进一步强化了粤海关的监管网络。从西方贸易者的航行路线来看，他们进入广州的第一道关卡便是黄埔税馆，随后是设在广州城南靠近"东炮台"军事基地附近的第二道关卡，最终到达位于广州城外商馆区码头的第三道关卡——海关税馆。粤海关在每个关卡都会对过往的舢板数量进行详细记录，包括中国商人、外国船长的姓名等关键信息，以确保每艘船只的费用都能被准确核算。一旦费用结清，船只便会获得"船牌"，得以顺利离开。

大英图书馆藏广州港和广州城府画中绘制了很多关于粤海关各个机构的形象，大都带有"钦命粤海关盘查"字样。这些图像不仅展示了粤海关的权威形象，也反映了其在珠江三角洲船舶管理中的核心地位。只有获得粤海关许可的外国商船，才能沿着珠江逆流而上，抵达广州进行贸易活动，而这一过程则必须严格遵守粤海关制定的一系列程序与规定。外销艺术品中的广州口岸城市贸易生活，不仅展现了中西贸易的繁荣景象，更通过粤海关这一关键行政机构的形象，揭示了当时复杂而精细的贸易管理体系，以及中西双方在贸易与文化交流中所形成的独特互动模式。

二、外销艺术品图像中对十三行商馆区的内部观照

在清政府逐步放宽海禁政策的背景下，尽管其对海外交往的监管依然严格，但广州十三行商馆区却能成为一个独特的国际贸易与文化交流的窗口。为了有效防范外来殖民势力的渗透与海盗侵扰，清政府规定所有外国商船必须先在黄埔港停泊，仅允许大班或少数高层商人踏入繁华的十三行区域，并且他们的行动受到严格限制，非贸易季节（即非五六月至九十月期间）需撤离至澳门或返回自己的国家。这一政策不仅体现了清政府的谨慎态度，也催生了十三行商馆区独特的商业与文化景观。为了满足西方商

人的居住需求并获取可观的租金收益，十三行的行商们纷纷将原有的房屋改造得极为华丽，以期吸引并留住这些远道而来的夷商。《粤海关志》曾生动描绘了这一景象："多将房屋改造华丽，招留夷商，图得厚租。"随着时间的推移，十三行南侧的珠江岸边，一座座欧洲古典主义风格的洋楼（夷楼）拔地而起，它们大多附有宽敞的走廊，成为那个时代中西合璧建筑艺术的典范。"近日宿冬，夷人住省竟不回澳，即在十三行列屋而居，危楼相望，明树番旗，十字飘扬，一望炫目。"印光任在《澳门纪略》中也提及，这些跟随商船而来的贸易者，所居之处"皆为重楼崇台"，进一步印证了十三行商馆区建筑的宏伟与奢华。

对于商馆内部的情况，美国商人威廉·亨特[①]，这位在中国生活了长达四十年的西方观察者，在其著作《广州番鬼录》中为我们提供了详尽而生动的描述："公司布置豪华，待客奢靡，俨如公侯。宴会厅背山面湖，极为宽敞，左为书库，右为弹球房。在饭厅一端，高悬英王乔治四世巨像，王冕王服，手执王杖，大小与生人略等，对面悬着阿美士德爵士的画像。天花板上悬着大簇烛架，插上蜡烛。桌上也满布烛架，照耀着桌上盛在银器中的山珍海味……我们进了大门，穿过礼拜堂（礼拜堂屋顶上的四面钟是广州唯一的大钟，每个人都照它拨表），登上宽大的石阶，通过长廊，走过图书屋才进入餐厅，看到了光明灿烂、珍异满桌、满屋欢腾的景象。"亨特笔下的商馆内部，不仅布置豪华，用以待客的一应物品更是奢靡至极，让人仿佛置身于王公贵族的府邸之中。宴会厅背倚青山，面朝碧波，空间开阔，左侧是藏书丰富的书库，右侧则是供人娱乐的弹球房，每一处细节都彰显着主人的品位与实力。这不仅让我们得以窥见十三行商馆

---

① 威廉·亨特，美国商人。他曾先后在中国生活四十年，1825年，十三岁的他便来到广州美国夷馆工作。不久被派至马六甲的英华书院学习中文，回到广州后，他于1829年起进入美资公司旗昌洋行工作。1837年，他成了旗昌洋行的合伙人，1842年退休后前往澳门。1844年他回到美国。此后他又曾回到中国，在广州、澳门、香港等地居住了20年。其间，他还创办了亨特洋行。晚年赴法国定居。亨特将其在中国的见闻整理为《广州番鬼录》与《旧中国杂记》，均有中文版出版。

区内部的豪华与奢靡，更让我们深刻体会到了那个时代中西文化交流与碰撞的火花，以及十三行作为国际贸易枢纽的独特之处。

三、外销艺术品图像中商馆建筑的变化（1748—1856）

据孔佩特在《广州十三行：中国外销画中的外商》中依据瑞典德若特宁宏中国馆收藏的广州府城图和相关瑞典文献的记载，1748 年，外国商馆最初设置在城西西濠的两旁，以后才在西濠以西沿江地区逐渐形成外国商馆区。这一历史变迁的轨迹，在里斯本东方博物馆所藏的"广州和澳门风景屏风"中得到了生动的体现（见图 3-22）。这幅屏风不仅展现了商馆区建立前的风貌，还配合了 1721 年"卡罗根号"船长乔治·夏沃克对广州的描述："英国商人在广州没有固定的商馆，只被允许在江边租赁大商馆或者商行，商馆带有货仓，方便洋商们将货物寄存于此，直到离

◎图 3-22　外销屏风（广州），18世纪，木板髹漆，贴有金、银、黄铜等材料，216厘米 ×330厘米 ×2厘米，里斯本东方博物馆藏。

开……"两者共同揭示了当时商人在广州没有固定商馆，只能租借江边的大商馆或商行作为临时居所的情景，这些商馆兼具货仓功能，便于洋商存放货物直至离港。

从屏风中可以看到夏沃克来粤时候的大致景象，那时的十三行商馆尚未形成一字排开的西式建筑格局。左边的城墙里可以看到广州内城的标志性建筑光塔和花塔，而西城墙外的区域（红色圈处），则大致就是之后洋商租借商馆的所在地。城墙外的桥梁与桥下的小溪河，共同构成了十三行区的东界。对于十三行商馆区的建设，以及外销艺术品中呈现的街道特点和相关记载还有以下几个时间点可以作为参考。

威廉·希基在回忆录中描述道：1769 年的十三行地区的商馆位于砖砌得很整齐的码头上，外国商馆上有各国的旗帜，其顺序为荷兰、法国、英国、瑞典、丹麦。商馆内设有宴会厅和套房，宴会厅面朝河流，其他房间则以宽敞的院落向内延伸二三百尺。而到了 1773 年，瑞典水手兼博物学家卡尔·古斯塔夫·艾克贝格在文献中记录，商馆的建设已经开始从中式建筑向更符合西方趣味的风格转变，包括增设玻璃窗、搭建阳台以及改造内室等。这一时期的建筑风貌，在英国格林威治扇子博物馆所藏的一幅约 1785 年的折扇画面中得到了部分展现，扇面中虽

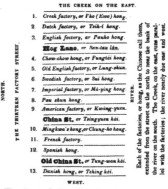

◎ 图3-23 马礼逊牧师所列十三行夷馆的文字简图，《中国丛报》，1932年版。

仍保留了中国房屋的特色，但西方国家的旗帜已成为一排醒目的标志性景观。

随着中西贸易的发展，尤其是与英国东印度公司之间长期稳定的贸易合作，使双方都获益良多。19 世纪初期东印度公司向崑水官偿付了重修部分建筑的费用，这使英国行的面貌焕然一新。根据《中国丛报》第 14 卷第 347 页所刊载的马礼逊牧师于 1832 年所列十三行夷馆的文字简图，可以看到繁荣时期的商馆区大概分布有以下几个商行（见图 3-23）。

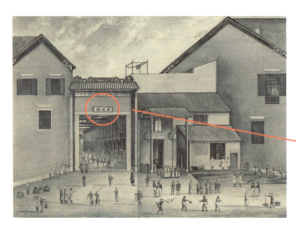

◎图 3-24　同文街和靖远街入口街景，约 1801—1850 年，纸本墨水，37 厘米×48 厘米，大英博物馆藏品库，编号：1877，0714，0.1497-1500。

依原文译出的信息可知，十三夷馆由东至西的次序为：小溪夷馆或怡和行、荷兰夷馆或集义行、英吉利夷馆或宝和行、猪巷或新豆栏、周周行或丰泰行、旧英吉利夷馆或隆顺（行）、瑞典夷馆或瑞行、帝国夷馆或孖鹰行、宝顺行、弥利坚夷馆或广元（行）、中国街或靖远街、明宫行或中和行、拂兰西（法兰西）夷馆、大吕宋（西班牙）行、旧中国街或同文街，丹麦行或德兴街。马礼逊牧师所列的十三夷馆后面的中国洋行名号，是由于当时外国商人到广州营商所居留的地方均须租赁行商的房舍作寓馆，而该"行"商亦成为外商的主顾，"夷馆"也就是"行商"的"收租屋"。外国商人的贸易交收和行为都由行商负责。马礼逊的行文中记载了同文街和靖远街，它们是中西进行贸易的主要商业街。大英博物馆藏的四幅墨水纸本绘画中，充分显示了这两条商业街的繁华和毗邻商馆华丽的西方风格（见图 3-24）。而此时的文字中，对这些街道的记载也非常详细。在广州游历的英国商人唐宁的记载中，1836—1837 年间，老中国街（靖远街）和新中国街（同文街）是广州郊区最好的两条街，但不能都遮风挡雨，因为有一部分街旁的房子会延伸到另一边去。街道由五到六码的石板铺成，并且会定期维修，路人经常是外国人和本地的男性。除了这两条商业街外，猪巷（新豆栏）也承担着重要的贸易功能。巴福特对其的描述揭示了这条小巷的肮脏与混乱，但同时也指出了它作为欧洲海员光顾之地的重要性。尽管这里时常发生打斗事件，但公司最终会出面进行管制。巴福特这样描述道："（猪巷）一条肮脏的小巷，极为狭长，从城市边缘一直延伸到市郊中心，我们可以把它看作是广州的'沃平区'。这里的小房子比一般的小房子更简陋，是最底层人群的栖息地。到处都是卖烈酒和掺水烈酒的酒馆。欧洲的海员会光顾这些酒馆，钱花光后，往往会被虐待。过去经常发生打斗事件，甚至导致需要公司出面干涉。如今，这个地方管治得比较好。"

从大英博物馆藏的纸本墨水画中可以看到在这两条街道的入口处，混杂着来自世界各地的贸易者。其中，戴礼帽的人应该来自西方，包头巾的应该是巴斯人或者印度人。私人收藏的新呱所绘的 1830 年代商馆画

◎图3-25　广州十三行，约1835年，57.8厘米×90.2厘米，私人收藏。

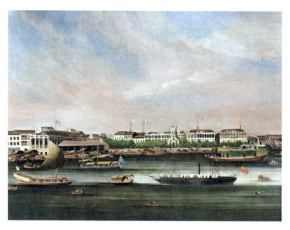

◎图3-26　（传）顺呱，浴火重生的广州十三行风光，约1855年，布面油画，45.7厘米×59.7厘米，银川当代美术馆藏。

面，除了可以看到同文街（红色圈）、靖远街（黄色圈），以及猪巷（蓝色圈）的入口，还可以观察到西洋商馆建筑明显的欧洲风格，例如突出的门廊、三角墙以及前方空地的广场和花园，珠江河流上也充斥着横楼船、舢板和西洋人休闲娱乐的三角帆船，一片热闹景象（见图 3-25）。

19 世纪 30 年代，英国人在商行前已经建起了花园，而到了 40 年代中期，新建的美国风格花园成为一项规模更大的工程，商馆前的植被已经非常丰茂。经历了第一次鸦片战争的洗礼之后，十三行商馆区在外销图像上反映出的最显著的标志性建筑，是 1848 年建立的十三行前的教堂（见图 3-26）。这座教堂有半圆形窗户和两条侧廊，与周围欧洲商馆十分相称。事实上，十三行地区发生过多次火灾，其中，有三次大火让这个地方最终走向了历史深处。第三次大火发生在咸丰六年（1856 年）。第二次鸦片战争爆发，英军为阻止中国军民偷袭，拆毁了十三行地区周围大片民居，并炮轰了广州城。12 月 15 日，城内市民愤怒之下烧毁了十三行街，除一栋房子幸存外，整个地区彻底化为灰烬，史称"西关大火""火烧十三行"。这一事件标志着十三行商馆区历史的终结。从 1748 年至 1856 年，十三行商馆区经历了从初建到繁荣再到毁灭的曲折历程。这一历程不仅见证了中西贸易的兴衰变迁，也反映了那个时代中西文化碰撞与融合的复杂图景。

四、外销艺术品中十三行商铺图像的表现

由于清政府对外商的限制，海外贸易者可以参观的城市范围事实上非常有限，他们除了偶尔有机会接触行商在河南的花园，其余大部分时间都活动在广州十三行的区域范围内。在这一独特的历史背景下，外销艺术品对于十三行商铺的描绘，便成了海外了解中国商业文化的一扇重要窗口。在外销艺术品的丰富画卷中，对于十三行商铺的观照尤为引人瞩目。这就不得不提商行的店铺图，其细致入微地刻画了十三行内各式各样的商铺及其招牌，涵盖了反映各行各业繁荣景象的"各行百业图"。这些图像不仅展示了广州地区工商业的繁荣景象，更揭示了其独特的商业结构和运作模式。

广州的工商业体系由制作、营销店铺和走街零售的行贩共同构成，

形成了一个完整而复杂的产业链。中国古代将工商业进行分行命名的做法，最早可见于《唐令·关市令》："诸市，每肆各标行名。""十三行"之名是沿袭明代的旧称 ①，"万历以后，广东有所谓'三十六行'者出，代市舶提举盘验纳税，是为'十三行'之权舆"。清初屈大均（1630—1696 年）在其晚年所著《广东新语》中，曾两次提到十三行："东粤之货，其出于九郡者，曰广货。出于琼州者，曰琼货，亦曰十三行货。出于西南诸番者，曰洋货…… 洋船争出是官商，十字门开向两洋。五丝八丝广缎好，银钱堆满十三行。"② 随着时间的推移，十三行的规模不断壮大。康熙五十九年（1720 年），行商发展到十六家，并在广东地方官府的支持下成立了具有垄断性质的"公行"。到了乾隆十六年（1751 年），洋行数量更是增至 26 家。尽管"十三行"之名多是用来形容当时最为兴盛的十三家行商，但这一名称却深深烙印在了历史的长河中。道光十三年（1833 年），十三家行商的名录被详细记录，这些行商以其雄厚的经济实力和广泛的商业网络，成为中外贸易的桥梁和纽带。（表 3-1）

表 3-1 十三家洋行名录

商　名	行　名	人　名
Howqua 浩官	Ewo 怡和	伍绍荣
Mowqua 茂官	Kwonglei 广利	卢继光
Puankhequa 潘启官	Tungfoo 同孚	潘绍光
Goqua 鳌官	Tunghing 东兴	谢有仁

① 《粤海关志》卷二十五《行商》记述："设关之初，番舶入市者，仅二十余柁，至则劳以牛酒，令牙行主之，沿明之习，命曰十三行。"

② 屈大均《广东新语》卷一五，第 427-432 页，十字门指澳门地区南部"有四山离立，海水纵横贯其中成十字，曰十字门"。

续表

商　名	行　名	人　名
Kingqua 经官	Tienpow 天宝	梁丞禧
Sunshing 孙青	Hingtae 兴泰	严启昌
Mingqua 明官	Chungwo 中和	潘文涛
Saoqua 秀官	Shuntai 顺泰	马佐良
Pwanhoyqua 潘海官	Yanwo 仁和	潘文海
Samqua 爽官	Tungshun 同顺	吴天垣
Kwanshing 昆官	Futai 孚泰	易元昌
Lamqua 林官	Tungchang 东昌	罗福泰
Takqua 达官	Anchang 安昌	容有光

资料来源：阎宗临：《中西交通史》，南宁：广西师范大学出版社，2007年版，第38页。

道光九年（1829年）粤海关监督延隆奏："窃照粤省外洋行，从前共有十三家，在西关外开张，料理各国夷商贸易，向称十三行街，至今犹存其名。唯近年止存怡和等七行，其余六家，或因不善经营，或因资本消乏，陆续闭歇，自应另招新商，随歇随补，方可以复旧观。"道光十七年（1837年），由于采用了新招商法，外洋行恢复至十三家，两广总督邓廷桢上奏，希望恢复"承商旧制"："从前洋行共有十三家，因日久玩生，各商内即有以亏饷、逋债治罪者……至道光九年……缺商随招补，至今已复十三行旧观……应请嗣后十三行洋商，遇有歇业或缘事黜退者，方准随时招补，此外不得无故增添一商。"十三行的行商是半官半商的性质，他们不仅经营着庞大的商业帝国，还承担着与外商沟通、协调贸易等职责。美国建国初期派往中国之专使艾德蒙·罗伯特在

《一八三七年出使东方各邦记》一书中，指出广州富商之大厦并不下于皇宫。

为了方便生活在十三行区域的西方贸易者，同文街、靖远街、猪巷里各种店铺混杂经营。这里不仅有专营大宗货物的外销店铺，如茶叶、丝绸、瓷器、牙雕工艺品等，还有一些销售其他日常生活用品的店铺，如："黄色南京布裤子、帆布鞋、草帽、混杂着黑绸的围巾、糖姜、画在宣纸上的绘画，还有火石、火绒和拜神用的线香……"这些店铺不仅满足了外商的购物需求，更成为他们了解中国商业文化和民俗风情的重要场所。《佛山忠义乡志》记载了大部分清代广州地区的商品行业，这些行业的名称有：铜器行、杉碌行、集木行、柴栏行、苎麻行、炭行、山货行、竹器行、江米行、茶纸行、面行、白糖行、海味京果行、猪栏行、牛栏行、鸡鸭栏行、咸鱼行、果栏行、海鲜行、食盐行、花纱行、绸缎行、京布行、新衣行、牛皮行、薯莨行、瓷器行、镜器行，等，而1931年刊印的《番禺县续志》中记载的广州商业，以七十二行著称，除了传统的手工业和农业商行以外，还有银业、矿业甚至区域性质的商行团体①。

外销画中也有关于十三行街区各种店铺的描绘，大英博物馆所藏一套上下两册的白描外销画以十三行旁的商铺为主题，一共201幅，画面绘制

---

① 《番禺县续志》记述了广东省番禺县起自清同治六年（1867年），讫宣统三年（1911年）间的历史状况。关于广州商业记载如下："广州商业，以七十二行著称。七十二行者，土丝行、洋庄丝行、花纱行、土布行、南海布行、纱绸行、上海绸布帮行、匹头行、绒线行、绸绫绣巾行、颜料行、故衣行、顾绣班靴行、靴鞋行、牛皮行、洋杂货行、金行、玉器行、玉石行、南番押行、下则押行、米埠行、酒米行、糠米行、澄面行、鲜鱼行、屠牛行、西猪栏行、菜栏行、油竹豆行、白糖行、酱料行、花生芝麻行、鲜果行、海味行、茶叶行、酒行、烟叶行、烟丝行、酒楼茶市行、生药行、熟药行、参茸行、丸散行、薄荷如意油行、瓷器行、潮碗行、洋煤行、红砖瓦行、青砖窑行、杉行、杂木行、铜铁行、青竹行、电器行、客栈行、燕梳行、轮渡行、书籍行、香粉行、银业行、银业公会矿商公会报税行、北江转运行、北江栈行、南北行、天津公帮行、上海帮行、四川帮行、金山庄行是也。"

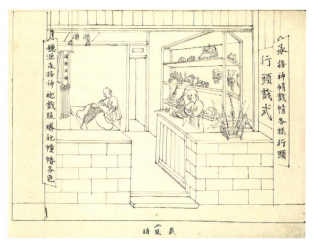

◎ 图3-27　行头戏服店铺线描，19世纪，纸本墨水，54厘米×40.2厘米，大英博物馆藏，编号：1877，0714，0.401-501。

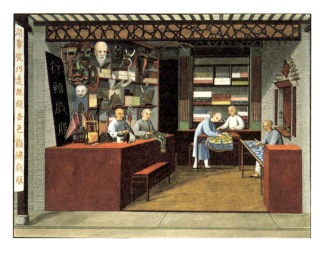

◎ 图3-28　行头戏服店铺水彩，纸本水彩，尺寸未知，私人收藏。

细致，部分图像与零散的水粉商铺图有极大的相似性，可见这幅册页很可能有底稿的功用。同时，图中商铺基本没有重复，且部分图像附加了英文注释，这表明该册页也可能具有作为商铺图册的功用，旨在向未能亲临广州口岸的西方顾客展示商品的种类和特色。（见图3-27、图3-28）

　　具体来看，该图册可以大致分为"食品类""衣物、面料类""器物类""其他类"四种。其中可见，在画册收录的两百零一家十三行店铺中，"食品类"店铺有42家，占比约21%；"衣物、面料"类有27家，占比约13%；"器物类"最多，有112家，占比约56%；另外还有服务、金融、

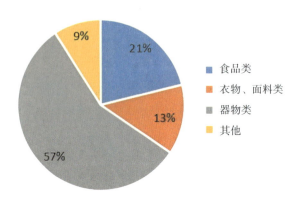

21%
13%
57%
9%

■ 食品类
■ 衣物、面料类
■ 器物类
■ 其他

◎图3-29　大英博物馆藏十三行商铺册页图像内容分析。

医药等"其他类"店铺19家，占比约9%（见图3-29、表3-2）。由此可见，此时十三行地区商铺琳琅满目，且很多店铺的名称相似，例如"七十二""一百六十五"和"一百八十九"都名为"苏杭"。从画面底部的英文标注"Northern Country（北方城市）"可知，这三家商铺的货源应该都来自北方，但其售卖的商品各有各的偏重。这样分类不仅可以展示十三行地区商铺的多样性和丰富性，更揭示了当时商业活动的繁荣和活跃。

将图册中所选店铺的售卖内容与卫三畏在1856年出版的《中国商务指南》中一百七十多项需要征税的外销出口商品类型作对比，可以看到，图册中的"衣物、面料类"和"器物类"商品与《商务指南》中涉及的出口商品非常类似①。这说明十三行地区的商铺主要以外销贸易为主，该画册在绘制过程中也是根据出口商品有选择性地进行绘制的。而其余的服务类店铺的绘制，则可能更多地是为了满足西方贸易者对中国居民日常生活的好奇和兴趣。外销艺术品中对于十三行商铺的描绘不仅展示了广州商业文化的独特魅力，更揭示了中外贸易交流的历史背景和深刻内涵。这些图像不仅具有艺术价值，更具有重要的历史和文化意义。

---

① 参阅卫三畏在《中国商务指南》一书中记录外销产品的章节"Description of articles of export from China"的相关记载。

表3-2　大英博物馆藏十三行商铺组画分类表

藏品编号：1877.7.14.401-501 及 1877.7.14.503-603			
尺寸：册页 54 厘米 ×40.2 厘米			
食品类	衣物、面料类	器物类	其　他
十六 酒馆	二 戏服铺	一 卖鼓铺	廿七 参×茸铺（药材）
十八 高楼馆	五 绸缎铺	三 衣杠铺（箱类）	伍十四 换钱
廿一 酒店	七 绒线铺	四 写对铺（字画）	伍十五 换银
廿四 京果铺	九 卖布铺	六 灯笼铺	六十 当铺
廿五 油烛铺（牛油、茶油）	十 绣花铺	八 金箔铺	伍十七 药材
廿六 盐埠	十五 皮草铺	十一 金线铺	九十一 艹芍（医馆）
廿七 参×茸铺	十七 卖道冠（僧人道巾）	十二 打银铺	九十八 蜡丸铺（药品）
卅二 炒粉铺	廿三 丝带铺	十三 葵扇铺	九十九 打棉胎
卅五 饼铺	卅三 帽铺	十四 银焗铺	一百〇五 执事铺
卅七 咸鱼铺	卅四 鞋铺	十九 古玩铺	一百〇八 剃头铺
四十七 牛肉	四十一 纽扣	廿 打铁铺	一百廿二 裱画铺 一一百卅三 染靛铺
伍十 白糖	四十二 皮屐	廿二 石器铺	一百四十七 彩色馆
伍十二 苣干	伍十六 裁蓬（成衣）	廿八 船铺	（承办乡会）
伍十八 米酒	六十六 花巾	廿九 装船栏	一百五十五 参茸铺
六十二 槟榔	六十七 皮草	卅 檀香铺	一百七十三 染靛铺
六十三 鸭蛋	八十一 帽胎（藤帽）	卅一 纸料铺	一百八十
七十一 浆铺	八十八 棉花	卅六 牌匾铺	搭棚铺

续表

食品类	衣物、面料类	器物类	其 他
七十二 苏杭（小菜）	九十六 蓑衣	卅八 花轿	（搭戏台）
八十 茶仔	一百十七 领额铺	卅九 窗科	一百八十三 花地
八十三 蚬肉	一百廿一 做袜铺	四十 竹器	（花店？）
八十四 茶叶	一百廿三 绒线杂货铺	四十三 盘桶	一百八十六 拜神馆
八十七 槟尖	一百卅 切鞋底铺	四十四 猪栏	（算命）
九十三 瓜菜	一百卅五 放机铺（纱罗绸缎）	四十五 床棹	一百八十八 倾银铺
九十四 猪肉	一百卅八 织补衣服	四十六 天窗	（兑换）
九十五 虾鱼	一百八十四 零剪铺（丝绸罗缎）	四十八 杉铺	一百九十一 淹皮铺
一百〇七 酱料铺	一百八十九 苏杭铺（帽领）	四十九 香铺	
一百卅四 酱园铺	一百九十 戏服铺	伍十一 纸塔	
一百卅六 酒铺		伍十三 竹升	
一百卅七 蜜饯铺		伍十九 田料	
一百四十一 包办馆（酒席）		六十一 草藉	
一百四十四 狗肉铺		六十四 铝锡	
一百五十二 面铺		六十五 眼镜	
一百五十四 燕窝铺		六十八 针铺	
一百六十一 绵羊铺		六十九 鼓乐	
一百六十二 榬栏		七十 铜器	

续表

食品类	衣物、面料类	器物类	其　他
（甘蔗）		七十三 玉石	
一百六十八 搾糖寮		七十四 竹帘	
一百七十六 果栏		七十五 坭灶	
一百七十七 米铺		七十六 金叶	
一百九十四 糕粉铺		七十七 锡器	
一百九十九 鸡鸭栏		七十八 颜料	
二百 海鲜铺		七十九 珍珠	
		八十二 铰锁	
		八十五 车木器	
		八十六 柴炭	
		八十九 缸瓦	
		九十二 书铺	
		九十七 雨遮铺	
		一百 写珐琅	
		一百〇一 装轿铺	
		一百〇二 秤铺	
		一百〇三 玻璃缸铺	
		一百〇四 灰瓦铺	
		一百〇六 纸札铺	
		一百〇九 做西洋眼镜铺	

续表

食品类	衣物、面料类	器物类	其 他
		一百〇十 刀石铺	
		一百十一 神相铺（香火）	
		一百十二 风筝铺	
		一百十三 琉璃铺	
		一百十四 梳篦铺	
		一百十五 纸盒铺	
		一百十六 木鞋铺	
		一百十八 小刀铺	
		一百廿 藤铺	
		一百廿四 做墨铺	
		一百廿五 玛瑙×铺	
		一百廿六 烟竿铺	
		一百廿七 明角灯铺	
		一百廿八 做笔铺	
		一百廿九 炷炉铺	
		一百卅一 磨铺（松木磨盘）	
		一百卅二 天平铺	
		一百卅九 刊×图书铺	
		一百四十 打包铺（藤包）	

续表

食品类	衣物、面料类	器物类	其 他
		一百四十二 竹器铺	
		一百四十三 算盘铺	
		一百四十五 翠花铺 （金银装饰花朵）	
		一百四十六 柴栏	
		一百四十八 漆器铺	
		一百四十九 毛扇铺	
		一百五十 青缸铺	
		一百五十一 脂粉铺	
		一百五十三 枕头铺	
		一百五十六 铜锁铺	
		一百五十七 长生铺 （棺材）	
		一百五十八 铜箩铺	
		一百五十九 烧料铺 （玻璃）	
		一百六十 织竹器铺	
		百六十三 磁器铺	
		一百六十四 玻×璃铺	
		一百六十五 苏杭铺 （扇、笛等）	
		一百六六 爆竹铺	
		一百六十七 兵邦铺	

食品类	衣物、面料类	器物类	其　他
		一百六十九 纱灯铺	
		一百七十 金花铺	
		一百七十一 花炮铺	
		一百七十二 铁线铺	
		一百七十四 染纸铺	
		一百七十五 洋货铺	
		一百七十八 年货铺	
		一百七十九 风炉铺	
		一百八十一 马鞍铺	
		一百八十二 弓剪铺	
		一百八十五 纸札铺	
		一百八十七 什木器铺	
		一百九十二 神相铺 （装饰）	
		一百九十三 茶箱铺	
		一百九五 枱椅铺	
		一百九十六 石砚铺	
		一百九十七 打缆铺 （制绳）	
		一百九十八 弦索铺 （乐器）	
		未标注序号 锡器	

第四章

审美习惯与人物形象的趣味变化

　　人物是中国外销艺术品中的一大重要主题。18 至 19 世纪间，广州、澳门、香港等地的中外画家携手合作，为穿梭于东西方之间的贸易商贾及本土华人，精心绘制并复制了众多肖像画与市井人物画。这些作品不仅定格了那个时代的风貌，更映射出人们审美习惯的演变与画作中人物形象的趣味变化。胡光华教授在解释从 18 世纪晚期玻璃画中发展出来的肖像画主题时曾指出："在中国，玻璃画逐渐逊位于架上绘画；正是由于这些转变，中国绘画的双向交流进程才得以加快，即从玻璃画这一有形之'镜'转化成以肖像画为主要交流特征的无形之'镜'。"本章则意在通过分析外销艺术品中以媒介为载体的肖像人物和市井人物的图像表达，来探索18、19 世纪推动人物图像趣味变化的时代文化内涵。

第一节　外销艺术品中早期人物塑像的兴起

提及中国外销艺术品中的人物形象，史贝霖在18世纪下半叶对外国商人的描绘常被视为西方贸易者肖像在中国外销艺术品中的滥觞。然而，追溯历史深处，我们不难发现，这一主题的呈现，其实早已在微型塑像这一媒介上悄然兴起，并在中国外销艺术品市场中占据了重要席位。这些塑像，与中国悠久的造像传统紧密相连。尽管传统的塑像技艺多用于陵墓装饰或宗教供奉，但其在外销艺术品中的创新应用，无疑为东西方文化的交流开辟了新的路径。

早在18世纪早期，中国雕塑家便已涉足西方市场，他们以彩绘技艺，在未烧制的黏土上绘制图案，创作出别具一格的微型塑像。尽管关于这些艺术家工作室的具体位置，历史文献鲜有记载，但来华西方贸易者的文字

◎图4-1a　佚名，苏定远访虎丘图（局部），1768年，绢本彩墨，尺寸未知，英国伯明翰博物与美术馆藏。

◎图4-1b　佚名，托马斯·豪卧像，18世纪早期，彩绘泥塑，长32.4厘米，美国皮博迪埃塞克斯博物馆藏。

记录，为我们提供了宝贵的线索。瑞典东印度公司大班柏林的日记中，便生动描述了 1803 年在广州十三行附近所见的一幕：泥塑商铺林立，房屋被用作开放的商店，琳琅满目的工艺品中，泥塑人物尤为引人注目。

更为确凿的证据，则藏于伯明翰博物美术馆的一幅画作中。这幅《苏定远访虎丘图》，由江苏总督苏定远下令绘制，画面中沿河商铺内，一位泥塑家正专注地工作，柜台上摆放的侧卧泥塑，其风格与同期外销艺术品中的泥塑人物高度相似，这无疑证实了泥塑艺术在当时外销市场中的广泛流传与影响（见图 4-1a、4-1b）。

西方艺术机构对中国外销泥塑的珍视与收藏，进一步彰显了这一艺术形式在 18 世纪中期的繁荣。瑞典斯德哥尔摩市郊皇后岛上的中国宫，便是这一时期的典型代表。这座始建于 1753 年的洛可可中国风建筑，是瑞典国王弗里德里克为庆祝王后乌尔里卡生日而建。宫内每一间房间都精心布置了来自中国的人物与宗教塑像珍奇柜，其中的藏品不仅展示了中国外销艺术品的精湛技艺，更映射出西方王室对中国文化的浓厚兴趣与热烈追捧。

中国外销艺术品中早期人物塑像的兴起，不仅是中国传统造像技艺与西方市场需求相结合的产物，更是东西方文化交流与融合的生动写照。随着时代的变迁，这些塑像逐渐从单一的陵墓或宗教用途中走出，成为连接东西方文化的桥梁，推动了人物图像趣味的多样化。

一、"厦门真呱"与外销塑像中贸易人物的呈现

为西方市场从事塑像生产的中国艺术家有很多，但有文字记载其事迹的却很少。流传下来的作品中有确切记载的是一位名叫厦门真呱的泥塑家。厦门可能是艺术家的籍贯所在，但真呱主要创作于马德拉斯的殖民地区域①。18 世纪早期，真呱的艺术活动非常活跃，他的作品如今被众

---

① 马德拉斯，现名清奈，是位于印度东南部的城市，地处乌木海岸，紧邻孟加拉湾，是孟加拉湾沿岸最大的城市。它由英国于 17 世纪建立，并逐渐发展成为相应区

多西方艺术机构珍藏，成为连接东西方文化的桥梁（见图 4-2）。这些塑像中的西方贸易者，造型相似，却各具特色，透露出一种独特的程序化语言。他们身着依照 18 世纪英国商人流行风尚设计的羊毛大衣，大衣衬里涂绘成亮眼的蓝绿色，右手优雅地塞在内搭的背心中，背心下则是洁白的亚麻衬衫。黑色的三角帽巧妙地塞在左臂下方，左手则或拄着手杖，或摆出其他优雅的姿态。真呱对细节的追求令人叹为观止。大衣的衣领、袖口、纽扣和口袋均饰以精致的金线绣花，与帽子上的镀金饰物相映成趣；脚上的黑色系扣鞋也饰有白色缝线，为鞋子增添了几分雅致。此外，真呱还为每一个塑像精心制作了假发，尽管我们无法确定这些塑像人物的具体身份，但正是这些细节的精心布置，使他们被赋予了极大的真实感和生命力。

图 4-2a，18 世纪初，33 厘米，伦敦佳士得拍卖公司藏。　　图 4-2b，1719 年，29.5 厘米，伦敦斯比尔曼公司藏。　　图 4-2c，1719 年，29.4 厘米，美国大都会博物馆藏。　　图 4-2d，18 世纪初，35.2 厘米，美国皮博迪埃塞克斯美术馆藏。

◎图 4-2　"厦门真呱造"欧洲商人像，彩绘泥塑。

在真呱的众多作品中，英国国家肖像画廊所藏的约瑟夫·科勒塑像，在克罗斯曼的《中国装饰艺术》一书中被认为是目前确定可考的一座（见

域的主要中心城市和海军基地；它不仅是过去英属印度马德拉斯省的首府，也是现今塔米尔纳度邦的首府和重要行政中枢。

图 4-3）。科勒曾是英国东印度公司的雇员，在苏门答腊和马德拉斯担任过总督。真呱在 1716 年为科勒制作的塑像，方形底座上涂有模仿大理石的油漆，并刻有"厦门真呱 1716"的字样。这座塑像不仅造型与真呱的其他西方贸易者塑像相似，而且彩绘部分同样描绘得细致入微。由此可见，西方贸易者们的肖像趣味需求已经在中国外销艺术品中得到了充分展现，这推动了各种艺术媒介中人物肖像主题的应用与发展。

◎ 图 4-3　厦门真呱，约瑟夫·科勒像，1716年，83.8 厘米，英国国家肖像画廊藏品库，编号：NPG 4005。

二、谭其奎的英国之行与外销泥塑风格的海外传播

在 18 世纪的海外中国艺术家中，被称为"奇呱"的谭其奎是唯一一位在英国工作并创作泥塑的中国艺术家。此时，英国艺术界尚未有其他艺术家采用此风格创作泥人肖像。谭其奎的英国之行，不仅为他的艺术生涯增添了浓墨重彩的一笔，也为中国外销泥塑风格在海外传播开辟了新的篇章[①]。1769 年，奇呱搭乘英国东印度公司的航船"霍森登号"抵达伦敦。虽然没有相关文献记载他去伦敦的原因，但他这样做的动机很可能是因为发现了有利可图的市场或者是赞助人的引荐。此时，"中国风"在英国已经蔚然成风，对异国情调的追求成为时尚的一部分。谭其奎的赞助人多为进行中西贸易的商人和船员，他的泥塑作品在抵达英国之前就已经通过贸易者的传播在欧洲声名鹊起。

作为伦敦艺术界的知名人物，谭其奎至少被画过三次。他最著名的肖像出现在约翰·佐法尼的油画作品《英国皇家美院院士》中（见图 4-4），

---

① 关于谭其奎生平和事业的主要研究可以参考香港大学大卫·卡拉克的"奇呱：一位中国艺术家在 18 世纪英国"，以及苏利文对活跃在 1660 —1851 年英国的雕塑家的研究；其次，在龚之允和李世庄谈论中西绘画和外销画的书籍中，也有谈论谭其奎的相关章节。

◎图4-4 约翰·佐法尼，英国皇家美院的院士，1771—1772年，布面油画，101.1厘米×147.5厘米，英国女王伊丽莎白二世皇家藏。

这幅油画还被复制成版画广泛流传。此外，他的肖像还出现在 1771 年艺术家协会展出的约翰·莫蒂默·汉密尔顿的油画中，以及现藏于英国阿什莫林博物馆的小查尔斯·格里尼恩的色粉画中。这些作品不仅记录了谭其奎的形象，也见证了他作为一位异国情调艺术家的独特魅力。

据记载，奇呱在伦敦诺福克街的一个帽匠家里成立了他的泥塑工作室，他对半身像收费10几尼①，对小雕像收费15几尼。他既是一位认真工作的艺术家，又是一位充满神秘色彩和异国情调的人物。在英国《绅士》杂志中，他被描述为一位用陶土塑像的独创艺术家，工作时十分干

———————

① 几尼 Guinea，它是第一枚英国用机器敲打的金币，最初是用几内亚（畿内亚）的黄金铸造的，因此得名。从 1717 年到 1816 年，其价值正式固定为 21 先令/1.05 英镑。

净利落，身材匀称，穿着丝绸长
袍，皮肤呈古铜色。他的面容被
描述为中等身材、瘦削、上唇覆
盖着稀疏的胡须，几乎没有头发，
只有长长的发辫①。

谭其奎的艺术实践和所用材料
都令英国艺术家着迷。当时，英国
皇家美术学院里的许多人都在尝试
陶塑实验，而欧洲人也正努力在本
土制造瓷器。英国人威廉·库克沃
西此时期在康沃尔郡发现了高岭
土，并于 1768 年成立了一家工厂，
以期推广这种材料。他的塑像不仅
在美术领域得到了关注，在陶瓷业
和设计业也产生了很大的反响。

尽管很多塑像都归于奇呱名
下，但其中有据可考的塑像非常

◎图4-5　奇呱，安东尼·艾斯
丘医生像，约1771年，约13英寸，
伦敦皇家内科医师学会藏。

少，其中比较确定的一件是安东尼·艾斯丘医生的塑像（见图 4-5）。这
座高约 13 英寸的塑像与真呱的其他雕塑作品有一定的相似之处，但又有
其独特的风格。艾斯丘医生曾到过广东，在奇呱的塑像中，他被刻画成一
个相当魁梧的人物，与真呱塑像中所常见的人物立像不同，奇呱让人物坐
在了太湖石上。艾斯丘医生披着他红色的医生长袍，摆着 18 世纪早期英
国肖像画中常见的用手穿过白色背心的姿势，这一姿态不仅出现在塑像
中，后期广东外销玻璃画中的西方贸易者也经常摆出相同的姿势。谭其奎

① 全文来自 The Gentleman's Magazine 41, May 1771, p.238. 此外，高夫对
谭其奎的面容也有记录："一个中等身材的男人，大约四十岁或以上，十分瘦……
他的上唇覆盖着一英寸长的稀疏的胡须……他几乎没有头发，除了长长的发辫。"

的塑像拥有自己独特的习惯性做法：他单独做出头部，后用黏土、头发、竹子或丝束进行加固，最后用多种颜料进行表面的装饰。这种东方塑像风格让习惯了西方古典雕塑审美传统的英国观众产生了由衷的热情与关注。然而，或许是由于对英国气候的不适应，谭其奎并没有在英国居住很长的时间。1772 年，他选择随商船回到广州。此后，这位艺术家的作品便没有其他留存记载，但他的艺术成就和影响力却永远地留在了历史的长河中，他成为中国外销艺术品中一颗璀璨的明珠。

第二节　18 世纪晚期中国外销画中的人物图像

在 19 世纪之前，在外销艺术品或文字记载中留有姓名的外销画家中，最著名的要数史贝霖和蒲呱。特别是在肖像画领域，史贝霖于 1795 年前后绘制的几幅英国商人肖像画，不仅展现了其深厚的艺术功底，更成为研究 18 世纪末外销肖像画风格不可或缺的珍贵资料。

一、外销玻璃画中的人物形象

玻璃画，这一融合了东西方艺术元素的独特画种，在 18 世纪末至 19 世纪上半叶的中国外销画领域，占据了极其重要且不可替代的地位。其独特的创作技法——在玻璃背面反向绘制，要求创作者有极高的技艺。画作中的画面在展现出斑斓色彩的同时，还保留了玻璃原有的镜面功能。这种"反向玻璃画"的艺术形式，以其别具一格的东方韵味，极大地满足了西方人对神秘东方的无限遐想与向往。作为早期外销至西洋的画种之一，玻璃画与当时风靡欧洲的室内装饰设计"中国风"趣味紧密相连，成为一种时尚与品位的象征。在瑞典斯德哥尔摩的"中国宫"二层大厅，玻璃装饰画以其精美的画工与巧妙的设计，成为洛可可风格空间形态的典型代表。这些玻璃画不仅装饰了墙面，更与周围的中国风墙纸相得益彰，共同营造出了一种既和谐又充满异域情调的艺术氛围，让每一位踏入其中的西方观众都能感受到一股扑面而来的东方魅力（见图4-6）。当西方观众驻足欣赏这些描绘中国仕女的玻璃

◎图4-6　瑞典中国宫二层大堂的玻璃画，墙面铺有中国风外销壁纸，18世纪。

画时，他们的倒影与居住空间被巧妙地投射在玻璃镜面区域，形成了一种独特的互动体验。这种体验不仅极大地增强了艺术的感染力与趣味性，更让西方观众在欣赏画作的同时，仿佛穿越了时空的界限，与中国仕女进行了一场对话。

　　关于玻璃人物画为何能成为早期冲击西方市场的中国外销画图像之一，尽管我们缺乏直接的文献记载来全面揭示其背后的原因，但我们可以从西方贸易者的相关记述中捕捉到一些线索。早在1745年，一位法国商人便在置办货物时发现了来自中国的镜面画，并对其精美程度与制作工艺表示了由衷的赞叹：

　　"我在路易港看到过一面中国镜子，它是络图里亚侯爵购置的。镜面上绘制了一位在闺房中的中国贵妇，其上角有一只鹦鹉立于竿上，其后还

有一只猴子。对于镜子的美丽、手工的精巧，在大为钦佩之余，我渴望探寻制作的方法。"

与此同时，威廉·钱伯斯与佩尔·奥斯贝克等西方探险家与建筑家的记述，也为我们揭示了当时广州地区玻璃画生产的盛况及其在西方市场的受欢迎程度。瑞典东印度公司的英国建筑家威廉·钱伯斯在 18 世纪 40 年代来到中国，他在 1757 年出版的《中国建筑、家居、服饰、机械和器物设计》中提到一位从事玻璃画生产的"小先生"，其在玻璃上绘制的中国服饰成为钱伯斯书籍中的插图来源。除此之外，瑞典探险家佩尔·奥斯贝克 ① 在 1757 年出版的《中国及东印度诸国游记》中也曾提到在广州从事袖珍玻璃画的画家非常受欢迎，洋商们经常找他绘制肖像画。瑞典人乌洛夫·托林在他的著作《向苏拉特航行》中记载，当时玻璃画的价格并不高。他认为广州地区的外销画家如果可以掌握阴影的技巧，那就能够赚取更多资金，而那些优秀的图画（纸本绘画和玻璃画）和泥塑半身像的价格都很便宜。

就玻璃画描绘的内容来看，玛格丽特·乔丹认为中国外销玻璃画内容并不仅仅是来自西方的模板，它有着中西元素结合的独特性。在人物画方面，早期的玻璃画主要以中国仕女为主题。这些仕女形象往往身姿婀娜、面容娇美，充满了东方女性的韵味。到了 18 世纪中期，随着英国对中国场景的风景或人物玻璃画需求的增加，玻璃画的题材也变得更加丰富多样。到了 1770 年以后，留念性质的外销肖像画逐渐增多，这些肖像画往往以西方人为主要描绘对象，但又不失东方艺术的韵味与特色。玻璃画以其独特的艺术形式、丰富的题材以及多样的表现形式，成为当时西方市场上备受追捧的艺术品。它不仅满足了西方人对东方艺术的热爱与追求，更在东西方文化交流史上留下了浓墨重彩的一笔。

---

① 佩尔·奥斯贝克是瑞典探险家、博物学家卡尔·林奈的弟子。1750 —1752 年间，他作为牧师乘坐普林斯·卡尔的船来到亚洲，在这里，他花了四个月的时间研究中国广州地区的动植物和人民。

二、史贝霖的艺术实践与肖像画风格的发展

　　史贝霖以其精湛的技艺与独特的艺术风格，成为 18 世纪晚期中国外销画坛的佼佼者。他创作的玻璃肖像画不仅在当时备受赞誉，更成为后世研究外销肖像画风格的重要资料。他也是第一位在作品上留有姓名的中国外销画家。他将名字写于一幅被认为是为英国东印度公司船长托马斯·弗莱所作的玻璃肖像画中，该画的背面留有英文的标签："画于 1774 年 10 月……中国广州 史贝霖。"（见图 4-7）

　　根据孔佩特的推测，史贝霖作品中的玻璃人物画图式来自英国艺术家阿瑟·德威斯在 1768 年为牛津教区的主教绘制的玻璃画肖像，德威斯的作品可能在 1760 年代传入了中国。柯律格在《中国绘画与它的观众》中，也同意这一推测，并将这种根据西方肖像画图式进行再生产的风格称为绘画的"合作生产"。从弗莱船长肖像画中可以看出此时流行的玻璃肖像画风格：画面中的人物被巧妙地放置在室内空间的前景中，画面上方一般悬挂着红色的帷幔；人物的背景往往是由窗外风景延伸出的户外空间，且以广州口岸的景色为主，地平线很低，天空占据了背景三分之二以上的空间；弗莱船长本人站立在靠窗的墙角，身穿深蓝色欧式礼服大衣，内衬米色马甲与白色花边衬衣，也许与广

◎图 4-7　史贝霖，托马斯·弗莱船长肖像，1774 年，玻璃画，38.7 厘米×25.4 厘米，私人收藏。

州并不寒冷的天气有关，他的大衣是敞开的；弗莱的五官描绘得很清晰，有欧洲袖珍画技法的痕迹，人物面部的色彩贴近欧洲人的肤色，并且双颊涂上了一层粉红色颜料。这幅画不仅展现了史贝霖精湛的绘画技艺，更体现了他对西方肖像画图式的深刻理解与再创造。

随着时代的变迁与西方市场需求的转变，史贝霖的艺术实践也经历了从玻璃画到布面油画、纸本水彩画等其他媒介的转变。这一转变不仅反映了当时西方市场对艺术品的多样化需求，也体现了史贝霖作为一位艺术家对市场变化的敏锐洞察与灵活应对。镜面画趣味的衰落与西方的趣味取向的转变有着密不可分的联系。从运输成本的角度来看，镜面媒介在运输的过程中更加困难，在价格上也更昂贵，相反，布面油画和水彩册页更加轻便，方便拆卸和运输。此外，从西方观众的角度来看，玻璃画更适合贵族室内空间的装饰，而油画和册页则更适合满足新兴资产阶级的纪念或"科普"趣味。18 世纪后期，随着西方私人贸易的增长，需要更多外销画图像来满足西方大众日益增长的文化需要，这可能是玻璃画风格式微的主要原因。

史贝霖在 18 世纪晚期的名气，让很多佚名的画作都被归入他的名下，或者被标注为"史贝霖风格"。这跟西方贸易者对他的赞赏有关。英国航海家约翰·梅雷斯的著作《1788 至 1789 年从中国到美国西北海岸航行记》中记载，史贝霖为他朋友画的肖像画让他们很满意，"这位艺术家（史贝霖）非常自信地绘制出了表情的轮廓线，并用他天才般的超能力找到了优雅肖像图式"。1802 年，史贝霖为美国商人拉尔夫·哈斯金斯绘制了肖像画。这位商人在后来记载道："正好无事可做，我去往史贝霖处，坐了两个小时，我的肖像就画好了。他的画十美元一幅，并且很多订单在等着处理。我惊讶于他熟练的技巧。"① 从现存的拉尔夫·哈斯金斯的肖像实物来

① 拉尔夫·哈斯金斯 1779 年出生于波士顿，21 岁时，他被派去负责东方远征船队的货物，并从中国进口毛皮货物。在这段时间里，他保存了一份详细的日志，其中的摘录后来被发表。这里的记录转引自克罗斯曼《中国装饰艺术》。

看（见图 4-8），其笔触很明显，可以看到画家快速的绘画方式。画中人物五官很明晰，其他部分则较简约，他的背景为简单的纯色背景，史贝霖的肖像油画中的特点是围绕身体轮廓尤其是右肩部位营造的"光晕"。孔佩特将他的肖像油画风格描述为"不论中国人还是外国人的形象，都拥有确定的特质：明晰又锋利的轮廓线、直接甚至近似古怪的表情、细致观察处理的服饰，以及背景中右肩上方明显的光晕处理"。[①] 在史贝霖艺术创作的后期，他更多地将精力集中在了对肖像油画的探索上。这些肖像画不

◎图4-8　史贝霖，拉尔夫·哈金斯像，1802年，布面油画，59厘米×45.7厘米，私人收藏。

仅保留了其早期玻璃肖像画的某些特点，如明晰的轮廓线、细致入微的服饰描绘等，更在色调处理、明暗对比以及人物表情等方面取得了显著的进步。这些作品不仅展现了史贝霖深厚的艺术功底，更呈现出了一种西方新古典主义风格的特征。史贝霖的名气使得许多佚名的画作都被归入他的名下或被标注为"史贝霖风格"，这既是对他艺术成就的肯定，也从一个侧面反映了当时西方市场对中国外销画的高度认可与追捧。18 世纪晚期的中国外销画中的人物图像以其独特的艺术魅力与丰富的文化内涵，成为中外文化交流史上的重要篇章，而史贝霖等外销画家的艺术实践与风格发展，则为我们揭示了这一历史时期中国外销画艺术的发展轨迹与独特魅力。

---

① 参阅孔佩特撰写，"史贝霖"词条在"牛津艺术词典"中释义，Patrick Conner, "Spoilum" in Grove Art Online, https: //doi.org/10.1093/ gao/9781884446054.article.T080650.

第三节　外销画册页中对市井人物
形象的观照

在 18 世纪中西方文化的碰撞与交流中，东方的艺术趣味显然在一定程度上被西方观众所接受。这一现象最初在出口商品如瓷器纹样、丝绸图案等精美工艺品上得到了鲜明体现；随后，随着文化交流的深化，一些游历广泛的中国艺术家（如奇呱）的作品，也跨越大洋，直接触动了西方艺术界。随着西方市场对东方风情需求的持续膨胀，广州作为对外贸易的窗口，出现了专门从事外销画生产的画家和工作室。而随着西方私人贸易的增长和西方大众了解异国人民生活的趣味的增强，除了装饰性和纪念性的肖像图像之外，反映民间生活百态的市井题材的外销画册页也促成了西方观众对中国的进一步了解，它们成为连接东西方美学的桥梁。

一、市井百业图的描绘与"蒲呱图式"

在这一背景下，市井题材的外销画册页如同一扇扇窗口，向西方观众展示了中国民间生活的丰富多彩。这些画作不仅满足了西方人对异国风情的好奇与向往，更在一定程度上促进了他们对中国的认知和深入理解。其中，对市井百业的描绘尤为引人瞩目，它们不仅承袭了中国古代绘画中对市井生活的细腻刻画传统，例如北宋张择端的《清明上河图》、清代方薰的《太平欢乐图》等；也借鉴了来自苏州民间版画的流行风格，例如《三百六十行》图等。美术史家柯律格在分析百业图兴起的原因时，认为这些图式的选择并非来自外销画家的创造，而是归因于纯粹的西方购买者的兴趣，它与此时西方正在流行的系列版画有关，这些版画描绘了街头商贩或者地域风俗的景象，例如"伦敦街头叫卖"和"蒂罗尔州的风俗"等。对于西方观众而言，这些图像如同一扇扇神秘的门扉，引领他们窥探一个遥远而陌生的国度。在这些画作中，他们看到了与自己截然不同的生活方式、职业形态和社会结构，这些差异激发了他们的好奇心与探索欲，也促使他们开始反思自身的文化身份与价值体系。

在外销画册页中，对市井百业的观照主要以纸本册页的形式展现，媒介多为纸本水彩或通草纸水彩。这些册页不仅数量众多，而且内容丰富，涵盖了广州街头巷尾的各行各业，成为西方了解中国市井生活的重要窗口。目前已知的代表性册页有：

（一）大英图书馆藏广州街市百业图册页，共 61 幅图像。

（二）英国牛津大学阿什莫林博物馆藏广州百业图册页，共 61 幅图像。该图册被认为是 1789 年，由英国海军军官亨利·梅森从广州外销画家"蒲呱"处选购。

（三）英国维多利亚阿伯特博物馆藏百业图册页，共 100 幅图像。画中形象有 60 幅和梅森的图册相同，部分图画采用英国瓦曼公司在 1781—1790 年生产的带水印的纸张，因此其制作日期很可能在 18 世纪晚期。

（四）美国皮博迪埃塞克斯博物馆藏广州街市百业水粉图册页，共 100 幅图像；另藏有广州百业线描底稿图册页，共 360 幅图像[①]。

此外，著者在研究时发现两本来自私人收藏的广州市井人物图底稿，共 384 幅图像。因其中的"咸水妹"图式很明显受到 19 世纪 20 年代来华英国画家钱纳利詈家女图式的影响，所以该册页创作时代应晚于上述几本册页，大约制作于 19 世纪 30 年代。这一册页的出现也说明，就外销画主题而言，西方贸易者对"百业图"图式的购买兴趣，从 18 世纪晚期到 19

① 其中水粉册页被学者黄时鉴认为是蒲呱制做，而底稿册页被认为来自庭呱画室。两本画册描绘了当时广州的市井生活，是 19 世纪上半叶中国三百六十行的写照。每幅图画都附有英汉文标题，其中一部分的图画还附有竹枝词。

◎ 图4-9 佚名,"咸水妹""挤牛奶""打纸牌",市井人物图底稿,19世纪,尺寸未知,私人收藏。

世纪一直在延续,但最终被摄影术的兴起所取代。

将这些百业图归入"蒲呱图式",既是因为它们的具体到达时间难以确切考证,也是因为它们在图像风格上的高度一致性。对应来看,私人收藏的 384 幅市井人物底稿较其他水彩册页,除了包含一些商贩的人物形象外,还添加了一些娱乐图像和一些关于生产流程的图像(见图 4-9)。此外,384 幅市井人物底稿册页在左上角或右上角用黑色墨水书写了中文标题,而海外机构所藏的"蒲呱图式"册页除了中文标题外,还一般附带有铅笔写的英文标题和注解。从海外机构所藏册页均有部分图像重叠的事实来看,著者推测该底稿很有可能是广州本地画店为西方贸易者挑选图样所准备的。当西方贸易者在选择了需要的图样后,再由外销画家或工作室的学徒根据其所选图案进行更细致的填色描绘,然后由西方贸易者加上英文标题和注释后投入西方市场。因此,市井百业图还为我们提供了观察中西文化交流中权力关系与话语建构的独特视角。在这些图画册页中,我们可以看到西方购买者对中国艺术家的创作内容与风格产生了重要影响。他们不仅决定了画作的题材与表现形式，还通过附加的标题与注解来引导西方观众对画作进行理解与解读。这种权力关系的存在，使得市井百业图在呈现中国市井生活的同时，也无意中构建了西方观众对中国的某种刻板印象与认知框架。

以 384 幅市井百业底稿册页的内容为例，进行整理后可以看出（见表 4-1），西方贸易者关注下的中国百姓日常工作图景，与更早期的"十三行店铺"图式在内容上有很多相似之处。通过对比分析，我们可以发现，这些册页在描绘市井生活时，都注重展现百姓的日常生活图景，如吃穿用度、民间手工艺品制作以及传统节庆或宗教生活所需器物等。然而，"百业图"在观察角度上又有所突破，它更多地聚焦于"制作过程"与"制作手法"，这种对细节的深入刻画，与 19 世纪兴起的"流程制造图"册页有着异曲同工之妙。

然而，值得注意的是，尽管"百业图"在画面上呈现了一种和谐与美好的市井生活，但实际上，19 世纪末的广州工匠们的生活远非如此。英国摄影家约翰·汤姆森观察到当时广州工匠每月的平均收入情况为：皮鞋匠 15 英镑、铁匠 1 英镑、一等牙雕匠 2 英镑 8 先令、熟练绣工 15 先令、银器匠 1 英镑 12 先令、画匠 18 先令。据当时货币比价，折合成为银两，其工资水平大约为：皮鞋匠为 60 两，铁匠为 4 两，一等牙雕匠为 9.6 两，熟练绣工为 3 两，银器匠人为 6.4 两，画匠为 3.6 两，而妇女的工作报酬水平更为低廉。但在外销画家绘制的"百业图"中，这种收入差距的严峻情况消失了，取而代之的是工匠们专注工作的身影与洋溢在脸上的微笑。这种处理手法，无疑体现了西方趣味对稳定秩序下中国市井人群美好生活的向往与憧憬，也从一个侧面反映了中西文化交流中的复杂性与多样性。市井百业图作为中西文化交流的重要载体，不仅展示了中国市井生活的丰富多彩与独特魅力，更在深层次上揭示了中西双方在文化认知、社会现实与权力关系等方面的复杂互动，这些画作为我们提供了了解 18 世纪中西文化交流的重要窗口。

表4-1 384幅市井百业底稿册页贸易分类表

类　别	标　题
食物类	卖虾旦、卖热榄、卖猪肉、卖茨菇、卖藕、卖荳付花、卖马蹄、制鸡、蒸酒、卖咸菜（类萝卜干）、摆菓摊、卖蔗、卖鸡鸭蛋、卖腊味、揸牛奶、卖蟹、掏虾、钓鱼、担山水、卖羊肉、卖竹笋、卖菜、罩鱼、卖浆、卖鱼、卖槟榔、卖西瓜、卖粉汤、卖肉票、卖猪血、桼米佬、卖菜荳粥、卖杬豉（一种豆类）、卖蟟蛴、划茯苓、卖汤丸、卖虾酱、卖火腿、卖桑麻柚、卖鱼菜、卖花糖、担油佬、卖豆腐干、焙鸭蛋、卖芋头、卖咸菜（类菜干）、卖烧腊、卖月饼（运送）、送鸡酒、卖茶果、卖私盐、卖茯苓羔（"糕"）、卖番薯、卖糖衣、卖神曲（"曲"）、卖野狸、卖梅汤、卖瓜菜、卖萝白蒜、卖马肉、卖荔枝、福建糕、卖瓜菜、卖凉粉、卖鱼圆、卖豆付、卖萝白、卖咸鱼、卖鹌鹑、卖牛肉、钓蛤、搬点心、卖鸭、磟面、担鱼花、卖豉油、卖蚬、收买狗、卖薯莨、卖月饼（称重）、卖盐
衣物类	做靴、卖绳鞋、钉屐、卖鞋、做绣帽、绣鞋、绣女鞋、裁衣、做袜、做缨帽、买（"卖"）鞋口、卖皮草（拉竹竿售卖）、补鞋、卖雨帽、卖毛袜、裁衣（剪布）、卖皮草（单人穿着）
手工类	打锡、补遮、烧瓷器、车烟干、研药末、封元宝、制牛皮、吹玻璃、整蚊烟、界木、扒麒麟、桐油灰、炕烟干、补"锅"、磨锡器、点翠花、凿锁花、做木佬、剃头仔、凿磨、做秤戥、印字板、整针、斩茶、灸麻、鎅水晶、破香竹、挑线落、划烟、纺麻线、绞丝、织网、洗丝线、车玻璃、纺棉纱、凿石狮、补花碗、弹棉花、箍饭盖、织补、雕字板、写挥春、织竹笠、纺麻、织箩、打首饰、整泥灶、劗丝线、箍桶佬、镶箩、织鸭笼、打竹"糖"、打首饰（柜台）、整弓箭、涂锯、锉码子、补缝婆、铲刀、写瓷器、雕花、纺麻、鲜丝、绣花、搪帽台、研颜色、油漆、打丝绳、做神像、写灯笼、打铁、磨镜、搪金箔
杂货类	卖红纸钱、买（"卖"）银花、卖杂货、卖算盘、卖生浆、卖假综、卖扫把、卖烟、卖眼镜、卖纸刀、卖萝丰、卖香、卖天窗、卖菠萝鸡、卖箔、卖爆竹、卖茶壶、卖葵扇、卖梳篦、卖老鼠药、卖席、卖手巾布、执字纸、卖绒线、卖瓷器、卖铁器、卖麻、

续表

类　别	标　题
	卖木鱼书（摊位）、卖灵符、卖字画、卖鱼灯、卖把子、扒龙舟、卖花、卖盆花、卖金鱼、卖风车、卖木鱼书、卖弦索、卖羌扎、卖竹枕、卖白杬、贷书、卖竹器、卖蚊烟、卖头篦、卖火通（"桶"）、卖罩篱、卖叮当、卖水仙花、卖火筒、卖麻骨、卖风笙（"筝"）、卖钢"虽"、卖整木器、卖京色、卖香橼（佛手）、卖纸蓪花、卖剑、卖元宝、卖鞋扫、卖枚马、卖风炉、卖蒲团、卖棕绳、卖皮垫、卖蓪书、卖毛扫、卖罗斗、卖膏药、卖膏药（广济堂）、卖笛
其他	撵灰、弹雀佬、流民妇、搭棚、访医先生、看相先生、卖办、狗撵碓、弄把戏、睇粪、唱道情、发疯妹、唱卦知、"运茶"（见图中无标题）、猴子采茶、装茶、渡茶、托茶、试茶、拣茶、撵茶、蹉茶、"筛"茶、洒水、炒茶、蛋妇、晒茶、摆茶、装箱（茶）、号茶箱、看西洋景、旗下仔、做苏色、奶妈、整茶饼、分茶、满洲佬、舞狮、藏色先生、咸水妹、妓妇、梳妆、唱盲妹、写花卉、算命先生、打燕（踢毽子）、演法、睇风水、演鼓花、化香米、估鸟白、择色、打仗、挑仗、捉围子上江、玩弹珠（无标题）、打纸牌、"礤"钱、赌钱（无标题）、差枚、捉三、买滩、打鹌鹑、买红黑、巧二角、开相票、声官"围"、围棋、猜大小（无标题）、借钱、惯三万、换钱（无标题）、踏酒饼、托杉佬、卖木影、挍蚬、涂蚬、化钱米、洗衫婆、担柴佬、"收"买佬、奶妈送礼、盲乞儿、巡城马、写大字、打谷、师姑化米、拜山、托米佬、贴新文纸、担沟渠水、亲家郎、卖蛇羌、"磨"米、叫钓鱼鹰、"刷"布、花银便换、媒人公、涂沙佬、涂地沙、摧妆婆、找换、晒漆、换屎积、托疋头、卖武、报子、卖新文、养蚕、磨麻油、流民婆（妇女与猴子）、养猪婆、取雀、鏪老鼠、托钱、睇屎佬、担铺盖、担瓮缸、扬鱼、担煤炭、坭水佬、设鬼、担蹲丸、劈柴、牙科、铍药材、撵米、卖试录、衣裳竹、打帘铃、独角戏、樵夫、打更、募化、打猎、执屎、播鼓、打包、赶猪郎

二、"蒲呱图式"人物图像的绘制对比

1789 年，驻印度马德拉斯的英国军官乔治·亨利·梅森（少校）在广州养病期间，从一位广州外销画家蒲呱的作品中挑选了 60 幅绘画。梅森返回英国后，以翻刻的方法将这些外销画重新绘制成版画，并附上了英、法文的人物注释，这些图像构成了 1800 年在伦敦出版的《中国服饰：六十幅铜版插图，配合中法文注释》。这是中国外销画首次在西方国家正式出版，其影响力之大，不言而喻。在《中国服饰》的序言里，梅森介绍此本画册出版的目的，旨在向西方观众展示中国人"正确"的生活习惯，这也反映出当时西方社会对洛可可式"中国风"人物图式的怀疑与重新审视。他写道：

"让欧洲的朋友们拥有更多的讯息，这本书的编辑人获得了一些来自中国人生活习惯和职业的'正确'图画，特别是展出的那些流动的工人和手工艺人的图画。这本画册的初衷不是为了给大众观赏，因此，在朋友们的坚持下，这本画册保存了十年之后才得以展出。根据推测，（这本画册）因为准确地展现了来自遥远又独特的国家的家庭及其日常生活习惯，一定可以（给大众）部分指点和愉悦。"

克罗斯曼在《中国装饰艺术》中，将蒲呱誉为最早的外销画家之一。通过查阅历史文献，他发现早在 1784 年，蒲呱的名字就已出现在美国来华商船"中国皇后号"的收据上。该收据记录了他为绘制镜子画而收取的 12 美金费用。这表明，蒲呱与史贝霖等外销画家几乎同时代，且都从事玻璃画的创作。在各种西方文字传说中，蒲呱与西方贸易者的接触更为离奇，据说他曾陪同访问中国的马噶尔尼和荷兰东印度公司商人范博兰在中国游历。虽然范博兰确实在 1795 年从广州带回了大量中国绘画，但遗憾的是，这些作品现已失传，我们无法直接得到蒲呱与范博兰交往的实证。

通过对比图像底稿、蒲呱的水彩画以及梅森的翻刻版画，我们可以更深入地理解"蒲呱图式"的演变与文化交融。针对这一人物，梅森在《中

国服饰》中这样描述：

"这是一幅表现得很精确的肖像画，这个男人（鞋匠）的形象在广州的郊区很常见。一只篮子放着他工作用的修补器具，另一只篮子放着皮革和他偶尔可以拿来坐着的工具；中国的男鞋一般用黑色棉布制成，底边带有白色的边线，鞋底偶尔采用皮革，这些鞋子没有绑带，并且在脚趾（鞋尖）处裁剪成方形。"

在底稿中（见图 4-10a），补鞋匠这一主题呈现出两种截然不同的绘制方式：人物的衣服和躯干部位采用中国画中的白描技巧，线条流畅，画面生动展现了衣褶随鞋匠动作而变化的动态美，而人物的头部则可能由另一位画匠绘制或采用印刷图案，试图表现面部肌肉的纹理，但显然与身体的动作不太协调。图中鞋匠目视正前方，全然没有关注手头上的工作，这显然是不合常理的。这种不协调在蒲呱的水彩画中得到了改善，从英国阿什莫林博物馆藏的蒲呱绘制的同一主题作品中，可以看到他的创造：鞋匠的眼神更加专注，面部细节更加精细，尤其是通过细短的线条反复勾画，产生了一种独特的凹凸感。这种绘制方法显然受到了西方绘画技法的影响

◎图 4-10a　佚名，补鞋，市井人物图底稿，19世纪，纸本墨水，尺寸未知，私人收藏。

◎图 4-10b　蒲呱，鞋匠，1789年，纸本水彩，32.5厘米×25厘米，英国阿什莫林博物馆藏。

◎　图4-10c　亨利·梅森，鞋匠，翻刻，1800年，盖提研究中心藏。

（见图 4-10b）。然而，蒲呱在尝试融合中西绘画技法时，并未完全放弃中国传统的线条用笔技巧。在绘制帽子时，他依然采用短线条来处理明暗和凹凸效果，展现出中国画师在应对西方趣味要求时的巧妙回应。而在梅森的翻刻版画中，"蒲呱图式"进一步向"西方风格"靠拢（见图 4-10c）。短小细碎的线条被色彩的块面所取代，创造出更为真实的明暗效果。在处理阴影方面，中国外销画的艺术家在底稿中通常忽略这一细节，但在蒲呱的画面中，他已经有了添加阴影的意识，尽管这种阴影的添加略显生硬。而在梅森的图像中，雕刻家对阴影的处理更加得心应手，阴影效果更加贴合真实状态，根据物体的不同而发生变化。

值得注意的是，除了阿什莫林博物馆所藏的蒲呱水彩册页有明确的时间和画家记载外，其他机构所藏的"蒲呱图式"册页均缺乏相关记录。这也反映了外销艺术品在考察具体生产年代时面临的普遍困难。尽管如此，通过对比这些作品，我们依然能够感受到中西文化在绘画领域的交融与碰撞，以及中国外销画家在应对西方市场需求时的创新与妥协。"蒲呱图式"人物图像的绘制对比不仅展示了中西绘画技法的融合与演变，更揭示了文化交融的复杂性与多样性。

第四节　19世纪外销人物画的新风格

18 世纪后期，随着东印度公司贸易活动的扩张，一些西方艺术家来到中国，对广州口岸的外销艺术品领域产生了直接的风格影响。这些艺术家中，诸如 1779 年来到澳门的英国画家约翰·韦伯，1785 年绘制黄埔风光速写的英国画家托马斯·丹尼尔和他的侄子威廉·丹尼尔，马格尔尼使团中担任绘图员的威廉·亚历山大等，均留下了重要的艺术印记。然而，在这一系列西方艺术家中，毕业于英国皇家艺术学院的乔治·钱纳利无疑是最为杰出的代表（见图 4-11）。他于 1825 年来到中国，凭借其深厚的绘画造诣，生动描绘了广州口岸的社会生活图景，成为 19 世纪初中国社会图像的珍贵记录者。钱纳利的到来，不仅为外销画带来了新的视角和技法，更培养了一批中国本土的外销画家，其中最为杰出的便是其学生啉呱（关乔昌）。在钱纳利的指导下，啉呱迅速成长，成为推动中国外销画发展的关键人物。他们共同改变了中国外销画的进程，促进了 19 世纪珠江三角洲地区风景画与肖像画风格的革新。

◎图 4-11　乔治·钱纳利，自画像，1825 —1928 年，布面油画，21.9 厘米 ×18.4 厘米，美国大都会博物馆藏。

一、"西学为用"：啉呱肖像画中的商人图像

19 世纪 20 年代之前，外销画中的贸易者形象多遵循"史贝霖风格"的肖像画范式。同时，西方版画中的贸易者形象也被引入外销瓷器的装饰中（见图 4-12）。钱纳利引入的新风格，不仅丰富了行商特写半身肖像的背景，还创新性地推出了高度写实的环境肖像画，其色彩与布景均源自英国学院派的传

◎图 4-12　描绘了欧洲商人跟中国店员讨价还价景象的瓷盘，1740 —1745 年，直径 13 厘米，美国温特图尔博物馆藏。

统。这种新型肖像画被啉呱等中国外销画家迅速吸收，从而实现了对中西

商人形象及贸易生活刻画的多元化与深度化。

　　作为钱纳利的学生与杰出的外销画家，啉呱在西方游客与贸易者的记载中频繁出现。他在新中国街的工作室门牌上标注着"啉呱：西方和中国画家"以及"拥有英俊脸庞的画家"的称号，这些均彰显了他在艺术界的独特地位。啉呱以"西方风格"为标签，成为西方贸易者眼中"中国人中最伟大的肖像画家"。他的作品曾在伦敦皇家学院、法国、纽约、波士顿和费城等地展出，赢得了国际社会的广泛赞誉。①甚至在 1860 年代末，英国摄影师约翰·汤姆森仍然对啉呱大加赞赏并认为："啉呱制作了许多优秀的油画作品，这些作品仍然被香港和广州的其他外销画家们所复制。如果他住在别的国家，他就会成为一个画派的创始人。"

◎图4-13　啉呱，托马斯·皮尔斯肖像，1827年，布面油画，57.5厘米×44厘米，美国凯尔顿基金会藏。

　　归入啉呱绘制的图像有很多，但很少可以完全确定来自画家本人。事实上，钱纳利和啉呱都很少在画作上留下自己的名字。一幅被认为是啉呱早期作品的，是 1827 年绘制的托马斯·皮尔斯的肖像画（见图 4-13），这是因为画作的背面题有"啉呱 1827 年广州绘"的字样。以时间来看，这幅绘画创作于啉呱拜师钱纳利的初期，从中能看到他对细节的精准把握与对人物性格的深刻洞察。这幅肖像画保存了 19 世纪早期的肖像画传统，更在

① 1835 年，关乔昌的一件肖像画《老人头像》在英国皇家美术学院展出，其后的 1841 年，他的《茂兴茶商肖像》在美国纽约阿波罗俱乐部展出。1851 年，他的肖像画在美国波士顿图书馆展出，其中一幅是鸦片战争时期的民族英雄林则徐的肖像，另一幅是耆英的肖像。

细节处理上展现出了啉呱独特的艺术风格。人物采用坐姿，背景设有薄涂的纯色，画面中的人物以四分之三侧脸的角度向观众望去，从中可以看出啉呱此时已经习得的肖像画技巧。与"史贝霖风格"相比，他的线条更加大胆，这体现在对皮尔斯衬衣的处理上，啉呱绘制时的笔触更加洒脱。同时，画家以暗色的背景和外套与脸部和衬衣的高光处理形成鲜明的明暗对比，明暗对比的巧妙运用也使得画面更具层次感和立体感，这可能是受钱纳利"戏剧风格"的影响。

　　第一次鸦片战争前后的二十年，是啉呱创作的巅峰时期。他的肖像画作品不仅数量众多，更在质量上达到了前所未有的高度。1835 年《广州纪事报》对啉呱的艺术风格评价道："他（啉呱）最近画的一些肖像画惊奇地展示了他在艺术知识方面的显著进步，他是抓住脸部特征印象的天才。也许人们并不普遍知道中国人一般不喜欢，甚至害怕别人绘制他们的肖像。在广东，确实有许多人，拥有较高的热情以及虚荣，克服了这种民族的特质。确实，一位中国人不仅应该追求，而且应该以超越的眼光去看待艺术的分支，这对他自己来说意义重大，对一个能够唤醒、培养和引导这种热情的老师来说意义更为重要。所有伟大的人物都是热衷于某事物的人。"1844 年，美国商人奥斯蒙德·蒂凡尼参观了啉呱画室后，盛赞这位画家，他认为："啉呱是广州画工中的王子，他受到全中国的赞赏，是一位杰出的画家。他的肖像画用欧洲的风格，而且色彩值得赞赏，他捕捉真实性的天赋是无敌的，但如果你很丑陋，这位艺术家并不会奉承你（在画中）。"这些称赞都足以证明啉呱在当时艺术界的重要地位与卓越成就。19世纪的外销人物画在乔治·钱纳利与啉呱等人的共同努力下，焕发出了新的生机与活力。他们不仅推动了中西艺术文化的交流与融合，更为后世留下了宝贵的艺术遗产。

二、人物画的功能新需求：行商的名片

　　在广州"一口通商"的历史时期，这座城市成为中外商贸交流的核心

枢纽，其贸易活动在中国官方的严格监管框架下实现了前所未有的繁荣。此间，"公行"制度作为官方认可的对外贸易管理体系，赋予了行商群体在对外贸易中的垄断地位，行商们负责从商品采购至出口的全链条管理。为适应西方贸易者的认知习惯，十三行地区的知名中国商人在命名习惯上亦开始采用外销画家式的"qua"后缀。这一文化融合现象不仅便利了跨文化交流，也凸显了行商在国际商贸体系中的独特身份。行商通过佣金、回扣等商业机制积累了可观的财富，这些财富多以家族传承的方式延续，从而形成了从父辈至子辈连续经营的商业帝国。他们与西方贸易者建立了长期且频繁的联系，使用"广州英语"这一非官方语言进行交流，进而对西方习俗有了一定的了解与接纳。行商凭借其在商业领域的信誉、经济实力、慷慨好客以及敏锐的商业直觉，赢得了西方贸易伙伴的高度尊重与信赖。马克斯·韦伯曾断言广州的行商学习了西方人的管理和行为方式，这从某种程度上揭示了行商在跨文化互动中的主动适应与创新能力。广州行商与洋人之间建立了超越商贸关系的深厚友谊，这体现在多个行商个案中。如"崑水官"潘长耀因亲切待人受到西方贸易者的好评，尽管其商业生涯因债务问题而终结。在亨特的记载中，年轻的"明官"潘文涛因风度翩翩且会打西式纸牌，成为西洋贸易者眼中的名人。哈里特·洛也记载了在澳门看到年迈的"茂官二世"卢文锦，并在信里向她的姐姐写道："我向你保证，他真的非常殷勤有礼。"行商在追求商业成功的同时，亦渴望获得社会地位的提升。他们通过购买官衔、模仿官员品味及进行艺术收藏等方式，展现了其既灵活又传统的贸易策略。广州的商业精英们对绘画收藏的热情，如行商潘正炜所著《听帆楼书画记》所示，该书不仅记录了书画的详细信息与价格，也反映了当时社会对艺术价值的认可与追求。①

在肖像画领域，行商的需求尤为显著。他们不仅订购用于纪念的肖像

---

① 广州的商业巨贾们对绘画收藏抱有极大的热情，例如洋行商人潘正炜（1791—1850 年）于 1843 年成书的《听帆楼书画记》，其中不仅列出了名目与说明，还提供了购买这些书画的价格。

画，还大量定制具有西洋风格的肖像。这些肖像画作为交流的名片与商业贸易中的身份认证，具有重要的实用价值。如《清朝野史大观》所载，行商伍氏通过肖像画确认其子身份以完成款项交接，体现了肖像画在商业交易中的凭证作用。[1]行商伍氏是广州十三行最著名的行商伍秉鉴（1769—1843年），西方人称其为"浩官"[2]。伍秉鉴的肖像画不仅在广州的外销画家中广泛流传，还吸引了西方画家的关注与复制。鸦片战争前夕，伍秉鉴被朝廷任命负责处理外贸事务。在当时西方商人的眼中，伍秉鉴是集公正、友好、聪明和慷慨于一身的。他在美国商人群体中格外受到赞誉，在他去世后，N.B. 帕梅尔船长的一艘船只以"浩官"命名，以纪念这位优秀的商人。

　　乔治·钱纳利以及其后的外销画家在绘制伍秉鉴肖像时，深受其独特气质与身份的启发。从流传下来的各个版本肖像画中，我们可以窥见伍秉鉴的富有与尊贵，从图 4-16a、图 4-16d 可以粗略地看出基于这一图式流传的各个版本[3]。1827 年，刚到中国不久的钱纳利就接受了东印度公司商人 W.H. 奇切利·普劳登的委托，为其绘制一幅伍秉鉴的肖像。在这幅图像中，伍秉鉴侧身而坐，正脸面对观众。他额头宽阔，下巴尖削，留着一小撮八字胡，看起来十分清瘦。画面右侧是一根带装饰底座的柱子，柱子

---

① 《清朝野史大观》有如下记载："偶旗昌洋行之西人乏资，伍氏以巨万金畀之，得利数倍。西人将计所盈与伍氏，伍既巨富，不欲多得，乃曰：'姑留汝所。'西人乃为置上海地及檀香山铁路，而岁计其入畀伍氏。紫垣死，以其子笙像寄西人，曰：'是乃吾子，以后金皆寄彼。'子笙死，又以子垣孙像寄西人而属其寄金焉。"这里说明行商订购的肖像画其目的为了让西方贸易者认清其样貌，以便用来作为交收款项的认证。

② 所有的十三行行商称为"官"的原因可能是他们通过向朝廷捐献大笔银两获得的空头官衔。这里的"官"可能并非官职，而是粤语中用来称呼大户人家的公子少爷。"Houqua"是西方商人给予怡和行行商的称呼，怡和行的建立者是伍国莹（1731—1800 年），伍秉鉴是他的继任者，亦是浩官二代，他在 1813 年被任命为公行的负责人。

③ 对于伍秉鉴多个版本肖像画的研究，美国大都会博物馆欧洲绘画部门的助理研究员约瑟芬妮·多比金有专门的论文讨论。

旁有一个精致的小茶几。伍秉鉴的左胳膊放在茶几上，左手握着胸前的朝珠。他身穿一件长至小腿的蓝黑色缎面官服，内衬白色皮毛，内搭浅蓝色缎面长裤，脚穿黑色缎面靴子，靴底为白色。从伍秉鉴所处的空间中可以看出这位行商的富有：屋顶上挂着流苏挂灯，他的脚边是一个青铜觚形制的痰盂，茶几上摆放着精致的瓷茶杯和一顶红色丝绸官帽，冠顶上镶嵌着不透明的青金石，代表其四品官员的身份。从伍秉鉴身后的空间可以瞥见他的花园，远处的寺庙在暴风雨的天空映衬下若隐若现。后续画家依然保持着这一主题的绘制。在部分画作中，人物背景已替换为纯色背景，画面笔触也较为随性。一般来说，如果画中伍秉鉴的冠顶为正二品的珊瑚，说明画作完成于第一次鸦片战争后。他曾独自承担《南京条约》中外债三百万中的一百万，因而获得朝廷恩赐三品顶戴，这一点可将此类绘画的创作时间界定在 1842 年以后。

此外，图 4-14a、4-14b、4-14c、4-14d 均为后续外销画家和西方

◎图 4-14a （传）爱思特·斯皮克曼，1843 年，布面油画，63.5 厘米×46.3 厘米，美国大都会博物馆藏。

◎图 4-14b （传）爱思特·斯皮克曼，1843 年，布面油画，62.2 厘米×47.9 厘米，费城艺术博物馆藏。

◎图4-14c　约翰·撒添，1830—1854年，铜版画，62.7厘米×47.8厘米，美国宾夕法尼亚美术学院藏。

◎图4-14d　庭呱画室（带有"庭呱Tingqua标签"），19世纪中后期，布面油画，34.3厘米×26.7厘米，私人收藏。

画家仿制钱纳利风格的作品，其中大多被美国艺术机构收藏。这是因为钱纳利的另一幅伍秉鉴肖像于1828年被美国商人和外交官本杰明·丘·威尔科克斯带到费城，随后，他又委托另外两位艺术家复制了这幅作品。一位是来自费城的肖像画家托马斯·苏利，另一位是艺术家埃丝特·斯皮曼。另一个有趣的版本是以铜版画为媒介（见图4-14c），由美国艺术家约翰·撒添复制。在该版画底部，用中文介绍了画面人物"号呱"。版画使图像的传播更为广泛，由此可见，伍秉鉴的肖像在美国广泛流传，他也逐渐成为中美贸易中的"偶像"级人物。这一现象不仅体现了行商们在国际贸易中的重要地位与影响力，也见证了中西文化在商贸往来中的交流与融合。行商肖像画的功能在新时期发生了显著变化，从单纯的纪念性功能转向了兼具名片与身份认证功能的媒介化形态。这一变化不仅反映了行商在国际贸易中的重要地位与影响力，也揭示了中西文化在商贸交流中的深度互动与融合。

三、啉呱的医学肖像画与创作语境的西化

1836 年至 1855 年间，啉呱的工作室创作了至少 114 幅关于身患肿瘤病人的油画，约 84 幅收藏于耶鲁大学医学院图书馆，而伦敦戈登病理学博物馆、康奈尔大学的约翰逊艺术博物馆、波士顿康特威图书馆、美国皮博迪博物馆等机构亦有收藏。此外，根据啉呱油画复制的水彩册页也被收藏在哈佛大学以及伦敦的卫康学院。这一订单来自伯驾，其原名为彼得·帕克，是美国早期来华传教士、医师、外交官，后担任过美国驻华公使。1835 年底，伯驾在广州十三行内新豆栏街成立了广州眼科医局，被称为"新豆栏医局"，免费为病人治病。开始主要收治眼科病人，后来其变成了一家综合性医院，他在那里治疗了成千上万的病患。1859 年，该医院改名为博济医院。啉呱为伯驾绘制订单的时间可以分为两个阶段。第一阶段为 1840 年伯驾医生回到美国前，此次绘制是为了帮助伯驾向美国和欧洲的基金会寻求资金援助。获得成功之后，即 1842 年之后，啉呱又绘制了第二批画作。此外，啉呱与伯驾医生的关系比一般艺术家和赞助人的关系更为密切，啉呱的侄子关阿韬成为伯驾在医院的得力助手，啉呱很可能是为了赞赏伯驾在广州口岸的无偿行医行为和对家人的帮助，而为他免费绘制了第一批肖像画 ①。在伯驾医生的医疗记录中，可以看到他对啉呱善举的感谢。他写道："我要感谢啉呱（一位中国艺术家），为小女孩绘制了相当令人赞赏且写实的肖像，他在肿瘤的描绘方面亦有良好表现。对医院里更有趣的病例，啉呱一样画得很成功。他的态度不变，正如医院不需要

---

① 啉呱是否全然免费至今仍然未知，据考证伯驾在 1851 年的账本中显示，为"啉呱的肿瘤绘画"支付了 25 美元，但仅有一次这样的记录。

38

DR.	THE MEDICAL MISSIONARY SOCIETY IN CHINA	
1851. January 1st,	To Balance due from last account Dec. 31st, 1850.	$462 64
	To Hospital Expenses $8.60 ; board $9.31 double wages $55.50; Tyshing stationary $1.25, omitted in 1848. Shinke for stationary $4.75, omitted Dec. 1850. Lamqua paintings of tumors, $25....	104.41
February,	To Hospital Expenses, $5.83 ; wages $40.50........	46.33
March,	To Hospital Exp. $11.53 ; board $5.78 ; wages $41.	58.31

◎ 4-15　彼得·帕克医生对林呱肿瘤绘画佣金的记录。

因治疗收费一样，他也不能够为画作收费。"在佣金方面，伯驾对此唯一可查的记录是支付了啉呱的肿瘤绘画 25 美元。（见图 4-15）就啉呱绘制普通肖像画的价格标准来看，美国商人拉提码（Latimer）在 1832 年的账本里提到"支付啉呱的肖像画 26.5 美元"，而《广州时报》在 1835 年刊登的广告中明确啉呱的肖像画价格为 15 美元。由此可见，虽然伯驾没有记录 25 美元是一幅或者多幅作品的价格，但这一金额远远不足以支持这位艺术家创作体量如此之大的作品。啉呱是否因伯驾医生济世救人的品德从而创作这一主题仍未可知，但这位画家显然对西方医学很感兴趣。在伯驾医生的记录中，啉呱认为自己是"医学界的一位伟大的爱好者，并为自己年纪太大而不能成为一名医生而感到遗憾"。

伯驾医生的目的一是要通过救治病人让广州口岸的病患接受西方的疗法，以便让西方资助者认为这些患者必然受到了宗教的感召。美国医务传道会委员会给伯驾的信中的态度非常明确："您将会被雇用，你有了这个机会，将获得的医疗和外科知识用以缓解人们身体的疼痛。你也会尽你所能帮助他们学习我们的艺术和科学。但是永远不要忘记，只有让他们成为福音的使女们，你才会得到关注。作为医生或者是一位科学家，你只有通过在中国传教才会得到尊重，作为（传播）宗教的老师，你永远不会遭受替代或打扰。"

因此，伯驾订制这些作品的目的在于通过图像告知美国基金会自己的日常工作，并申请新的资金。画成之后，伯驾在波士顿向观众展示了这些画像患者的病情、名字、故事等①。美国文化史学家桑德·吉尔曼认为："在啉呱的画中，病人变成了病理学的延伸…… 就像托马斯·劳伦斯画中的英国乡村绅士成为一个阶级或一种生活态度的代表一样。在啉呱的画作中，病人'消失'了，因为病人变成了传教士彼得·帕克医生和他的西方观众之间的共同感知对象。这些病人背负着双重'耻辱'，第一是病态的标志，第二是作为中国身份的野蛮标志。"吉尔曼的这一观点，不仅揭示了 19 世纪"民族国家"概念兴起背景下西方观众的观看视角，也映射出西方国家通过批判非西方区域来构建自身民族自豪感的现象。在这一时代背景下，民族国家被视为 19 世纪欧洲的特定产物，它伴随着大众文学与早期大众媒体的蓬勃发展而逐渐成形。霍布斯鲍姆进一步强调，现代性是民族国家最鲜明的特征，而民族及民族认同的形成则是近代以来的一个相对较晚的过程②。啉呱的肿瘤病人图像，不仅是对当时医疗条件与现代性对比的生动写照，更是图像再现作为一种视觉认知框架的具体体现。在这一框架下，人们依据类型或分类来观察和理解对象。在啉呱的画作中，观者的视线与心灵在常态与病态、主体与客体之间自由穿梭，加之伯驾医生的详尽解说，使得西方观众能够深切感受到西方现代医术所带来的自信与力量。啉呱现存的肿瘤画作中至少有 30 幅可以直接与伯驾医生的病历记载产生联系，由此可以推断个别画作完成的具体时间和内容。伯驾的患者保持姿势是一件非常痛苦的事情，啉呱需要以快速的绘制技法先记录重点部分，然后再对整体形象的位置、明暗、服装进行深思熟虑的安排。伯驾详细记录了这位 49 岁渔夫的手术过程："（吴金兴）49 岁，是来自虎门附近的渔夫，

---

① 斯蒂芬·拉赫曼博士建立了关于这些画像的网站，名为"啉呱之谜：彼得·帕克医生的病人"http://www.historicalvoices.org/lamqua/view_gallery.php？showall=1.

② 大多数理论认为，民族国家是 19 世纪欧洲的产物，它的形成与大众文学和早期大众媒体相结合的报道密切相关。在霍布斯鲍姆看来，现代性是现代民族国家最显著的特征，作为民族国家基础的民族及民族认同则是近代以来相当晚近的产物。

他有一个十年的胸口肿瘤，该肿瘤两英尺大，状若维奥尔琴。最后终于对其进行了肿瘤移除手术，手术用时 16 分钟，肿瘤重达 15 磅。"值得注意的是，啉呱在处理肿瘤与人物肖像时的独特手法，伯驾所形容的"维奥尔琴"形状完全基于医生个人的熟悉度，维奥尔琴是伯驾医生熟悉的物品，这一非常古典的乐器出现的时代大致稍早于小提琴，而且在 16 和 17 世纪大量用于室内乐，但后来逐渐被以其为蓝本的大提琴和低音提琴取代。这一非典型且非本土化的比喻，对画家而言，不仅是技术层面的挑战，更是观念上的革新。因此，这些肿瘤患者的肖像画不仅承载着医学与历史的重量，更通过艺术手法跨越文化界限，实现了深刻的交流。

美术史家迈克尔·沙利文认为，啉呱的风景画采用了西方的技术和西方的观点，并且这种观点不太可能通过中国传统绘画的技巧来实现。在啉呱这一系列的人物画中，也体现了西化的语境，在对物象进行相似性的考察和表现性的描绘的张力中，啉呱需要通过西方的观察方式来理解和处理中国病人的形象。一般来说，肖像画往往需要被描绘者坐在那里，甚至有可能需要一些底稿的程序，尽管啉呱绘画速度很快，但这仍然是一个需要耗时的过程。在这些看似病理的图像中，啉呱选择了最"能被观者认知"的部分，那就是病人在手术前最痛苦的一刻。在处理人物的表情时，啉呱按照西方趣味中肖像画的标准来表达，这一程序化的图式语言体现在，本该十分痛苦的患者的脸上，十分平静甚至部分图像中还带有古典肖像画中淡然的微笑。（见图 4-16）这一

◎ 图 4-16 啉呱，彼得·帕克医生的患者，1834—1855 年，60.96 厘米×45.72 厘米，哈维·库欣和约翰·海·惠特尼医学图书馆藏。

时期的传教士们常常宣扬基督教能够治愈中国人的疾病，这些图像因此在西方观众眼中，成为落后异教国家与先进西方技术之间的鲜明对比。重新审视这些肖像画，我们不禁要问：它们究竟是以写实为目的的医学图像记录，还是为了满足订购者伯驾申请经费的功利需求，通过展示高超医术来宣传基督教救世理念？无论目的如何，在西方观众眼中，这些即将面临手术和死亡恐惧的中国病人，无疑进一步强化了他们的"民族"优越感。

从绘画风格来看，啉呱深受钱纳利的影响，并迅速将后者的风格融入自己的创作中。1830 年代以后，随着中西文化和商业竞争的加剧，啉呱将商品化的大规模生产与西方肖像画传统相结合，这一创新举措让许多西方贸易者感到惊讶。孔佩特因此认为，啉呱优势就在于，"一位中国艺术家以较少价格，完成了一件西式风格的作品的新颖性。"然而，第一次鸦片战争后，对这种风格的评价逐渐转为负面。1850 年，法国评论家德拉沃伊批评道："（啉呱）成为欧洲人的表演，他已经失去了自己的本色"，是"中国化"的英美面孔。一位法国旅行家在描述啉呱画室时，也认为这里缺乏艺术，只有机械的工作。由此可见，啉呱的"英式"绘画风格来自他的老师钱纳利的教导，他被或多或少地纳入了英式华丽风格的评价体系中。在这一评价体系之中，啉呱却永远处于"学徒""复制者"的位置，这会导致对这位画家的作画形式产生机械性的、缺乏创新的联想。抽象主体的设立和中心透视决定了西方中心主义视角的必然性，这一单一的视觉消费角度必然会在当下的图像分析中产生偏见，对啉呱病患肖像的认知不能单一地基于种族对立的视角，这些病人的病理特征也不应该被简单归类为国家或者种族的特征。面对西方贸易者对纪念性油画的不断需求，啉呱以惊人的现代化大规模生产与个人艺术创作的结合，满足了所有这些需求。从某种意义上说，他的工作室是根据 19 世纪西方人的思维定制的，在西化的语境下，它将商业生产模式与艺术家的部分自主性完美融合，创造出了独特的艺术风格。

第五章

传统的挪用：生产活动
图像和传统图式的匹配

　　一个国家的人类生存环境当然不仅仅包括其自然特征，更重要的是那些人类活动的产物，并且随着时间的推移，这些人类活动的产物逐渐成为既定的景观。社会生产活动作为外销艺术品中的主题，流行时间大约在1780年至1840年之间。一般来说，由于生产流程具有时间性，所使用的媒介以纸本或通草纸册页为主，表现出一种叙事性的形式观照。尽管各类物品实际生产的模式有诸多不同，但外销艺术家在将这些流程转化为图像语言时，所采用的风格非常相似，且生产空间和一些人物特征也趋于相同。其中的主要原因可能是外销艺术家从中国传统绘画模板中习得描绘社会生产主题的绘画，形成了稳定图式，在此基础上，外销艺术家再根据西方风格的需要对画面进行空间调适。本章将通过对与居民生活和贸易市场紧密相关的丝绸、棉布、茶叶、水稻的生产流程图像，考察西方趣味和传统模板图式下外销艺术家对图像的"制作与匹配"。

第一节　外销艺术品中生产活动图像的产生

　　18 世纪的欧洲兴起了"饮茶"的风尚，西方观众对中国茶叶的生产感到浓厚的兴趣，进而对诸如瓷器、丝绸之类的充满中国"奇特"风情的商品的生产过程感到好奇，他们想了解更多有关这些不熟悉物品的诞生过程。尽管外销艺术品中的主题主要取决于西方的观察趣味，但这类题材对中国外销画家来说并不是新鲜的主题。

　　中国是农业生产的大国，清政府十分重视粮食的生产，劝民耕织，于是耕织图在社会中非常流行。实际上，社会生产活动的场景可以在中国艺术的整个历史中找到很多案例。从广义来看，生产制造图像指所有与生产制造相关的图像，这包括铜器或瓷器纹样、画像石图像、墓室壁画等；狭义的生产制造图像指的是南宋以来体系化的耕织图式。该图式通过系列绘画展现耕与织的一系列相关环节，例如浸种、耕地、灌溉、施肥等，这些流程完整地呈现在图像中，并且配有相关的诗歌和文字来做解释。

　　相比之下，宋代之前的生产制造图像还停留在分散表现的阶段，但从宋代至清代，历史上发展出至少十几套不同版本的耕织图，其中有南宋楼璹《耕织图》、元代程棨《耕织图》、明代邝璠《便民图纂·耕织图》及清代康熙、雍正、乾隆、嘉庆朝的《耕织图》与《棉花图》等。南宋楼璹的《耕织图》得到了历代帝王的推崇和嘉许。楼璹在绘制此图时任于潜（今浙江临安）县令，他感慨织女之寒、农夫之苦，所以将耕织场景绘制下来，命名为《耕织图诗》，包括耕图 21 幅、织图 24 幅。后来，清朝康熙"南巡"，见到《耕织图诗》，便传命内廷供奉焦秉贞在楼璹画作的基础上重新绘制。焦秉贞版的《耕织图》中包括"农耕"和"蚕织"的主题图像各23 幅，每图配康熙皇帝御题七言诗一首，以表述皇帝对农夫织女寒苦生活的感念，焦秉贞的版本也成为清代广州口岸外销画家参照的流传最广泛的图式版本。

西方旅行者在日志中也记载了广州外销画家关于生产流程主题的制作。1840 年，拉夫来记载了啉呱画室正在制作各种中国风俗册页的情景，其中就包括了关于生产制造的流程图。"这里正在绘制那些由丝绸作封面的册页，这些册页将被运往英国和美国，甚至是法国。这里面包括了各种动物、花朵、风景、制造流程图、一些中国人的服饰、各种类型的刑罚等。"

第二节　外销艺术品中织物生产主题的图式调适

一、外销艺术品中对丝绸生产的观照

丝绸是中国引以为豪的商品，而且中国是数个世纪以来唯一的生产国和出口国，因此，这个主题自然成为西方人喜爱的对象。关于丝绸生产制作主题，意赛德·卡本在其硕士论文中讨论道，仅发现大英博物馆藏有一本该主题的册页，为佚名绘制，共有 23 幅图像，其中 14 幅为丝绸制作流程图（见图 5-1），余下 9 幅是棉布生产流程图。但就著者目前考察所知，除了大英博物馆所藏之外，英国维多利亚阿尔伯特博物馆也藏有一套 16 幅的水彩丝制图册页。除此之外，还有一本绘于晚清的 10 幅关于丝绸制作的通草画册页，由私人收藏（见图 5-2）。但就详细的流程说明图式而言，跟大英博物馆所藏底稿以及上述机构所藏水粉册页相比，后期的通草画册页中丝绸制作的流程感并没有那么强烈，有些地方排列的顺序

◎图5-1 佚名，解丝，19世纪上半叶，纸本线描，38厘米×52厘米，大英博物馆藏，编号：1878，1109，0.133-155。

◎图5-2 佚名，解丝，19世纪晚期，蓪草纸水彩，尺寸未知，私人收藏。

有误且没有编号，这可能跟柯律格在《中国外销艺术》中所认为的晚清外销画更注重装饰感有关，其对于生产过程的科普性说明取向有所降低。

藏于大英博物馆的线描册页，由礼复师小姐在1878年捐赠，她同时捐赠的还有一本茶叶生产流程图和一本瓷器生产流程图，三本画册有着相似的绘画风格，可能来自同一间19世纪20年代末的外销画工作室。该册页的右上角标注了生产过程的各项流程，例如"切桑""下簇择蚕""解丝""织"等步骤，该流程很明显参考了南宋以来《耕织图》的制丝流程①。

画面右上角用黑色墨水写有各过程的名称，应是广州本地画家所写，画面底部写有西方贸易者翻译的文字。从图像中看，大英博物馆所藏线描版本中，人物的活动主要处于宅院空间内，并且展现了非常多以女性为主角的画面。该流程图中，妇女主要负责养蚕和织造方面的工序，而男子负责完成运输任务，如搬运重物等。这种分工明确的图像表达，通过外销画家对此有意的加工，在茶叶生产和棉布制作的流程图中也可以观察到，这暗示了男女两性不同的社会

---

① 各版本《耕织图》中介绍养蚕练丝的步骤为：浴蚕、二眠、三眠、大起、捉绩、分箔、采桑、上簇、炙箔、下簇、择茧、窖茧、练丝、蚕蛾、祀谢、纬、织、络丝、经、染色等。

功能。

从图式方面而言，大英博物馆所藏的线描册页在某些制作流程上，明显采用了焦秉贞版的《耕织图》的图式。在"大起"图（见图5-3a、图5-3b）中，两幅画面中房内养蚕的女性和正在赶来的主仆都保持一样的姿势，整个空间的处理也很相似，包括房屋前近景的石头和植被，以及房屋和长廊中间布置的树木。这表明广东艺术家很容易接触到传统的资源，并且可以自由使用它们作为参考资料，模板的流通加速了整个丝绸制作流程图创作的过程。仔细比对之下，也可以从画面中看出外销画家改变图式的地方。首先最明显的是在画面的右侧添加了一部分长廊和房屋，这使整个空间看起来更广阔，使空间更具"透视"的效果。其次，画家缩小了前景石块和植被以及树木的比例，这也许是为了更加突出人物的"制作"活动。

◎ 图5-3a　佚名，大起，19世纪上半叶，纸本线描，38厘米×52厘米，大英博物馆藏，编号：1878，1109，0.133-155。

◎ 图5-3b　焦秉贞，御制耕织图，清康熙三十五年（1696年）序内府刊本，哈佛大学图书馆藏。

二、外销艺术品中对棉布生产的观照

大英博物馆的线描册页中余下9幅是棉布的制作生产图像，展现了从

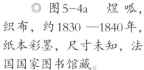

◎ 图 5-4a 煜呱，织布，约 1830 —1840 年，纸本彩墨，尺寸未知，法国国家图书馆藏。

◎ 图 5-4b 佚名，织布，约 1830 —1840 年，纸本彩墨，尺寸未知，法国国家图书馆藏。

采摘棉籽到在织机上纺线和织布的过程。除此之外，法国国家图书馆藏有的两本关于棉布生产制作的册页，大概制作于约 19 世纪 30 和 40 年代。一本为佚名画家所画通草纸水粉图册，共 18 幅，右上角写有黑色墨水的流程标题[1]。另外一本带有画家"煜呱"的标签，材料为纸本水彩画册，共 12 幅，各图像底部中间用黑色墨水写有流程标题，右下角写有数字[2]。这两本册页进入法国国家图书馆的时间相似，可能是同一时期的棉布生产流程图图式，就绘画风格来看，两本图像的风格与"市井百业图"类似（见图 5-4a、图 5-4b）。

英国曼彻斯特大学图书馆亦藏有一组棉布制作册页，共 12 幅，材料为纸本水彩，大致绘制于 18 世纪晚期。相较而言，曼彻斯特大学图书馆所藏的棉布制作图涉及的流程更广，除了描绘种植和织造外，还包括染色

---

[1] 这 18 幅棉布制作图的标题分别为："第一落花种""第二赖水""第三掷花""第四夹花仁""第五弹花""第六疏花条""第七姣纱""第八号纱""第九漂纱""第十浆纱""十一蒸纱""十二晒纱""十三上纱""十四耕纱""十五收耕""十六过蔻""十七蒂纱""十八织布"，参阅法国图书馆藏品库图源：https: //gallica.bnf.fr/ark: /12148/btv1b8452128g.r=coton？ rk=21459；2。

[2] 12 幅煜呱棉布制作流程分别为："锄地 一""锄吼 二""落棉仁 三""取草 四""采棉花 五""出棉子 五（'六'）""弹棉花 七""梭花条 八""纹花纱 九""耕纱 十""织布 十一""裁衫 十二"，参阅法国图书馆藏品库图源：https: //gallica.bnf.fr/ark: /12148/btv1b10545730w/f16.item.r=coton。

以及向商人运送布料的过程图像。
就绘画风格而言，画面中的人物处
于广州地区富商庭院空间环境下，
与大英博物馆所藏线描图册的风格
类似，但画面中没有标注生产流程
的文字（见图 5-5）。另外，该图
册中人物形象部分图式与方观承
在 1765 年为乾隆绘制的《棉花图》
类似 ①，例如两本图册中对纺织
女的形象的表现（见图 5-6a、图
5-6b）。方观承并不是职业画家，

◎ 图 5-5　佚名，布浆，约 1785
年，纸本水彩，47 厘米 × 58 厘米，英
国曼彻斯特大学图书馆藏。

而是一位重视农业发展的清朝大臣，"三十年，高宗'南巡'，公（方观
承）迎驾。条举木棉事十六则，绘图说以进。御题识诗十六章，并令将公
所作诗书于每幅之末"。他以乾隆皇帝"南巡"时途经保定，考察腰山王
氏庄园的棉花生产为背景，制作了《棉花图》，乾隆皇帝倍加赞许，题诗
十六首。如"灌溉图"题诗："土厚由来产物良，却艰治水异南方，辘轳
汲井分畦溉，嗟我农民总是忙。""织布图"题诗："横律纵经织帛同，夜
深轧轧那停工，一般机杼无花样，大辂推轮自古风。"因此，《棉花图》又
称《御题棉花图》，是清朝帝王"民本思想"的体现，表现了对直隶省植
棉业的重视和对百姓的关心爱护。

　　同时，棉花的种植不仅受到帝王的关注，在西方贸易者和旅行者的笔
下也多有记载。在苏格兰植物学家罗伯特·福琼的记载中，棉花主要产自
上海和宁波等区域，西方人已经十分了解中国棉花的种植和加工方法。但

---

① 方观承（1698 —1768 年），字退谷，安徽桐城人。乾隆年间任直隶总督二十余年。
他在任期间，勤于民事，治理永定河、子牙河、章河等水系，修渠筑坝，发展
农田灌溉事业，治绩彰显，尤为关注留心棉事活动。方观承的《棉花图》共收
录图 16 幅，每图都配有文字说明和七言诗一首，书前收录了康熙《木棉赋并序》。
此书是我国仅有的棉花图谱专著。

相较于茶叶或瓷器生产流程图，棉布生产主题的图像数量较少，造成这一现象的原因可能是该产品不在中国主流出口产品之列。从 1810 年代起，英国商人开始试图把印度棉花引进中国，一开始该贸易是失败的，正如怡和洋行的创办人之一詹姆士·马地臣所说："中国人认为外国棉花不如他们的草布。"后来，在了解了什么样的纹理和图案在中国更受欢迎之后，英国的棉花生产商才顺利将自己的产品推向中国市场。这为我们提供了另一个视角：在 19 世纪，为了商业而存在的进出口产品，为了适应进口国的审美而改变图式的要求是相互的，就像广州口岸的外销艺术家一样，他们也需要对图式进行制作和匹配，以适应西方人的趣味。

◎ 图5-6a　佚名，纺织，约 1785 年，纸本水彩，47 厘米×58 厘米，英国曼彻斯特大学图书馆藏。

◎ 图5-6b　方观承，《御题棉花图石刻拓印并图木刻印本》，1765 年，德国柏林国立图书馆藏。

第三节　外销艺术品中作物生产主题的图式调适

一、饮茶风尚的兴起与中国的茶文化

17 世纪中期以前，茶叶对西方人而言是前所未见的新奇之物，他们对茶叶的作用知之甚少，仅有少量茶叶通过荷兰东印度公司出口至欧洲。西方饮茶风尚兴起于 1678 年，荷兰医生邦迪高（见图 5-7）撰写了专著《芳草之冠——茶》，他在书中宣扬日饮百杯茶可祛百病："我们建议无论男女每日均需饮茶，若条件允许，每隔一小时便饮茶一杯，从一天十杯开始，逐日递增，直至达到胃部可容纳且肾脏能正常代谢的最大饮用量。"自此，饮茶之风从尼德兰地区席卷欧洲。西方世界早期关于茶的形象，最早见于 1667 年荷兰人基歇尔所著的《中国图说》。尽管基歇尔从未到过中国，但其描绘的茶形象体现了西方早期对这一主题的关注。1753 年，瑞典科学家林奈在《植物种志》中，为茶树定义了最早的学名"Thea sinensis"，其中"sinensis"为拉丁文"中国"之意，彰显了茶树与中国密不可分的联系。从东印度公司由中国输往英伦本土的茶叶趋势（见表 5-1）可见，西方对茶叶进口有着迫切需求，且兴趣持续增长。

表5-1 东印度公司由中国输至英伦本土茶叶发展趋势

年　份	1760–1964	1765–1769	1770–1774	1775–1779	1780–1784
茶叶量（担）	420165	61834	54215	33912	55590
年　份	1785–1789	1790–1794	1795–1799	1800–1804	1805–1809
茶叶量（担）	138417	136433	152242	221027	167669
年　份	1810–1814	1815–1819	1820–1824	1825–1829	1830–1833
茶叶量（担）	244446	222301	222301	244704	235840

资料来源：1760 —1799年数据来自 Earl H.Pritchard，The Crucial Years of Early Anglo-Chinese Relations 1750—1800，Washington：Octagon Books，1970，p.395-396；1817—1833年数据来自 H.B.Morse，The Chronicles of the East India Company Trading to China 1635-1834，vol I，vol II，UK，Global Oriental，2007。

◎图5-7　阿德里安·海尔维格，邦迪高医生肖像，约1680—1699年，蚀刻版画，27.9厘米×18.6厘米，大英博物馆藏，编号：O，6.31。

反观中国，在悠久的茶业历史中，不仅创造了专业的茶叶种植科学技术，还积累了丰富的茶业历史文献。浩如烟海的文化典籍中，既有专门论述茶叶的著作，在史籍、方志、笔记、杂考和字书类古书中，也记载了大量茶事、茶史、茶法及茶叶生产技术的内容。就茶叶生产而言，唐代陆羽所著《茶经》卷上"三之造"，就阐述了茶叶的种类和采制方法，提出适时采茶理论，并介绍了制造饼茶的6道工序：蒸熟、捣碎、入模、焙干、穿串、封装，这几个工序也是茶叶生产制造流程图的主要表现对象。由于茶叶生产图像在中国传统绘画语境下可参考的图像较少，著者通过分析不同媒介下产茶图像的呈现，探究画面中隐含的图式语言。

二、外销画中茶叶生产图像的呈现

（一）外销画册页中对产茶图像的观照

以数量来看，茶叶生产和瓷器生产的册页版本较多。这些图像有着显著不同的绘制风格，但按照流程发生的空间来看，则大致可分为以下几种：1. 庭院空间茶叶种植生产图；2. 自然空间茶叶种植生产图；3. 无背景的茶叶生产图。

其一是庭院空间种植茶叶生产图。以大英博物馆和维多利亚阿尔伯特博物馆所藏茶叶生产水彩册页为例，两本册页的绘画风格相似，媒介均为纸本水彩。[①]（见图5-8、图5-9）画中呈现出细腻的轮廓线，表现出恬静明快的生活节奏。庭院的空间环境明显更受西方透视风格的影响，外销画家将焦点放置在画面中部偏下的位置，背景中的景观和建筑被简要地勾勒了出来，并且明显遵循了焦点所在的透视规律。但跟房屋建筑显示出的效果形成对比的是，画面中一些局部的处理具有很强的风格化的特征，并不受透视规则的影响。例如在晒茶的场景中（见图 5-8a），那些放在画面左侧屋檐下的放茶的竹筛显示了从上往下观看的角度，而画面右侧运茶工人的

---

① 大英博物馆所藏册页编号 1946，0713，0.2.1-24，由24幅图像组成。根据博物馆的记录，册页于 1946 年由 W.M. 吉尔士（W.M.Giles）捐赠，1976 年该册页由大英图书馆的东方手稿和印刷书籍部门转到博物馆，藏品库图源图源：https://www.britishmuseum.org/collection/object/A_1946-0713-0-2-1-24；英国维多利亚阿尔伯特博物馆藏册页编号：D.355-1894，由 12 幅图像组成，大约制作于 1800 年。藏品库图源：http://collections.vam.ac.uk/item/067562/transport-of-tea-by-river-painting-unknown/；此外，法国国国家图书馆亦藏有煜呱所做的庭院空间中的制茶册页，共 12 幅图像，图像底部标注中文流程解释；银川当代美术馆藏有顺呱制作的庭院空间中的茶贸册页，共 12 幅图像，与法国国家图书馆藏煜呱图册从内容到形式都十分类似。

◎ 图 5-8a 佚名，晒茶（左），19世纪，纸本水彩，39.2厘米 ×50.5厘米，大英博物馆藏品库，编号：1946，0713，0.2.1−24。

◎ 图 5-8b 佚名，播种（右），19世纪，纸本水彩，39.2厘米 ×50.5厘米，大英博物馆藏品库，编号：1946，0713，0.2.1−24。

◎ 图 5-9a 佚名，晒茶（左），约1800年，纸本水彩，40厘米 ×54厘米，英国维多利亚阿尔伯特博物馆藏，编号：D.350−1894。

◎ 图 5-9b 佚名，拣茶（右），约1800年，纸本水彩，40厘米 ×54厘米，英国维多利亚阿尔伯特博物馆藏，编号：D.352−1894。

篮子和手捧茶叶的工人又暗示了一种从正侧面观看的效果，显然外销画家并不觉得这样的处理出现在同一幅画面中有什么不妥。另一项值得注意的是，外销画家在处理这种风格的绘画作品时，已经具备了给人物绘制影子的意识，虽然这些影子的处理极具模式化，但这显然是遵循西方趣味的体现。在大英博物馆所藏的册页中，外销画家在绘制中充分运用了绿色、蓝色、白色以及棕色渲染空间，并且将鲜亮的红、蓝、绿色绘于女性饰品上，如耳环、花型头饰和手环等。图中种茶和拣茶的女性都佩戴着镶宝石的发夹，双手戴着金色的手串，画面中的人物有着圆润的身体和优雅的动作，线条十分柔软，衣服也很宽松。外销画家在此试图运用色彩的明暗来解决人体体积感的难题，而这些精致的处理也说明了画家并非想要表现真实状态下的播种场景（见图 5-8b）。与丝绸生产图类似，此处的茶叶制作图像也在竭力表现男女在种植生产过程中的分工模式，这表现为种植和采摘等前期阶段主要是以女性形象为主，而男性则主要出现在茶叶的运输和烘焙等后期任务中。

其二是自然空间茶叶种植生产图。以法国国家图书馆所藏的两本水彩册页为例，绘制的时间大约都在 18 世纪末。[1]第一册包含 50 幅图像，描绘了从采茶、制茶到贸易出口的大致场景。图中部分物象标注了花体英文字母编号，很有可能该册搭配有相应的文字解释，虽然文字解释的部分目前已不存在。第一册茶叶采摘图册使用了在外销画中罕见的以丝绸作为绘画媒介，该画册做工精美。特殊的是，册页中最后一幅绘画是"沉船"的图像，这十分罕见，其可能描绘了一场真实的事故，由早期西方贸易者直接向画家订购（见图 5-10a、图 5-10b）。第二册包含 30 幅图像，描绘了清代从山间开辟茶园，到种茶、采茶、制茶以及运输、出口贸易及相关民俗活动等（见图 5-11a、图 5-11b）。从两本图册所用的绘画风格来看，其受西方的透视风格影响较小，人物和空间主要都由传统中国画技法中的线条进行勾勒晕染，且构图受版画风格的影响较大。值得注意的是，这种风格可能与瓷器装饰图样有关，著者从一套私人收藏的 18 世纪出口的外销瓷盘中

---

[1] 两本图册由佚名绘制，第一本册页编号：ark：/ 12148 / btv1b105457087，藏品库图源：https：//gallica.bnf.fr/ark：/12148/btv1b105457087/f15.item；第二本册页编号：ark：/12148/btv1b105457159，藏品库图源：https：//gallica.bnf.fr/ark：/12148/btv1b105457159/f20.item，这本册页与美国迪尔菲尔德博物馆（Historic Deerfield）收藏的一套 9 幅的册页绘画风格和形式都很类似，该图册编号为 HD 56.428，为绢本设色，制作日期可能与法国国家图书馆所藏的这套册页相近，都为 18 世纪晚期。

◎图5-10a 佚名，"种茶"（左），18世纪，绢本设色，尺寸未知，法国国家图书馆藏，编号：ark：12148 btv1b105457087。

◎图5-10b 佚名，"运茶"（右），18世纪，绢本设色，尺寸未知，法国国家图书馆藏，编号：ark：/ 12148 / btv1b105457087。

◎图5-11a 佚名，"拣茶"（左），18世纪，纸本设色，尺寸未知，法国国家图书馆藏，编号：ark：12148/ btv1b105457159。

◎图5-11b 佚名，"马骝摵茶"（右），18世纪，纸本设色，尺寸未知，法国国家图书馆藏，编号：ark：12148/btv1b105457159。

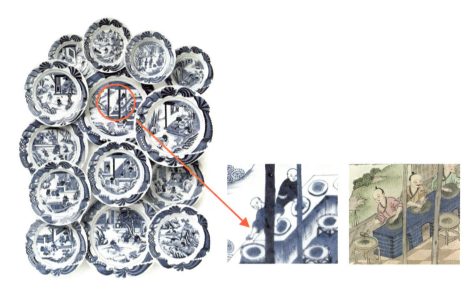

◎图5-12 外销青花瓷盘，约1750年。直径15英寸（38.5厘米），私人收藏，于2018年1月18日在纽约佳士得以15万美元的价格售出。

发现了相似的绘画风格，尤其一些人物形象的动作处理，表现得非常类似，至少可以推断出，该图式所适用的媒介不止一种，它可能作为18世纪末的流行风格出现在多种媒介上（见图5-12）。从内容上看，除了描绘茶叶生产和贸易的相关图像，还加入了很多猎奇的图像，如"马骝搣茶"等幻想茶叶生产主题的描绘（见图5-11b）。马骝搣本是茶树的一种，生于岩石之间，采摘时须要人用绳吊往岩石上，情况好像猴子般，故称为马骝搣（"马骝"就是岭南人对猴子的俗称，"搣"就是摘的意思，即所谓的"猴王采茶"）。相传一些质量优异的茶叶生于峭壁之上，人们难以采摘，故训练猴子（马骝）采摘。所以一些无名而质量上乘的茶，均以"马骝搣茶"为名，寓意稀有难求，质量高。但实际中该场景并不存在，因为猴子无法如人一样，辨识应该摘取哪些部分，也并没有任何茶种的学名称为马骝搣[1]。外销画家选

———————————

[1] "马骝搣"一般是高质量乌龙茶之指称。一说是指武夷岩茶，需要采茶人从悬崖游绳而下采摘，远看就好像猴子在山崖上爬动；另一说法是指安溪的铁观音，由于茶农要在高高的茶树之间弯腰仔细地挑选抓摘最好的茶叶，动作就如猴子

◎图 5-13　佚名，入箱，19 世纪，通草纸水彩，25 厘米×37 厘米，澳大利亚国家图书馆藏，编号：CHRB 759.951 Z63GD.2。

择这个主题应该只是为了满足西方人对中国风情的想象。

　　其三是无背景的茶叶生产图，绘画风格类似"市井百业图"中的表现手法，媒介以纸本册页或通草纸册页为主。澳洲国家图书馆藏有名为《中国古代茶叶生产制作与贸易图集》的册页，共 12 幅图像（见图 5-13），表现了"开垦""种茶""采茶""筛选茶叶""烘茶""挑拣茶""入箱""卖茶""秤茶""装茶""封箱""品茶"的流程。另外，顺呱画室也绘制了一套无背景茶叶生产外销册页画，所采用的媒介为通草纸（见图 5-14a、图 5-14b）。顺呱是活跃于 19 世纪中叶的画家，所以可以大致判断这种风格的册页流行的时间。该画册封底和封面都贴有丝绸，封面和图像间的空白页写有文字"24（幅）茶叶制造／布莱恩先生"。无背景的茶叶生产图以表现人物的动作为主，突出了茶叶生产制作的流程和细节。此外，运茶人

抓取食物般，因而得名。至于坊间流传训练猴子抓取茶叶，则是从未发生的事，因为猴子无法如人一样，辨识应该摘取哪些部分。参考《信报》记者张绮霞的《访谈录：福建马骝搣传人王水德分享 55 年做茶心得》，2016 年 2 月 3 日，https://www1.hkej.com/dailynews/culture/article/1235104。

◎ 图 5-14a　顺呱画室，"运茶"，约 1850 年，通草纸水彩，30.5 厘米 ×20.4 厘米，私人收藏。

◎ 图 5-14b　顺呱画室，"切茶"，约 1850 年，通草纸水彩，30.5 厘米 ×20.4 厘米，私人收藏。

物图中的箱子上写着"上品熙春"（见图 5-14a）。熙春茶，源自"熙春"；"熙"，古同"禧"，是福、吉祥的意思。晋代文学家潘岳在其《闲居赋》中有"于是凛秋暑退，熙春寒往"，用形容春天的词语来描写熙春茶，是因为春天既是"熙春"茶的采摘季节，更因为春天的新绿也是"熙春"茶的颜色。熙春茶也称贡熙茶，因有传"熙春"茶曾进贡给康熙皇帝，所以就有了"贡熙"之名，而该茶也是外销贸易中常见的茶叶种类，深受西方贸易者的喜爱。从细节中也可以看到，外销画家对中西贸易的了解有时直接决定了绘画的内容。

（二）外销油画中对产茶图像的观照

当茶叶制作流程外销画采用油画媒介绘制时，风景有时会以更为壮观的方式呈现。在这类独特的绘画中，所有活动被整合于一个虚幻场景内，以此突出自然元素。其中，藏于美国皮博迪埃塞克斯博物馆的油画《中国

◎图5-15　佚名，中国茶叶生产，1790—1820年，布面油画，143厘米×205厘米，美国皮博迪埃塞克斯博物馆藏。

茶叶生产》便是典型代表（见图5-15）。在这幅油画里，外销画家试图沿着蜿蜒河道，依次展现所有具有代表性的茶叶生产阶段。画面远景呈现茶树种植场景，中景房屋内是忙于筛茶和炒茶的工人，前景则是工人往舢板运送茶箱的画面。画面中所有流程看似同步进行，尽管现实中不可能如此，但通过营造这种幻觉场景，能够满足西方观者对茶叶制作流程的猎奇心理。与册页不同，油画尺寸较大，虽然其中人物和生产工序清晰可辨，但这一切都融入风景画体系。此处绵延的山脉和茂密的树木，不再仅仅是框架或背景，而是作为风景主体来展现。相较于册页图像对生产流程的清晰呈现，挂于墙上的油画显然更注重装饰效果，其构图也更类似描绘广州口岸风光的风景画。

　　画面右侧描绘了茶叶运输环节，装满茶箱的舢板缓缓驶向远方。美国商人亨特曾如此描述珠江上的运茶船："船两旁和甲板都涂了清漆，甲板高于水位好几英尺。船的整个尾部是供给主人家庭住宿的宽敞空间，前边的船舱则供货物管理人、事务长和乘客使用……茶叶从生产地运到广东省边境时，就改用这些船装载，需经过数天才能运达。"由此可见，图像中呈现的船只描绘得十分精确，而远处源源不断的货运帆船更体现出中西茶叶贸易的繁荣景象。

（三）外销艺术品中对产茶图像的西方回应

尽管广东外销画家绘画手法精确细致，且画面充满田园诗意与理想化氛围，但部分西方贸易者和画家对茶叶生产流程的记录与描绘，从另一角度丰富了茶叶制作图式。以法国艺术家奥古斯特·博尔杰对采茶环境的描绘为例（见图 5-16）。博尔杰于 1838—1839 年在澳门和广

◎图 5-16　博尔杰所绘的采茶插图，《开放的中华：一个番鬼在大清国》插图。

州开展绘画创作活动，其作品描绘了中国人生活的诸多方面，展现出极强的洞察力与高超绘画技巧。然而，由于清政府当局限制外国人在内陆旅行，不允许外国人进入广州城及澳门部分地区，他只能依据他人叙述与自身想象来绘制部分插图。在其茶叶采摘图式中，对风景的处理和人物姿势更偏向西方古典田园风格，可见其创作主要基于想象。

随着饮茶文化在西方日益流行，英国派遣植物专家前往中国，调查茶叶起源与生产情况。这一行动背后有着强烈的经济目的，旨在将茶树引入印度。最终，该计划成功实施后，英国人开始偏爱印度茶，这直接导致 19 世纪末中国茶叶贸易走向衰落。不久后，茶叶生产主题的绘画创作逐渐被照相技术取代。苏格兰人罗伯特·福琼在茶树知识传播方面贡献卓著。作为伦敦园艺协会的植物学家，他于 1842 年受派前往中国。他收集了大量关于中国农业、园艺学和植物学的信息，还对茶叶种植文化进行了细致描述，并考察出茶叶的最佳生产区域。在对福建茶园的观察中，他这样描述该地区红茶和绿茶的种植流程：

"这些茶叶在 4 月和 5 月采摘至圆形篮子中，并用竹刷搅拌、晾干。随后，将其制成小面团状，并置于露天环境。接着，红茶会放置在筛子里，

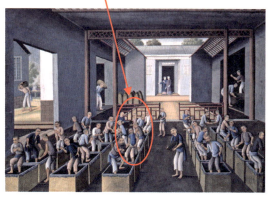

◎ 图5-17 （上）《伦敦时事画报》刊登的"运茶场景"，《伦敦时事画报》，1874年12月12日，（下）侧对比图像为大英博物馆藏茶叶生产贸易册页局部，编号：1946，0713，0.2.1-24。

◎图5-18 （左）《伦敦时事画报》，"运茶与品茶的过程"，1888年10月13日，（右）侧对比图像为私人收藏的"百业图"中的运茶人物形象。

用慢火上下烘干，而绿茶则放在锅中用炭火炒干。茶叶分拣完成后，便可包装好运往仓库。"

　　这些描述凸显了茶叶生产流程的严格工序，与茶叶生产流程册页中的过程描绘存在相似之处，不过二者之间的联系仍有待进一步考证。

　　更为直观的对比体现在《伦敦新闻画报》的插图中。两幅出版于 1874 年的版画（见图 5-17），描绘了中英茶叶贸易背景下，英国工人在东印度公司仓库中忙碌的场景。其中碾茶的图像明显受到外销画产茶图式的影响。工人们将来自中国的茶叶碾碎成细小颗粒，然后装箱、重新包装并称重。另一幅出版于 1888 年的插图（见图 5-18）也描绘了茶叶贸易流程，其中运茶人物形象明显参考了外销画中的运茶图式。

三、外销艺术品中对水稻生产图像的调适

（一）早期外销壁纸中的水稻生产图像

　　17 世纪末到 18 世纪初，来自东方的室内装饰风格开始风靡于西方国家，这一风格一般用来装饰贵族女性的生活空间，包括卧室、起居室和画室等。作为其中具有代表性的装饰商品，中国外销壁纸在 18 世纪的下半叶流行于英格兰地区，并且在 18 世纪末到 19 世纪初流行于美国。与大部分外销瓷器取材于西方主题装饰风格不同，外销壁纸的主题一般都是中国本土的绘画风格，由中国工人或印或直接绘制，大多时候采用花草、树木、鱼虫等自然装饰和抽象纹样的装饰主题。小部分的中国外销壁纸绘制了人物的形象，这些人物出现在农业种植或者瓷器生产场景中，水稻种植就是其中一类。以美国商人罗伯特·莫里斯①订购的墙纸（也称博波特/

---

① 罗伯特·莫里斯出生于英国，他十几岁时移民到美国，后来成为美国的开国元勋。他曾是《独立宣言》，《联邦条款》和《美国宪法》的签字人，从 1781 年到 1784 年，他担任美国财务总监，被公认为美国金融体系的创始人之一。

◎图 5-19a　中国贸易室壁炉墙视图，美国斯皮尔麦肯之家，格洛斯特，马萨诸塞州。

◎图 5-19b　水稻种植壁纸（局部），美国斯皮尔麦肯之家，格洛斯特，马萨诸塞州。

梅里曼墙纸）为例，该墙纸来自博波特的收藏（见图 5-19a、图 5-19b）。1784 年，由罗伯特·莫里斯委托广州行商义盛（中文名为李致祥）购入，再由"中国皇后号"美国商船带回，后装饰在马萨诸塞州斯皮尔麦肯之家的"中国贸易室"中。

克罗斯曼在《中国装饰艺术》中将这套墙纸称为"于中国购入的，为了美国市场所生产的，最宏伟、最重要的一套墙纸"。墙纸共九个面板（每个面板约 375.9 厘米 ×119.4 厘米），每个面板由六张水粉图像拼接组成（每张水粉图像约 58.4 厘米 ×119.4 厘米），这些图像在中国已经完成了组装。从画面内容上看，外销壁纸并非集中于某一生产流程，与大幅油画所展现的内容类似，壁纸中可以看到水稻从种植到贸易运输的一系列过程，而这些过程都融入到了统一的背景中。画面中平静的河流将整个图像大致分为三个部分，顶部是形式化的山脉和天空，山脉下方有一些种植水稻的场景，画面中部布置了水稻加工和贸易的景象，而画面底部则呈现了一些种植农作物的劳作场景。画面并没有采用西方的透视视角，而是将所有流程平铺直叙地表现了出来，可见壁纸的功能也主要是为了迎合西方人的室内装饰趣味，创造出一种"东方奇趣"的效果，与其说是一种制作流程的介绍，不如说是和谐优雅的装饰商品。早期外销壁纸中的水稻种植图像较后期外销画茶叶生产图，体现了更多中国社会的传统元素，显示出了农耕文明下社会秩序的井然有序，因此也受到西方贸易者的欢迎。

（二）外销画册页中对水稻生产图像的观照

以水稻生产图像来看，其可以分为有种植环境描绘的"场景图像"和无种植环境描绘的"流程图像"。在场景图中，以大英博物馆所藏纸本水彩册页为例，该册页大约制作于19世纪30年代到40年代，并由大英博物馆在1860年购买。册页由12幅图像组成，每幅38厘米×50厘米，展示了水稻从栽培到收获和提炼大米的所有阶段，画面的右下角用黑色墨水写出了各流程的标签。与早些时段生产的水稻种植墙纸（见图5–19b）的绘制风格不同，该图册制作的主要目的不是为了家居装饰，而是画家用来满足来自西方客户的求知欲。在面对求知的需求时，外销画家显然会从原有的一些传统图式中寻找灵感。从标签为"四井牛"的图像来看（见图5–20c），画家将流传广泛的《耕织图》中的"耕"和"碌碡"两幅图像合并，并且将"碌碡"图像中耕牛的位置从近景放置远景，这样的布置生成了一种更易于理解的图样，以便用来针对那些对中国的风俗习惯和生活方式有了解欲望的西方客户（见图5–20a、图5–20b、图5–20c）。另一方面，从传统图像中寻找图式方式可以让画面快速完成，以满足商品急速流通的需要。此外，外销画家在继承传统图式之外，还改变了它并让画面产生更多的"西方"趣味风格。从图像上来看，外销画家显然已经拥有了绘制影子的意识，有趣的是，该画册不仅描绘出阴影，还描绘出了堤岸和岩石在水中的倒影图像。而外销画家不会画倒影的观念，在一些西方贸易者的日记中，曾经是外销画备受批评的存在，甚至被认为是中国画家不会画画的佐证。由此可见，外销画家积极地改变着原有图式，以配合图像在市场压力下所需要的新风格。

而无种植环境描绘的"流程图像"，主要有法国国家图书馆所藏的煜呱绘制的线描册页，共12幅单人图像，其表现了从水稻种植到大米生产的全流程，画家还在画面的底部用黑色墨水写出了各个步骤的标签①。（见图5-21）另外，银川当代美术馆藏的佚名绘制的通草画耕作图册，也是无背景环境的生产图像，共10幅群像，没有具体流程标签，但其除了表现主要生产和种植流程外，还绘制了祭祖和收租的图像②。

◎ 图5-20a　焦秉贞，"耕"，御制耕织图（清康熙三十五年内府刊本）。

◎ 图5-20c　佚名，"四井牛"，1830—1840年，纸本水彩，大英博物馆藏，编号：1860，1110，0.273-28。

◎ 图5-20b　焦秉贞，"碌碡"，御制耕织图（清康熙三十五年内府刊本）。

◎ 图5-21　煜呱，"舂米"，19世纪中叶，纸本线描，尺寸未知，法国国家图书馆藏，编号ark：12148/btv1b84522245。

---

① 法国国家图书馆藏的煜呱画册约制作于19世纪中叶，12幅图像分别描绘了"锄田""爬田""刹谷芽""吓秧""割禾""插秧""打谷""柜谷""磨谷""破出糠""舂米""筛米"的流程，图源：https://gallica.bnf.fr/ark:/12148/btv1b55006450b/f23.item？lang=EN#。

② 银川当代美术馆收藏的耕作图册表现了"祭祖、筹备农具、移苗、插秧、收获、打谷、秕谷、脱壳、称重、地主收租"的场景，画面以素色通草为底，用水彩颜料描绘了环境道具的色彩与明暗。

第四节　外销艺术品中生产活动的空间：
虚构熟悉的宅院

　　从农业生产制造的图景中深入观察，不难发现众多生产场景巧妙地融入了广州地区的宅院空间，这一特色在画面中频繁亮相的"镬耳屋"上得到了鲜明体现。"镬耳屋"是岭南传统广府民居的代表，因其山墙状似镬耳，故称"镬耳屋"。其建筑艺术别具一格，屋顶铺设龙船脊，山墙则以镬耳顶压顶挡风，既实用又富有美感。而图中所在的空间，很明显与此时塑造的广州富商庭院图像有关。尽管广州并非这些农作物的主要产地，但外销画家却巧妙地选择了这样的场景布局。这一选择，一方面是为了迎合当时仅限于在广州口岸活动的西方贸易者，让他们能够在中国土地上看到熟悉的

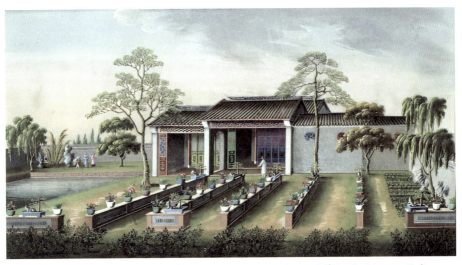

◎图5-22　佚名，广州花园，1850—1870年，通草纸水彩，18厘米×31厘米，英国维多利亚阿尔伯特博物馆藏，编号：9127∶4。

景象；另一方面，这些房屋样式被用作一种空间模板，使得各类生产场景的描绘能够迅速且高效地完成（见图 5-22）。

广州的行商花园为何成为西方贸易者熟悉的空间图式，这与清政府管理西方贸易者的政策有关。一口通商时期，十三行区域的商馆只能在每年两次的贸易季节里租借给外国人，而其余时间西方贸易者必须离开广州，居住在澳门。即使在广州做生意时，西方贸易者每个月最多只能出馆三次，并且只能闲游在十三行区域、河南岛部分区域以及白鹅潭西边的花地附近，他们没有出入广州城内的自由，更无法去往别的地区。18 至 19 世纪初期，广州海珠区、西关一带曾涌现出由十三行商人兴建的规模宏大、雍容华丽的私家园林，其中包括潘家花园、伍家花园、海山仙馆在内的众多名园，这些私家园林被称为"行商庭园"。清政府规定，每月初八、十八和二十八日这三天，西方贸易者可以到花园和河南的寺庙游玩，但每次不得超过十人。因此，行商花园和海幢寺等有限区域就成为他们仅有的游玩之地。这些庭院是岭南园林的巅峰之作，其激发了欧洲各国在当时模仿"中国式"园林的热潮。广州商人的府邸、园林及室内陈设也成了外销画中的常见主题。举例来看，嘉庆八年（1803 年），行商伍秉鉴在广州河南安海乡置地百亩，用以开基立宅，之后伍氏花园便被称为河南伍园（见图 5-23）。在绘制这一题材时，画家庭呱将园中的花草树木描绘得郁郁葱葱，尤其在对近景树木的处理上，他运用水粉颜料层层晕染，展现出树干细腻的褶皱和强烈的体积感，其绘画技艺已臻炉火纯青。画面中湖水平静如镜，亭台楼阁精巧细腻，整体设色明丽，这是 19 世纪庭院空间题材绘画的特征。此外，庭院空间中不时出现的盆栽花卉也体现了中西园林文化的差异。西方贸易者的记载显示，中国人习惯于将花卉栽种在花坛或花盆中，这种园艺模式可能在一定程度上影响了他们对花卉样式和类型的偏好。据当时英国商人的观察："中国人并不看重那些花团锦簇的成群花卉，而只喜欢养在花盆中看起来较美的花卉。中国人对从欧洲引进的观赏植物也没有太多兴趣，因为那些植物过于笨拙。"美国商人威廉·亨特记录道："成千上万的盆栽植物，包括中国人最喜欢的菊花、山茶花和矮树，被排列在人行道旁和亭子周围。

◎图5-23　庭呱，伍家花园，纸本水粉，约1855年，美国皮博迪埃塞克斯博物馆藏。

花园里的假山和崎岖的岩石从荷塘升起，池塘里有睡莲和饲养的鱼、乌龟等。水面上还建有拱桥，饲养的鹿、鹤、孔雀和鸳鸯给风景如画的园子增添了美丽和生气。""花卉从不种在地里，而是种在花盆里，摆成环形的或方形的阶梯或金字塔形，其效果极佳，优点是便于从一地搬到另一地，接受阳光或阴凉。"显然，掌握西方审美趣味的外销画家不会错过描绘盆栽花卉这一主题。

明清时期，中国乡绅发展和传播了自己独特的花卉与园林文化。与江南文人墨客的私人庭院相比，行商花园在空间布局上更加公共化，承担着西方人游览和休憩的功能。亨特在参观行商花园的时候感叹道："他们（行商）自己的住宅，我们曾去过几处，规模宏伟，有布局奇巧的花园，引水为湖，叠石为山，溪上架桥，圆石铺路，游鱼飞鸟，奇花异卉，千姿百态，穷其幽胜。"行商花园不仅是西方贸易者与中国商人友好交往的纪念空间，更是中西文化交融的见证。例如，18世纪晚期的行商潘启官，他不仅会说外语，并且非常适应国际贸易中的社会礼仪。根据西方贸易者的记载，他为西方商人和船长举办的欢迎宴会分两次进行："第一顿饭是西式的，每个人都需要用刀叉，即使是那些只能笨拙地使用刀叉的中国商人也不例外。第二天的宴会是中式的，包括使用筷子、各种酒等，宴会之后是娱乐活动。第一天晚上，一般会上演一出中国歌剧，其充满了打斗、舞蹈和喧闹的音乐，为了使气氛更活跃甚至加入了穿着西式服装的角色。第二天晚上，客人们在主人优雅的花园里欣赏一系列烟火、杂技和杂耍表演等。"广州的洋人经常光临行商在河南岛上的庭院，这些来访者"无论何时都会被当差的仆人很有礼貌地请进园中"。这些活动都是广州国际商贸期间社会交往的重要组成部分，中西商人对园艺的共同兴趣促进了彼此社会关系的密切，并增进了友谊。这种将宅院空间作为象征性图式的做法，在外销画中得到了广泛应用，其在某种程度上反映了当时中西文化交流与融合的复杂性。对于西方贸易者来说，这些宅院不仅是他们在中国土地上难得一见的"异域风情"，更是他们与中国商人进行商业往来和文化交流的重要场所。在这些庭院中，他们得以暂时忘却身处异乡的孤独感与陌生感，感受到一种家的温暖和亲切。而对于外销画家来说，将这些宅院空间转化为绘画作品，不仅是对他们绘画技艺的考验，更是对他们文化敏感性和创造力的挑战。他们需要准确捕捉这些庭院的独特韵味，将其与西方绘画技法相结合，创造出既具有中国特色又符合西方审美趣味的艺术作品。这种跨文化的艺术实践，不仅丰富了外销画的艺术内涵，也为中西文化交流提供了新的视角和可能。

第六章

消费文化中的理想时间与空间：生活世界的塑造

　　W. J. T. 米歇尔教授将对日常生活状态的图像观照比喻为对"第二自然"概念的观照。米歇尔指出，恢复自然力的策略，长久以来便潜藏于"第二自然"的概念之中，这一概念之普遍，以至于它几乎无可争议地融入了文化与社会的风俗习惯之中。我们不难发现，如今，"自然的"一词已悄然被"正常的"与"习惯的"所取代。自然与习俗之间的界限，实则仅为程度之别，而非本质之异。这体现在：持久、根深蒂固且广泛流传的习俗，与相对随意、多变且浅薄的习俗之间的鲜明对比上。从米歇尔对"自然"和"第二自然"的理解中，可以看到艺术理论领域的新转向——即在"语言转向"之后，视觉艺术被重新定义为一个由"习俗"充盈的"符号系统"，从而赋予其浓郁的文本性色彩。这一理论转向，正是本章图像阐释的视觉理论基础。本章将聚焦于外销艺术品图像中对于"时间"与"空间"的独特反映，值得注意的是，这些图像所展现的时空场景，乃是西方贸易者视角下，他们所熟悉的中国社会中上阶层的生动图景。这种固化的观察视角，构建了一种相对单一的图像模式，而本章旨在深入剖析这些图像，探寻其背后所隐含的自我诠释的"理论性图景"，以期揭示出更为丰富多元的视觉叙事与深层含义。

第一节　外销艺术品中对宗教生活的呈现

在外销艺术品的广阔领域中，宗教主题的存在宛如一股静谧而深邃的溪流，它并未如商贸盛况或生产制造等热门主题那般，在艺术史研究的舞台上占据显赫位置，受到大规模的探讨与剖析。然而，当我们将目光投向西方贸易者的记录与旅行家的笔迹时，不难发现，在外销画家工作室里，以宗教为主题的画作实际上构成了出口贸易中不容小觑的一部分。这些画作，如同穿越时空的信使，默默诉说着中国人日常生活的传统面向，这一传统在封建社会的框架下，展现出惊人的稳定性与连续性。

外销画中的宗教图像与伦理故事，往往以一种独特而细腻的方式呈现——它们多被画于纸本或通草纸册页之上。这些载体不仅轻盈便携，更赋予了画作一种细腻入微、触手可及的质感。一位西方旅行家在其游记中，对广州口岸外销画家工作室的景象进行了生动的描绘："步入每一间工作室，皆能发现被称为米纸的绘画作品。它们既精致又脆弱，色彩之精妙，无人能及。这些画作仿佛是中国社会生活的万花筒，从繁忙的商贸活动、各式各样的职业风貌，到庄重的生活仪式与虔诚的宗教信仰，无不被囊括其中。画卷展开，既可见高等级的宗教庆典之辉煌，亦能窥见低微处道德沦丧之悲凉。"

册页的形式在外销画中常被当作展现流程性、科普性乃至深刻人文主题的媒介。对于西方观众而言，宗教仪式主题不仅是对高尚道德情操的直观展示，更是与低俗、堕落行为形成鲜明对比的道德标杆，映射出他们对东方文明中理想社会秩序的向往。

大英博物馆研究员伊赛德·卡本（音译需确认）在其研究中，将广州口岸外销画中的宗教主题精妙地划分为两大类别：一类是聚焦于神灵崇拜与传奇英雄事迹的画册，它们以宏大的叙事手法，展现了中国人对于超自然力量的敬畏与尊崇；另一类则是细腻描绘祭祀场所与宗教民俗仪式的作品，它们通过日常生活的点滴，揭示了宗教习俗如何在民众中生根发芽，成为连接形而上理想与形而下生活的桥梁。这些对宗教生活的描绘，不仅为西方观众呈现了一幅幅复杂多变的中国宗教传统与家庭结构的图景，更深层次的意义在于，它们蕴含了丰富的哲学思考与政治隐喻，是理想与现实、精神与物质在视觉艺术中的和谐统一。通过这些外销画，我们得以窥见一个既古老又鲜活的中国，一个在封建社会中缓慢流淌，却又在对外交流中焕发出新鲜活力的独特个性。

一、外销画中朴素唯物主义世界观下的神话人物

外销画中的神话人物形象，往往以纸本或通草纸册页为承载媒介，这一选择背后，蕴含着画家对西方客户"求知求异"心理的精准把握。相较于中国传统宗教绘画的深厚底蕴，外销画更多地聚焦于满足西方观众的猎奇与探索欲望。这些神话人物通常被置于画面中央，无复杂背景衬托，只是依靠其独特的服饰、配饰及随身携带的物件等，来彰显其身份与属性。若画面中未配以文字说明，仅凭服饰特征，往往难以准确辨识其所属的神话体系或英雄传说。

在每一种原始文化中，对超自然存在或力量的信仰都来自那些需要被解释的自然现象，如风暴、火灾、疾病和死亡等。而将祖先作为神灵进行祭拜，则是为了得到其庇佑。外销画中选择的神话人物主要以上古神话故事和宗教神话故事中的人物为主，例如盘古、三皇五帝、尧、舜、禹、仓颉、观音得道、妈祖、龙王等。需要注意的是，《书经》《诗经》《史记》等中国古典文献主要记载历代君王故事、大臣事迹和地理描述等，其中"尧、舜、禹"等部分人物虽在一定程度上带有神话色彩，但将这些文献简单归为神话人物的来源存在概念混淆，这些文献更多属于历史文化范畴。从图像学的角度来看，神话人物的图册不仅是对故事的叙述，更是对帝

国统一秩序恒久稳定的象征性表达。以大英博物馆所藏的几册带有1794年水印的英国"瓦曼纸"为例，这些册页可能因考虑到宣纸的脆弱性，而特意选用更适合长途运输与反复翻阅的进口纸张。尽管缺乏直接记载，但根据纸张与画风推测，这些册页很可能诞生于18世纪末的最后几年。册页中的线条流畅、色彩鲜艳，每个人物的表情与服饰都描绘得极为细腻，充满了表现力。画面底部的中文标注，用黑色墨水书写得清晰可辨，而一旁的英文译文，则可能是购买者为了向欧洲顾客解释画面内容而添加的。在外销画册页中，神话人物的排列顺序往往难以确定，但大英博物馆所藏的瓦曼纸上的四幅图像——火德星君（火）（见图6-1a）、海龙王（水）（见图6-1b）、风神和雷神，却似乎被有意识地安排在一组，展现了道家神话的传统。在道教艺术中，生命力的观念深入人心，对自然神灵的刻画充满了强烈的艺术性和运动感。这种"运动"风格，在一幅道教灵符中得

◎ 图6-1a 佚名，火德星君，19世纪初，纸本水彩，45.7厘米×36.8厘米，大英博物馆藏，编号：1877，0714，0.1333–1337。

◎ 图6-1b 佚名，海龙王，19世纪初，纸本水彩，45.7厘米×36.8厘米，大英博物馆藏，编号：1877，0714，0.1333–1337。

◎ 图6-1c "张天师灵符"，年份未知，纸本墨水，153厘米×42厘米，台湾历史博物馆藏。

到了生动的体现（见图 6-1c）。画中"张天师"的面容与海龙王有着惊人的相似之处，进一步印证了这种图式的通用性。这一传统不仅体现了道家思想下中国人对自然与"第二自然"的深刻认识，更彰显了朴素唯物主义世界观下的偶像崇拜（此处"朴素唯物主义世界观下的偶像崇拜"表述存在矛盾，偶像崇拜与朴素唯物主义观念存在冲突，需进一步斟酌表述）。

自古以来，百姓对神话人物的崇拜，源于他们相信这些神灵在人类需要的时候能提供庇护与帮助。为了区分不同的神灵，将其形象化显得尤为重要。在册页中，神灵被赋予正面的姿态与中央的位置，这种传统的构图方式强调了其尊贵与神圣。正面位置在宗教人物与祖先画像中的频繁出现，象征着稳定与庄严。在神话人物的图式惯例中，色彩同样扮演着重要的角色，它代表着美德与等级制度。然而，在外销画中，不同册页对同一神话人物的描绘却存在差异，因此色彩的选择似乎并未遵循固定的图式。此外，大英图书馆所藏的一套 39 幅水彩册页中，有 12 幅描绘了历史知名人物与帝王，其中包括盘古、轩辕帝至孔夫子等，与神话人物主题册页有所重叠。这套册页的其他图像则聚焦于儒家所称颂的人物及汉唐等中国历史上最辉煌的朝代的帝王将相。将这些传奇人物放在一起，不仅展示了历朝统治阶层的威仪，更凸显了其政治体系的稳定与延续。这种安排，或许正是为了向西方观众展现一个古老而强大的中国，一个拥有深厚文化底蕴与稳定政治秩序的国家。

二、外销画中对宗教场所与相关习俗的观照

中国的宗教建筑及其神圣偶像，在西方顾客的视野中始终散发着一种难以言喻的神秘魅力，它们不仅是中华文化的重要组成部分，更是其最具标志性的象征之一。在过往的岁月里，这些通过版画精心记录的神祇形象与宗教仪式，经由基督教传教士之手，从遥远的东方国度传入欧洲，为西方世界打开了一扇通往神秘东方的窗户。早在 1666 年，德国耶稣会传教士阿塔纳修斯·基歇尔就在其编纂的《中国图说》中，对中国的宗教观

念，尤其是"龙"这一神话生物进行了详尽的描绘①。随着时间的推移，到了18世纪与19世纪，关于中国神灵的外销画册更是层出不穷，这些作品以其独特的色彩运用与图案设计，为外国顾客带来了前所未有的视觉盛宴。然而，与《中国图说》给西方观众的印象相似，这些图像往往被视作奇异的生物与异域的幻想，其内在的宗教价值与寓言意义则被严重低估，未能得到充分的认知。尽管如此，广州的外销画家们，在一种近乎无意识的创作中，却成功地将这些蕴含中国传统信仰体系的题材，以一种更为贴近西方审美的方式呈现给西方观众，使得中国的宗教文化得以跨越文化的鸿沟，与西方世界产生共鸣。

在宗教题材的另一个维度上，寺庙建筑与僧侣的日常生活同样成为外销画中的热门主题。例如，大英博物馆所珍藏的僧人图像与大英图书馆所藏的海幢寺图册，便是对这一主题的生动诠释。这套描绘僧人日常的图像共有24页，尺寸为39.9厘米×50.5厘米，它以细腻的笔触与清晰的轮廓展现了佛教僧侣的日常生活场景。在人物的背景中，地板、墙壁与拱门等元素的巧妙运用，不仅暗示了室内场景，还通过桌子、椅子和雕像等物品的摆放，巧妙地区分了不同的空间。画面的右侧，更是以中文详细记录了宗教活动的流程，如"受戒"等场景（见图6-2），使得观者能够更深入地了解中国宗教文化的内涵。

此外，在这些描绘僧侣宗教活动的图像中，我们还可以发现，无论是

---

① 阿塔纳修斯·基歇尔，17世纪德国耶稣会成员和通才。他一生大多数时间在罗马的罗马学院任教和做研究工作，其就非常广泛的内容发表了大量细致的论文，其中包括埃及学、地质学、医学、数学和音乐理论等。他的著作《中国图说》是一部当时欧洲了解中国的知识性百科全书，其中既包括详细的地图学，也包括神话元素，如"龙"等。其中强调中国历史中的基督教元素，包括实际上的和他自己想象的：比如他提到景教传播到中国，其中他描写了1625年在西安府发现的《大秦景教流行中国碑》。他认为这块碑说明基督教在一千多年前（即约公元600年）就已经传播到中国了。翁贝托·埃可认为基歇尔对中国的描写代表着当时欧洲（以及天主教教会）对中国和印第安文化的见解："中国不是未知的野人，而是失落了的子女，他们应该重新被引回父亲之家。"

◎ 图6-2　佚名，受戒，约
1801—1850年，纸本线描，39.9厘米
×50.5厘米，大英博物馆藏，编号：
1877，0714，0.1480。

◎ 图6-3　佚名，礼佛，约
1801—1850年，39.9厘米×50.5厘米，
大英博物馆藏，编号：1877，0714，
0.1471。

何种活动，都不是孤立存在的，而是被巧妙地融入了多人组合的场景中。
同时，绘画与音乐等艺术形式的融入（见图6-3），更是为这些宗教活动
增添了几分艺术气息。这种群体式的、与艺术形式紧密相关的宗教活动展
现方式，无疑在西方人的视角下呈现了一种全新的中国宗教形象。

　　而寺庙建筑本身，尤其是其独特的结构与环境，更是成为西方顾客关
注的焦点。以海幢寺为例，这座位于广州的佛寺不仅因其独特的建筑风格
而著称，更因其在清政府对外国商人限制政策下的特殊地位而备受瞩目。
作为清政府接待外国使节的场所之一，海幢寺长期以来都是外国使团和外
商唯一可以活动的地方之一，因此其频繁地出现在西方人的游记与绘画作
品中。然而，与西方游记中强调其政治功能与威严氛围的记录不同，外
销画中的海幢寺更多地被呈现为一个纯粹的宗教空间，一个褪去了政治色
彩的、被观赏的花园式佛寺。这些传递知识性的绘画作品，虽然尚未使中
国形象产生负面化的效果，但其中的"艺术趣味"却在某种程度上为西方
相对于东方的优越感与文化偏见埋下了伏笔。大英博物馆所藏的海幢寺组
画便是其中具有代表性的册页，也是目前已知的仅有的关于该寺的外销画
藏品。该组画于1807年由英国东印度公司购入，其画面右上角用英文写
有"Joss House，Honam（河南庙宇）"字样，画中殿堂前的灯笼上也写了

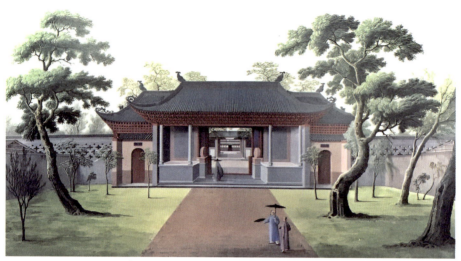

◎图6-4　海幢寺山门，18世纪晚期，纸本水墨，41.9厘米×54.6厘米，大英图书馆藏，编号：Add.Or.2140。

"海幢"等字符。1834年，传教士裨治文①在游览海幢寺时描述道："寺院有不少建筑物，主要是用砖盖的，加上花园，面积为六至八亩。那里有一道高墙把整个寺院围绕了起来。从洋行以东十几码过江，上岸之后，就踏进了外门，经过一个长院子，就来到了山门（见图6-4）。门上有'海幢'两个大字。这里，你会看到两尊巨大的神像，是庄严的武士神像，左右各一尊，守卫在通向内院的入口。再往前走，经过另一院落，你就踏进了四大天王殿，里面是古代英雄的神像。"

一口通商时期，不少西方商人和游客曾在广州写下游记、杂记。在他们心中，没有哪座寺庙像广州海幢寺那么知名。作为清政府接待外国使节的场所，又长期作为外国使团和外商唯一可以活动的寺院，因此海幢寺经

---

① 1830年2月25日，裨治文从波士顿来到广州，是回应新教第一位来华传教士，即英国人马礼逊的呼吁，而来华的第一位美国传教士。当时中国尚不可能公开传教，他主要是向马礼逊学习汉语，以及进行其他一些准备工作。他担任英文《中国丛报》的编辑，向西方介绍中国的文化、历史、语言、风俗等，丰富了美国人对中国的认识，奠定了美国汉学的根基。

◎图6-5　佚名，三世佛，18世纪晚期，纸本水粉，41.9厘米×54.6厘米，大英图书馆藏，编号：Add.Or.2113。

◎图6-6　托马斯·阿罗姆，河南寺，套色版画。

常出现在西方人的游记和绘画中。西方游记与外销画中所记录的海幢寺其着重点迥然不同。1793 年，驻广州荷兰馆大班范博览记录中的海幢寺，是清政府"怀柔远人"政策下由士兵镇守的宴会地点，是外国使团对两广总督、粤海关监督行礼的场所。而在外销画中，海幢寺作为纯粹的宗教空间出现，这里没有威严的守卫，也不暗指东西方的外交功能，它成了被观赏的、政治性色彩消退的花园式佛寺。

值得注意的是，在 19 世纪之前出现的这些外销画中，我们还可以看到后来西方艺术家对其中元素的借鉴与运用。例如，英国画家托马斯·阿罗姆与赖特在 1843 年出版的《一系列景象中的中国：古帝国的景色、建筑和风俗》中，便明显汲取了外销画中包括佛像等元素在内的灵感（见图6-5、图6-6）。这种跨文化的艺术交流与融合，不仅丰富了西方艺术的表现手法与创作题材，也为我们今天理解与研究东西方文化提供了宝贵的资料和别样的视角。

三、外销画中对民俗仪式的观照

对18世纪至鸦片战争前抵达中国的西方贸易者而言，中国民间习俗

◎图6-7　波尔那·皮卡，中国葬礼，1727年，《世界各民族风俗和仪式》版画插图。

◎图6-8　佚名，五月端午斗龙船，19世纪上半叶，纸本线描，43.50厘米×52厘米，大英博物馆藏，编号1877,0714,0.640-654。

与仪式犹如一幅幅充满神秘色彩的画卷，一经展现便令人遐想连连。以18世纪法兰西杰出画家波尔那·皮卡所绘制的版画（见图6-7）为例，该作品不仅生动展现了中国民间葬礼的庄严与肃穆，更通过绵延不绝的仪仗队伍，巧妙勾勒出了一幅幻想中的民俗风情画卷，让西方贸易者大开眼界。

受制于当时的政策壁垒，西方贸易者鲜有机会亲身体验中国居民的日常生活与习俗。对于许多活动的深层象征意义及其相伴的一系列特定事件，这些西方访客往往感到困惑与不解。然而，正是这些丰富多彩的民间传说与习俗，激发了西方人对中国文化的浓厚兴趣与探索欲望。自19世纪起，民俗与仪式逐渐成了外销画中的常见主题，为西方观众打开了一扇了解中国文化的窗口。

尽管关于外销艺术品中民俗节庆与仪式主题的探讨相对较少，但仍有学者注意到了这一主题的重要性。柯律格在描述英国维多利亚和阿尔伯特博物馆的中国外销艺术品收藏时，特别提到了19世纪50年代宁波生产的一套水彩画，其中便涉及了这一主题。大英博物馆同样珍藏了一套关于民俗节庆仪式的组画册页，名为"中国节庆及风筝式样"，详细记录了正月出年宵、二月烧炮、三月拜山等一系列传统仪式活动，其中五月端午斗龙船（见图6-8）更是生动展现了节日的热闹与欢腾。这些册页保存完好，是研究中国民俗文化的宝贵资料。值得注意的是，尽管民俗节庆与仪式在外销画中占有重要地位，但在官方艺术机构中却鲜有记载。相反，在一些通草纸水彩画册页中，我们可以零散地看到关于生活仪式与民俗节庆的图像，只是这些图像往往缺乏系统性与完整性。

直到19世纪末与20世纪初，随着西方探险家对远东地区"神秘"的探索热情的高涨，中国民俗节日的真实图像资料才逐渐进入西方观众的视野①。这一时期，西方国家纷纷派遣探险队深入中国各地进行科考、传教、考古等活动，如瑞典的斯文·赫定、英国的斯坦因、德国的勒·柯克以及法国的伯希和等，他们的考察成果不仅丰富了国际敦煌学研究的资料库，更为西方研究人员提供了相对自由地进入中国旅行考察的机会。在此背景下，人类学与人种学研究蓬勃发展，为中国民俗文化的传播与交流注入了新的活力。

第二节　外销画《中国人的一生》中塑造的理想时间图景

"时间性"的基本定义是时间的基本属性和状态，这种属性和状态使奔流不息的日常时间得到秩序化和概念化。历史学家保罗·利科在其鸿

---

① 19世纪末20世纪初兴起了"中亚探险考察热"，西方国家先后向中国各地派遣了以科考、传教、考古等为由的"探险"家。1888年，来自瑞典的斯文·赫定考察了新疆、西藏等地区；英国的玛律克·奥赖尔·斯坦因考察了新疆和甘肃，所发现的敦煌、吐鲁番文物及其他中亚文物是今天国际敦煌学研究的重要资料；德国的勒·柯克考察了新疆地区；法国团队的领队伯希和对敦煌进行了考察。

"出生"

"抚养"

"剃胎发"

"就学"

"婚娶"

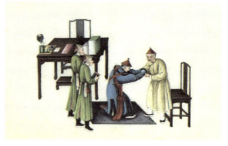

"敬师"

"祭祖"

"谒官"

"荣归"　　　　　　　　　　　　　　"分家产"

"祝寿"　　　　　　　　　　　　　　"辞世"

◎图6-9　佚名，组画《中国人的一生》，19世纪，通草纸水彩，21厘米×32厘米，台北故宫博物院藏。

篇巨制《时间与叙事》中，详尽列举了二十余种时间类型，深入探讨了个体经验时间与宇宙时间之间既紧张又协作的互动关系，这种互动直接催生了历史性叙事与虚构想象的诞生。尽管利科的研究并未直接聚焦于中国的艺术领域，但其理论框架却为解读外销画《中国人的一生》提供了富有启示性的参照（见图6-9）。在中国传统绘画中，关于生死的主题同样蕴含着个体经验与恒定宇宙观的交织表现，而当这些内容被程序化地转化为视觉与文字语言时，私人历史的独特性便悄然消融于"公共形象"的洪流之中。

《中国人的一生》这组外销画，以直观而真挚的方式，将程序化的内容转化为道德图式的视觉表达。它细腻描绘了一位男性主人公从诞生至逝世的生命轨迹，涵盖了"出生""抚养""剃胎发""就学""婚娶""敬

◎图6-10a （宋）李公麟，《孝经图》（局部），11世纪，绢本水墨，总体21.9厘米×475.6厘米，美国大都会博物馆藏。

◎图6-10b 佚名，中国人的一生：祝寿，19世纪，通草纸水彩，21厘米×32厘米，台北故宫博物院藏。

◎图6-10c 秦氏家族祭祖像（局部），清中期，绢本设色，188厘米×126厘米，长沙大观文化馆藏。

师""祭祖""谒官""荣归""分家产""祝寿"直至"辞世"的系列场景。这些画面不仅彰显出一种强烈的秩序感与稳定性，更深刻地体现了对简单美德与朴素生活的向往与回归。在展现这些程序化内容的过程中，组画尤为强调了封建王朝千百年来根深蒂固的"君臣""父子"等等级观念，将人生的关键节点牢牢锚定在家庭与仕途的框架之内。尤为值得注意的是，组画中的"祭祖""祝寿""谒官"等场景，生动展现了外销画家对中国日常生活中"孝道"图式的深刻洞察。孝道，作为宗法伦理向家庭伦理转化的产物，是宗法等级制度在伦理观念上的直接体现，它承载着宗族利益、秩序与繁衍的普遍性价值。为了突出宗族内部的尊尊之序，"普遍性价值"的实现方式从早期的宗法制祭天转向个体家庭生活结构的日益定型，强调尊祖敬宗的孝道观念逐渐被善事父母的孝道观念所取代。孝道伦理在儒家哲学中占有重要地位，孔子将"仁"这一最高的道德准则与日常的"孝"联系起来，为孝的合理性提供了普遍化的坚实依据。《国语·晋语》中就有"爱亲者之谓仁"的说法；《孟子·尽心上》中也有"亲亲，仁也"之语；孔子弟子在《论语·学而》中总结道："君子务本，本立而道生，孝悌也者，其为仁之本与"。孔子认为孝道是子女出于对父母的仁爱之情，它是为子女者必须履行的道德义务，《论语·为政》中说对父母应该做到"无违"："生，事之以礼；死，葬之以礼，祭之以礼。"对孝之人伦道德意义的凸显，促使孝道成为普通家庭中的人伦规范，这体现在外销画家在描绘"中国人的一生"中着力表现对"生""死""祭"的时间主题的观察。将北宋李公麟的《孝经图》中供奉祖先的仪式、一幅清代祖先画像中的"祝寿"场景，以及外销画中的"祝寿"图像进行对比，不难发现，尽管时代变迁，画面在表现"孝道"空间时所采用的艺术语言却保持着惊人的一致性，所有象征性符号均指向"权力"的核心，它们共同塑造了一种稳固的金字塔结构（见图 6-10a、图 6-10b、图 6-10c）。

　　然而，尽管这 12 幅通草画被编排在同一册页中，我们却无法断言它们是否构成了描绘"中国人的一生"主题的完整合集。因为相似的单幅图像也时常出现在其他册页之中，若不以序列相连，极易导致理解上的困惑或误读。例如，保存在俄罗斯国家图书馆的一套由 13 幅图像组成的通草

◎图6-11　佚名，满清皇帝和皇后正在听禀告，19世纪，纸本水彩，34厘米××23.5厘米，俄罗斯国家图书馆藏，编号：Э и 11268。

画册页中，前 12 幅属于同一女性弹奏的主题。大部分场景中女性采取坐着的姿态，背景除了必要的乐器或少量的家具提示是一种室内空间，其余基本保持空白的状态。而这套画册最后一页的场景与"中国人的一生"中"祝寿"的场景非常相似。俄罗斯学者娜塔莉亚与安娜认为，该图像体现了"满清皇帝和皇后正在听禀告"的场景（见图 6-11）。就实际情况来看，男女相伴的场景是不可能出现在朝堂之上的，这无疑是一种误读。

类似的图像误读现象在美国加利福尼亚州立图书馆的苏托东方收藏中亦时有出现。此处类似的"祝寿"图像被定义为"女人和乐手在官方庆典中"，而柯律格在他的《中国外销水彩画》一书中认为类似"祝寿"的图像表现的是"婚礼"的场景。西方观众对外销画图像的误读，或许源于通草画虽以册页形式呈现，却缺乏连续性叙事的特点，它更侧重于展现一种东方的"设计（剧场）感"，而非科普性的信息传达。在晚清外销画册页的快速与大规模生产中，如何体现"中国感"的设计成为外销画好坏与否的核心考量，但图式的重复使用无疑加剧了图像的僵化趋势。

第三节　外销艺术品中理想生活空间的图景

从西方观众的审美趣味出发，17 至 18 世纪的欧洲启蒙运动不仅细腻地描绘了人类生存的环境，还深刻地揭示了上帝创造宇宙的奥秘，这无疑极大地丰富了生命的内涵。在这一时期，不仅仅是自然界的花草树木、飞禽走兽成为艺术表现的对象，人类居住的环境，以及在"感官理论"中所强调的起居饮食、个人日常中的"每日感触"所蕴含的生活美学，乃至闲暇时所追求的文人雅趣，都成为提升人文精神的重要元素。建筑、设计、绘画、雕刻等艺术形式，无不体现出对这种生活美学的追求。

一、外销画中的男性空间和"阳刚特质"的展现

在广州口岸的日常生活中，与西方贸易者接触最为紧密的是中国的男性群体。这一群体在某种程度上可以被视为中国人整体形象的缩影，对中国人的讨论往往聚焦于中国男性的特质。值得注意的是，从时间节点来看，18 世纪的西方贸易者所接触到的中国男性大多属于中上层社会，外销艺术品中所展现的男性生活空间也更多地聚焦于乡绅和富商阶层。这种固化的模式构建了一个相对单一的群体形象，甚至在一定程度上忽略了同时生活在广州城内的贫民群体。在追求"阳刚特质"的过程中，中西双方展现出一些共同的特征，如在文字和画面中体现出的对家庭和学问的理想追求。同时，塑造"阳刚特质"的观念也将西方贸易者和中国商人之间的关系，通过道德管控紧密地联系在一起，这一点在对待女性的态度上表现得尤为明显。

在外销艺术品图像中，中国男性常常被描绘成礼貌且令父母骄傲的形象，正如通草画《中国人的一生》中所展现的那样。此外，西方贸易者对中国人在日常生活中使用器物和工具的方式也颇为赞赏。芬兰人雷尼乌斯在 1740 年前后到访中国，他在游记中赞美道："这个国家的人有一种天然的能力去使用有用的器物，正如其他欧洲人一样。"这一观点表明，在 18 世纪中期，器物的使用已经成为西方贸易者考察中国人形象的一个重要角度，这或许也是手工业和

◎图 6-12　佚名，室内人物场景，19世纪早期，纸本水彩，37 厘米 × 50 厘米，大英博物馆藏。

农业生产主题在外销艺术品中持久流行的一个原因。

　　大英博物馆所藏的一幅以男性为主角的娱乐空间画作（见图6-12），生动地展现了当时社会对室内装饰器物的理解。画面中，一群男性正在奏乐与交谈，场景布置充满了生活气息。画面最下方的文字"迎神"暗示了这场聚会可能发生在每年农历正月初四的"迎神日"。左侧的灯笼上书写的"二帝"，则是灶君与太岁，这也解释了为何空间中的桌子上摆放了应景的祭拜食品。从画面中的室内陈设可以看出，当时社会上流行的室内装饰主题，无论是皇室贵胄还是乡绅商贾，都以"清玩"（清雅地赏玩器物）、"清供"（清雅的贡品或器物陈设）为时尚[①]。

　　画面中的室内陈设不仅体现了主人的学养和审美取向，还通过开放的观察角度向观众展示了整个空间。横楣上题"枎景星庆云"五字表示了吉祥繁盛的愿景，"枎"字为古书上的一种树，在古时同"扶疏"，表达枝叶茂盛，四下分布之意。"景星庆云"则是比喻吉祥征兆的成语，来自典故"惟天不言，以象示人，锡羡垂光，景星庆云"。空间背景处的挂轴绘画表现了"竹""松""石"的图式，亦是表现男性主人秉性正直之意。挂轴的下方设立了青铜器形制的烛台和香案，以求怀古立德、养性怡情。高濂《遵生八笺》中就有"论古铜器具取用"的例子："鼎者，古之食器也……今用为焚香具者……大者陈于厅堂，小者置之斋室。"空间右手边的书桌上也立着一个小方鼎，参考《遵生八笺》，其可能是具有"可宜书室熏燎"的功能。

　　空间左侧的墙面上挂有书法立轴，内容都为有名的诗歌与文学作品，其中左数第一幅挂轴中的文字来自康熙年间苏州文学家褚人获的野史小说，如果按照绘画作品制作的年份来讲，这可以说是取材于"当代文学"了。但外销画家似乎并不介意画面上文字的出处，他在这幅挂轴上写下了"唐寅"二字，但事实上，左数第三幅挂轴上的诗词才为唐寅所作。可见

[①] "清玩""清供"最早出现在宋代，南宋赵希鹄的《洞天清禄集》是第一部将清赏器物范围从古物扩大到其他赏心娱目之具的著作。后明初曹昭的《格古要论》、明后期高濂的《遵生八笺》、晚明屠隆的《考盘余事》、文震亨的《长物志》等将清赏器物类型进一步扩大。

外销画家在描绘该场景时，利用的诗词文字内容更多为装饰之用，只为表现男性雅集空间中对学识涵养的追求。具体来看，从左至右分别为：

（一）东坡与小妹、黄山谷论诗。妹云："轻风细柳，澹月梅花。中要加一字作腰，成五言联句。"坡云："轻风摇细柳，澹月映梅花。"（清·褚人获《坚瓠集》）①

（二）小隐西亭为客开，翠萝深处遍苍苔。林间扫石安棋局，岩下分泉递酒杯。兰叶露光秋月上，芦花风起夜潮来。（唐代·许浑《游钱塘青山李隐居西斋》）

（三）花正开时月正明，花如罗绮月如银。溶溶月里花千朵，灿灿花前月一轮。月下几般花意思？花间多少月精神？（明·唐伯虎《花月吟效连珠体》）

（四）清明时节雨纷纷，路上行人欲断魂。借问酒家何处有？牧童遥指杏花村。（唐·杜牧《清明》）

大英博物馆所藏的"室内人物场景"图生动再现了以男性为主体的生活场景，通过细致描绘的背景陈设，不仅体现出主人的学识渊博，还展现出画家对古朴典雅与装饰美感并重的审美追求。构图上，该作品以开放式空间向观众呈现，展示了迎合观察者的视角和一种邀请式的观看体验。这种呈现方式让观众不仅领略到艺术的细节，还能感受到当时文化交流的微妙氛围。与此同时，就如雷尼乌斯体会到的一样，外国商人也在努力把自己塑造成有礼而受过良好教育的中国男性角色，以适应与中国社会接触的文化语境。

关于中国人生活主题的艺术作品在欧洲持续被翻译和复制，在这一过程中，作为"族群"的中国男性形象逐渐在欧洲人"自我"与"他者"对照的审视中变得更加具体和深入。"族群"意指一群认为他们共享共同的祖

---

① 褚人获，字稼轩，一字学稼，号石农，江苏长洲（今苏州）人，生平事迹不详。《坚瓠集》成书于清康熙三十年（1691年）至清康熙四十二年（1703年）之间。该书取材于历代笔记和野史，内容涉及历代典制、风俗民情、神异鬼怪、名人事迹、历史掌故，乃至读书心得、诗文评论等，其中，小说以记人物的遗事琐闻为主。

先、血缘、历史、文化、语言、地域等特质的人，形成的一个共同体。欧洲人对中国人的"他者"观念通过这种艺术观照被不断深化并演变为文化标识①。外销艺术品中的图像观照和文学内容里区别自我和他者的观念，持续对欧洲印象中的中国发起冲击。随着清朝对外贸易管控的加强，一些西方商人逐渐对接触到的中国男性产生了负面的印象，尤其是在 18 世纪晚期。这一时期，欧洲开始流传对中国手工业和农业技术的负面评价。外销画中体现的等级秩序以及传统的道德观照很有可能在另一层面成为专制的体现，就如历史学家蒂莫西·肯戴尔认为的，暴政和专制在此时（18世纪晚期）被认为是亚洲世界的典型管理方式。这一理念逐渐升级为一种偏见。该偏见认为欧洲以外地区的人，其质量是不理性、不道德的，尤其是表现残忍、贪婪的一部分。到 19 世纪，外销艺术品中开始频繁出现描绘中国男性因吸食鸦片而堕落的劝诫主题。这些图像在西方的传播进一步强化了西方人对"中国男性"道德败坏的印象。此类视觉呈现不仅加深了对"他者"的负面标签，还助长了西方对中国文化和社会的刻板成见。

二、外销画中的女性空间和"室内风情"的展现

在外销艺术品的视角下，女性空间和"室内风情"体现出对中国女性生活特质的深刻观察和再现。女性史研究者高彦颐指出，中国妇女在个人生活空间中具有相对的自由，如与女伴出游探春，随夫远行等；但在"公共空间"中并没有独立话语权，其"自由"或是完全属于女性的私人领域，或是依附于丈夫或父亲。外销画中妇女所在的庭院空间本身可能就是为了设立女性生活的外围屏障。《尔雅》中写道："户牖之间谓之扆，其内谓之家。"由此可见，当时的人们认为女性生活的空间应都在"家"中展开。美

---

① 族群，是指一群人，他们认为彼此共享了相同的祖先、血缘、外貌、历史、文化、习俗、语言、地域、宗教、生活习惯与国家体验等，因此形成一个共同的群体，为区分我族及"他者"的分类方式之一。这些区别我者和他者的族群性被称为种族划分，其特质可能包括"客观"及"主观"。

术史家巫鸿在 1997 年的《成规再造——清宫十二钗与〈红楼梦〉》一文中明确提出"女性空间"这一概念，他认为："女性空间指的是被认知、想象、表现为容纳女性的真实或虚构的场所。从概念上讲，女性空间必须与'女性人物'及'女性器物'区别开来，这并不是因为这些概念彼此之间有冲突，而是因为女性空间包含了人物、器物等元素。与女性形象及其物质表征不同，女性空间是一个空间整体——是以山水、花草、建筑、氛围、趣味、光线、声音和精心选择的居住者及其活动所营造出来的世界。"

从外销艺术品中所呈现的女性空间来看，"内宅女性"是宅院题材画作中最常见的类型（见图 6-13）。画作中经常利用人物身份来显露其居住环境中的摆设及经历的时间。在这幅外销画中，画面表现了右侧女孩随侍女进入内堂谒见母亲的场景。其身后的空间可以隐约看到庭院中的花园，窗口的景色显示出太湖石和翠竹的形象，而太湖石和翠竹是画家在描绘宫廷女性的生活空间时经常使用的元素。在《胤禛美人图》里，就经常可以看

◎ 图6-13　佚名，家中一景，19世纪中期，布本油彩，50.7厘米×63.5厘米，银川当代美术馆藏。

◎ 图6-14　宫廷画家，胤禛美人图，清初，绢本设色，184厘米×98厘米，故宫博物院藏。

◎图6-15 佚名，中国学者之妻，19 世纪中期，布本油彩，43.4厘米 ×34.3cm厘米（原框），银川当代美术馆藏。

到对类似"竹""石""花"等元素的利用（见图 6-14）。可见，广州外销画家在描绘内宅女性空间元素时，所选择的物象可能需要借鉴传统美人图或仕女图中常见的元素，但其承担的意义却不同。外销画中的女性空间受到西方观者视角的影响，画中的空间既要保存美人图中的传统造型语言，也需要提供对南方庭院真实空间的想象，来满足西方观众的好奇。相对而言，它更需要创造一种满足"第二自然"观照的语境。在"家中一景"中，外销画家极力表现出广州口岸地区书香之家的场景。床榻后的长条形供桌上放置的是"青铜觚"形制的红色花瓶，这体现了"清玩"的特征。供桌上方的画轴采用了牡丹的主题，寓意着富贵吉祥。画轴旁的对联虽然被花瓶和灯笼遮住了半边，但可以据右联推测这应该为清代吴国乡为自己的书房所题写的一副对联"诗传画意王摩诘，船载书声米舍人"①。这些元素共同营造出一个充满文化气息和生活情趣的女性空间。

藏于银川当代美术馆的外销油画《中国学者之妻》（见图 6-15）则展示了另外一种女性空间。画中人物所处的空间略带有钱纳利绘制行商肖像

① 吴国乡（1755—1795），字瑞卿，号梅南，福建南安仑仓人。吴国乡自幼聪慧异常，且勤于好学。据说他在十岁的时候就能写出一手好诗文。乾隆五十四年即 1789 年登科，考取举人。乾隆癸丑年，即 1793 年中进士，后被朝廷授予山西候补知府，执掌隰州府大宁县正堂兼署理蒲县。在任期间，吴国乡体恤民情，减轻赋税，同时更是能够秉公执法，惩治恶人，在当地很有声望，由此他也获得了"包公再世"的美誉。其一生著有《梅南专稿》《梅南律赋》等。

画时所运用的空间元素，这应是受到了 19 世纪来华西方艺术家肖像画构图的影响。画面中的人物显示出回避观者视线的忧愁情绪，这与文学史和画史上的闺怨传统相呼应。闺怨传统塑造了一系列永远在等待爱人的女性形象，这样的结合在魏晋时期的诗歌中就已出现。例如曹植的《七哀诗》："明月照高楼，流光正徘徊。上有愁思妇，悲叹有余哀。借问叹者谁，言是宕子妻。君行逾十年，孤妾常独栖。"而王昌龄的《闺怨》里对女性形象的描述与《中国学者之妻》的画面格外相似："闺中少妇不知愁，春日凝妆上翠楼。忽见陌头杨柳色，悔教夫婿觅封侯。"文中强调了女性被禁锢的处境和内心的孤寂，而在图中的空间里，左侧的窗口提供了唯一的光源，女性被隔离在内宅，她看向窗口花卉的姿态与《胤禛美人图》中的宫廷美人类似，都透露出一种被禁锢的处境和内心的孤寂。高居翰曾在类似的图像中认为，美人视线所及之处的花卉有着性的暗示。

　　总体来看，外销画中表现的"内宅妇女"总是以家庭场景或是庭院中的"悠闲"生活情趣为题材。她们的生活空间显示出一种向内观看的角度，一定程度上呈现出"封闭"的效果，她们是画外观者的凝视对象。英国学者安妮·比勒尔亦认为，闺房的最重要特征是它的封闭性，它塑造了一个"尘封的情爱世界，贵妇日常生活当中的各种所需，如仆人、孩童、密友、家庭成员——特别是丈夫和爱人——都从情节中被删除。在这个爱情诗极盛的时期，女人在她奢华的闺房中却被限制于象征性的隔绝状态"。这种封闭性不仅塑造了一个尘封的情爱世界，还给予了女性"内宅空间"无限的想象和神秘感。这种神秘感与清政府禁止西方贸易者与中国女性交往的规定相结合，进一步激发了西方贸易者对中国女性内宅空间的好奇和兴趣。

三、外销画中的家庭空间和"妻妾"的展现

　　在来华西方贸易者的笔下，对中国家庭的记载中，一夫多妻（实则一夫一妻多妾）成为他们频繁批评的对象。尽管在鸦片战争之前，他们难以

直接窥探广州口岸家庭内部的真实情况，但这一话题却频繁出现在他们的记录中。这些西方贸易者或探险家所描述的一夫多妻制，实则是指中国传统的一夫一妻多妾制度。《唐律疏议》卷第十三"户婚答问"明确指出："一夫一妻，不刊之制。有妻更娶者，本不成妻。" [1]

这一律令明确界定了一夫一妻制的不可动摇性，并指出有妻再娶者，后者并不能被视为合法的妻子。宋代的理学家更加强调家庭的婚姻规范，宋律不仅禁止重婚，还严禁妻妾易位。到了明清两代，一夫一妻制依然稳固，且对妻妾秩序有着严格的法律规定 [2]。然而，值得注意的是，明清时期，有妻室的商人在外地工作时，可以另娶女子为"平妻"，但在法律上，这类女子并不被承认为合法的"妻"。根据资料显示，能纳妾的人也只是社会上的极少数，明清时期娶妾者大概只占人口的 2% ~ 3%。因此，外销画中展现的众多妻妾共处的室内空间，在现实意义上来说，其虚构的成分远大于真实。这些图像的趣味可能与西方贸易者对此类图像的特殊需求有关。为了凸显自我（基督教下的"一夫一妻制"）与他者（异教的"一夫多妻制"）之间的差异，18、19 世纪来到广州口岸的西方贸易者和旅行家往往将此作为探讨的焦点。例如，瑞典来华探险家卡尔·古斯塔夫·埃克伯格在 1770 年写道："众所周知，所有东方人都采用了一夫多妻制，甚至中国人在尽可能多地娶妻，只要他们可以购买。"甚至一些西方来华旅行者认为一夫多妻制是来自中国男性不尊重女性的结果，同一时期的瑞典探险家佩尔·奥斯贝克声称："一个中国男人娶了好几个妻子，他随心所欲地处理他们，如果他愤怒地杀害自己的妻子，不会受到惩罚。"芬兰来华贸易者赫尔曼·雷尼乌斯在日记中认为此时的中国女性"除了自己的丈夫之外，不可能与任何其他男人交往，她们生活在奴隶般的恐惧

---

① 《唐律疏议·卷十三·户婚》，引自 https://zh.wikisource.org/zh-hant/%E5%94%90%E5%BE%8B%E7%96%8F%E8%AD%B0。宋律禁止重婚，并且禁止妻妾易位。参见梅卿：《宋刑统》，北京：法律出版社，1999 年版，第 240-241 页。

② 《大清律例·户律》规定："凡以妻为妾者，杖一百。妻在以妾为妻者，杖九十，并改正。若有妻更娶妻者亦杖九十。"

中，她们被父母卖给了其他男人"。

这些都表明，自广州口岸实行一口通商以来，来华欧洲人在观察家庭生活时，其道德观上的批判形成了基督教欧洲与异教亚洲之间的鲜明对比。对于试图通过航海贸易进入欧洲上层社会的中产阶级男子来说，证明自我区别于野蛮他者的做法对于塑造"阳刚气质"至关重要。因此，在西方贸易者的游记中，这种敌视的态度并不罕见。

然而，与西方贸易者在文字中对婚姻制度的负面情绪不同，外销画家在处理家庭空间时并没有融入这种道德上的评价。在外销艺术品中，夫妻生活被表现为更为温和与积极的形象。（见图 6-16）这三幅外销油画展现了室外庭院空间中家庭主题的描绘。从装裱的画框到人物的刻画方式来看，这三幅图像很可能出自同一家画室，但很难从画面中看出图像的先后顺序。就环绕人物的背景来看，图 6-16a 表现了夏天的景观，池塘中荷花正盛放，画中坐在荷塘边的男主人公和妻妾正在玩乐。而图 6-16b 展现出秋天的场景，画面右侧的树上结满了金黄色的柚子，画中的男女主人公正打牌玩乐。就画面中庭院内摆放的盆景和图 6-16c 左侧远景中的"镀

（图 6-16a）

（图 6-16b）

（图 6-16c）

◎ 图 6-16a-c　佚名，家庭图组画，19世纪早期，布面油画，62.5厘米×94.9厘米，阿诺德·斯卡特与帕克·赖得收藏。

耳屋"可以推断，该空间仍然属于广东地区的庭院景观。此处外销画家试图通过画面中的和乐氛围，表现出男主人与妻妾间融洽的互动关系，且画面中的人物并不似一般宗族画一样严肃，而是充满着生活的氛围。此外，外销画家在每幅图像的左侧或右侧都描绘出了一位正在赶来打算参加这一活动的人物，他们可能是画中主人公的侍女、孩童或者是朋友。而这一人物的出现象征了他者身份的介入，从观者的角度来说，这一人物象征着自己可以加入这一欢欣的场景。由此可见，在东西方自身的文化语境下，不论文字或图像记录中对于中国婚姻制度观看的角度有多么不同，外销艺术品画家在展示这一题材时，仍然选择了正向且积极的观照方式。美术史家柯律格的书中将理想中的中国花园称为"幻想东方"，而此处外销画家所提供的空间世界，则是一个真实与幻想兼备的东方世界。这些外销画不仅展示了当时中国家庭的日常生活场景，更在一定程度上反映了中西文化在交流中的碰撞与融合。

第七章

消费文化中的性别符号：
"女性"角色的个相与共相

在外销画艺术的广阔天地里，"女性"图像如同一面多棱镜，折射出个相与共相之间微妙而复杂的调适过程。这些图像不仅是对女性形象的再现，更是对当时社会性别观念、审美取向以及文化交流的深刻反映。

从共相的角度来看，仕女画和后期庭院女性的传统图像构成了外销画艺术中"美人图"的常见范式。这些作品往往超越了"写实性"和"历史性"的范畴，有意地摒弃了这些元素，转而追求一种更为理想化、符号化的美学表达。正如法国学者弗朗切特·派图瓦提出的："'真实女性'的缺席是美人属性的必要支持。"这种对真实性的刻意回避，使得这些美人图成为一种超越现实的审美理想，成为男性审美趣味和欲望的投射。

然而，随着时间的推移，外销画中的女性形象并非一成不变。18 世纪晚期册页中出现的"职业"女性，便是对传统美人图的一种有力挑战和补充。这些女性形象以其独特的职业身份和生动的姿态，展现了女性在社会生活中的多样性和独立性。

其次，在女性图像发展的同时，也不断吸收着来自"个相"的图式，这点在钱纳利的疍家女图像的后期影响中十分明显。钱纳利的作品以其独特的视角和深刻的洞察力，捕捉到了疍家女这一特定群体的生活状态和精神风貌。这种对个相的深入刻画，使得外销画中的女性形象更加立体、多元。

然而，随着鸦片输入的加剧，一种新的主题在外销画中悄然兴起——戒烟外销组画。在这些作品中，女性形象发生了显著的变化。她们不再是内宅中温婉贤淑、端庄典雅的美人，而是成为粗鄙、放纵的代名词。这种变化不仅打破了传统美人图的审美范式，也引发了西方视角下对女性道德的重新审视和观照。这些作品中，女性形象被赋予了新的意义和象征，成为对当时社会问题的深刻反思和批判。

值得注意的是，欧洲风格元素在 18 世纪中国仕女画中占据了重要地位。这些元素不仅为仕女画增添了新的审美维度，也反映了当时中西文化交流的深度和广度。如何欣赏那些用以满足男性主宰者欲望的美人成为一个重要议题。巫鸿认为，这样的论述营造出了一个以欧洲透视法构建的虚构美人的合宜环境。在这样的环境中，女性或被描绘在隐蔽的房间内，或与画外观者保持着引人遐思的距离。这种描绘方式不仅强化了女性的神秘感和诱惑力，也反映了当时社会对女性角色的期待和限制。

综上所述，外销画艺术中的"女性"图像是一个充满变化和多样性的领域。从共相的美人图到个相的疍家女图像，再到鸦片输入后戒烟外销组画中的女性形象，这些作品不仅展现了女性在社会中的多样性和复杂性，也反映了当时社会对女性角色的认知和期待的变化。这些图像不仅是对女性形象的再现，更是对当时社会文化、审美取向和性别观念的深刻反映。

第一节　外销画中的性别表征

在外销艺术品的浩瀚主题中，女性往往被仅仅视为一种性别的划分，而非一个独立的身份象征。这一现象的根源，在于无论是从事外销艺术品创作的艺术家，还是远在西方的购买者，都深受其所在社会制度和思想观念的束缚，将女性边缘化于主流生活世界之外。正如西蒙·德·波伏娃所认为的，这个世界不是本来就有的，而是一个被男性塑造并窥视的世界①。男性通过施加"神秘"的光环，将女性置于社会的"他者"地位，并通过社会各阶层的共同维护，将这一性别刻板印象固化，进而构建了一个父权制社会。

在外销画中，男女性别的区分有时以肤色作为直观的表征，这一传统或许可以追溯到中国绘画的悠久历史。然而，肤色不仅在中国传统绘画中占有重要地位，在西方人的文字记载中也同样显著。随着人种学理论的兴起，肤色不再仅仅是性别的观察对象，更成为定义民族特征、区分他者与自我的关键视角。

从民族志的视角审视，近代中国人与欧洲人的最早对望记录可追溯到 1512—1515 年间，葡萄牙王室药剂师皮列士的《东方志》一书，详细描绘了马六甲的中国商人的外貌、性格、习俗及服饰等。在 17 世纪之前，中国人和日本人的肤色普遍被认为是白色，直至 17 世纪后期，随着西方人种学理论的发展，东亚人的肤色才在西方观念中转变为黄色。进

---

① 西蒙·德·波伏娃认为，男性透过在他们周围应用"神秘"的虚假光环，使女性成为社会上的"其他"，而且这种定型观念总是在社会中由上层社会中的较高阶层以至下层社会中的较低阶层来完成。在性别方面，男性刻板地描绘了女性，并以此为借口把社会组织成一个父权制度社会。

◎图7-1　佚名，"满族皇帝与皇后听取禀告"，19世纪，纸本水彩，34厘米×23.5厘米，俄罗斯国家图书馆藏。

◎图7-2　仇英，人物故事图册（局部），明代，绢本设色，41.4厘米×33.8厘米，故宫博物院藏。

入18世纪，肤色逐渐成为早期现代民族志的重要分类特征，与发型、身材及面部特征并列。白皙的肤色逐渐成为欧洲人血统认知的组成部分，并象征着优越地位，而深色皮肤则被视为亚非血统及社会等级低下的标志。这种对肤色的关注，在18、19世纪的西方世界中愈发显著，成为区分自我与他者的重要维度。

例如，丹麦商人建斯·博杰描述18世纪的中国人的特征时写道："他们的肤色是苍白的或是淡黄的，是这里的空气改变了来过这旅行的欧洲人……除了女性，只要她们远离狂风和太阳，（她们）十分美丽和白皙。"这一观点清晰地展示了西方人在肤色观念下，如何构建自我与他者、男性与女性之间的形象对比。

这一特征在外销画中同样得到了体现，许多画作中的女性人物肤色明显比男性浅许多。（见图7-1）然而，外销画家在追求女性白皙肤色的特质时，并非完全基于西方的审美趣味来区分自我与他者，而更可能是一种常规的造型手段，因为在中国绘画史中也不乏类似的处理方式。例如，明代画家仇英的《人物故事图册》中的《吹箫引凤图》，就展现了传说中的秦穆公之女弄玉在高台上吹箫的场景，其肤色雪白，与身边的丈夫萧史形成鲜明对比。（见图7-2）

不可否认的是，随着时间的推移，对肤色的理解在西方来华者的记录中逐渐深化，并与中国的阶级观念产生了关联。这与西方贸易者在广州口岸的持续活动密切相关，肤色的深浅成为判断阶级、性别及文明程度差异的重要依据。例如，冯·斯德肯斯缺姆认为中国的贫民是黝黑的，但那些官员因为乘船或乘轿的原因，"因此如此的白皙，这真是一种生动的色泽，超过了欧洲人"。19 世纪以来，西方贸易者对中国的观察呈现出相似的一面，不仅关注中国人的日常生活图像，更在民族志观察中体现了区别自我与他者的道德取向。中国人的形象在西方贸易者的眼中被固化，这种固化甚至与中国人的自我认知存在显著差距。在西方贸易者的视角下，中国女性形象的塑造更加迎合了西方消费市场的定性需求，成为一种特定的审美符号。

第二节　共相的观照：从美人图到 "职业" 女性的多维审视

2020 年 5 月，广州十三行博物馆展出了一份清代外销画商铺的英文广告单（见图 7-3）。这张泛黄广告单贴于外销画册页内，印有"广东怀远驿永泰兴画欵"（欵同"款"），并留有英文地址："广州怀远驿街永泰兴米纸（米纸即通草纸，后同）画店"。这些线索无一不指向其位于十三行商馆区西北方向的地理位置，以及大约 19 世

◎图 7-3　广东怀远驿永泰兴画店广告单，19 世纪中叶，广州十三行博物馆藏。

中叶的售卖时期①。

在这份广告单上，我们不仅看到了西方贸易者对外销画主题的独特偏好，更见证了商品化生产如何加深了对中国人刻板形象的描绘。广告单上方赫然写着："广州永泰兴销售最好的米纸画。特别为满足顾客的品位，挑选了 12 组风俗系列画，描绘出中国和她 4000 万人口的形象，并提供英文释义。"

此外，从这张广告单上可以看出，女性题材在清代外销画中有着专门分类，成为当时非常畅销的题材，受到西方人的喜爱，其中包括：

"9.—— 花船中的妓女"

"23.—— 女性乐手和歌者"

"27.—— 女性工作"

"30.—— 古典美人"

延续着西方人对中国的关注，这些有着精致面容的女性住在精致的庭院里，一举一动都充满了东方情调。从官宦和富贵人家中的女眷，到珠江船只上的性服务者，再到劳动着的"职业"女性，她们的形象跨越了时空，不仅在一定程度上再现了这一时期中国女性的生活面貌，还折射出恒久以来女性主题的共性。在这一时期的中西贸易中，女性主题体现了对"性""娱乐""美人"等角度的观照。同时，这是一个被观看与被建构的角度，在这些共性图像上，很难找到真正的女性话语，而更多地显示出男性尤其是西方男性观察到的世界与趣味。

---

① 怀远驿现位于广州市荔湾区十八甫路东段，即原西关十七甫的一条横街。据《明史·食货志·市舶》云："永乐三年（一四〇五年）以诸番贡使益多，乃置驿于福建、浙江、广东三市舶司以馆之。福建日来远，浙江日安远，广东日怀远。"可见，广州的怀远驿为接待"诸番贡使"而由各市舶司设置驿馆之所。在成立十三行后，"怀远驿旁建屋一百二十间以居番人之遗制"，即于十三行附近沙基一带，建置商馆。后来怀远驿馆遂为"十三行"商馆所代替。驿内屋宇随而陆续演变为一般居民住宅。怀远也就只留作为一个街名至今。

一、外销艺术品中的"美人"共相与装饰趣味

美人的概念在中国传统画论里总是与仕女相伴。宋代《宣和画谱》卷五中将美人的形象描述为："至于论美女，则蛾眉皓齿，如东邻之女；瑰姿艳逸，如洛浦之神。"可以看出，这里所谈的"美人"是具体的形象，而不是画科。从宋以来，"仕女"开始承载画科的含义，且蕴含了女性的身份等级，"美人"则更强调人物的视觉吸引力。这种视觉上的吸引力奠定了"美人"出现在绘画中的固定想象，美术史学者巫鸿认为美人画具有程序化和可置换性的特征。例如藏于中国国家博物馆的明末清初的佚名画作《千秋绝艳图》，里面描绘的女子的形象百人一面，如同一位女性不断更换衣物和道具，其扮演的角色从贤后一瞬间变成了风尘女子。这可以说明，随着商业贸易的发展，以理想的共相来替换真实女性的个像成为一种流行风尚，这不仅促成了"作者"的消失，也使得美人画更加程序化和可置换。

在外销艺术品中，"美人"图像大多体现了美人"共相"的传统，并恰当地融入了西方人喜爱的主题。以 18 世纪玻璃画中出现的"美人"（或"仕女"）图像为例，该题材在玻璃画中非常常见。一般情况下，"美人"单独显示或与其他女性互相交谈，画面中男性角色鲜少出现，即便有也仅是为了衬托女性的魅力。将 18 世纪出现在镜子画中的"美人"形象与该时期宫廷画家绘制的"美人图"和同时期苏州版画中的"美人"相对比，可以明显看出相似性。风格的相近与延续展现了"美人"共相作为流行图像被大众共同消费的景观，这些女性的身体线条柔美，脖颈的描绘几乎消失，肩膀狭窄，呈现出一种柔弱感，隐喻着男性视角下女性对男性的依附（见图 7-4a、图 7-4b、图 7-4c、图 7-4d）。

美人画的总体发展趋向无疑是沿着通俗化和商业化的路径，商业画坊和画匠是它的主要创造者。广州口岸的外销画家对此风尚极为敏感，他们在"美人"图式的基础上，增添了西方衣饰的趣味，如牧羊仕女的造型、

◎ 图7-4a
佚名，美人习字，
玻璃画，18世纪
末，56厘米×36
厘米，英国舒格
伯勒庄园藏。

◎ 图7-4b
宫廷画家，胤禛
围屏美人图，1709
—1723年间，纸本
设色，故宫博物
院藏。

◎ 图7-4c
明，冷枚，春闺倦
读图，1724年，绢
本设色，170厘米
×100厘米，天津
博物馆藏。

◎ 图7-4d
佚名，美人读书
图，乾隆时期，
线板彩绘，90.6
厘米×52.5厘米，
日本秋田市红练
瓦乡土馆藏。

◎ 图7-5a
（清）郎世宁，洋
装少女像，18世
纪，布面油画，
尺寸未知，故宫
博物院藏。

◎图7-5b 佚
名，牧羊女，18世
纪，玻璃画，93厘
米×55厘米（带
框），私人收藏。

◎ 图7-5c 佚名，
牧羊女，18世纪晚期，
玻璃画，尺寸未知，中
国妇女儿童博物馆藏。

头戴西式花帽的女性等，都是为了迎合西方观者的审美需求。宫廷传教士画家郎世宁的洋装美人像无疑是这一流行趣味的参照图版。尽管画中人物的身份尚存争议，但从其流行的范围和复制的精细程度来看，洋装"美人"的流行让宫廷内的时尚成为被更多观者注视的"共相"商业图式（见图 7-5a）。对图中的人物，学界有着各种猜测，法国学者提艾瑞·奥缀克认为所画人物是香妃，国内的一些刊物亦保持这一猜测，但仍缺乏确定性的证据。无论该画中的人物到底是谁，从其流行的范围及其复制的精细程度来看，洋装"美人"的流行让宫廷内的时尚成为被更多观者注视的"共相"商业图式（见图 7-5b）。而图 7-5c 更显示出，在商业模式的推动下，这一图式逐渐从宫廷女性的典雅装扮转变为充满性吸引力的妓女形象，外销画家为了满足这一视角，特意描绘了女性缠足的小脚与一对羔羊，以增添画面中的情色意味。

　　就"美人画"的功能来说，不论东西方观看的角度如何，都与室内的装饰趣味有着很大的关系，这也体现了女性一直以来被观看的角度。特别的是，观看者不一定来自男性，外销镜画中那些绝大多数用来装饰贵族闺房的美人图像，让人不得不考虑西方女性视角下对东方女性的窥探。在玻璃工艺、美人画和色情艺术彰显的洛可可时期，这显示出 18 世纪欧洲房屋装饰风尚下对东方美人"共相"的需求。无疑这些图案可以提供对于东方世界的"想象"与"激情"，并为女主人带来亦真亦幻的东方体验①。值得一提的是，在 18 世纪西方贵族的室内空间中，不乏来自中国的女性主题玻璃画的记录。例如，在瑞典 1753 年国王阿道夫·弗雷德里克为他的王后乌尔利卡准备的中国宫里，可以看到很多来自中国的反向玻璃绘画，其中"美人"画是所有人物画中最常见的主题。这些作品很多可能来自广州口岸"萧先生"的画室，并由此时还在瑞典东印度公司工作的威廉·钱

---

① 中央美术学院学者郑伊看在研究一幅藏于广东省博物馆的外销镜画时，认为穿着中式服装，打扮成牧羊女的欧洲贵妇回应了 18 世纪英国社会的两股热潮，即"回归田园"和"中国风"的风尚，并且认为该形象呈现了英国乔治时代上层社会女性的自我塑造。

◎图7-6 "美人"玻璃画，铺有中国风外销壁纸，18世纪，瑞典中国宫。

◎图7-7 英国德文郡萨尔特拉姆庄园的书房壁纸，1750 —1760年，英国德文郡萨尔特拉姆庄园。

伯斯带回（见图7-6）。1770至1780 年间，在英国的许多贵族房屋中，也装饰有来自广州口岸的家具、瓷器、屏风、墙纸和玻璃画等，其中不乏"美人"主题的外销作品。例如，18世纪英国舒格伯勒庄园藏的"美女"玻璃镜画，以及1750—1760年英国萨尔特兰姆庄园铺设的中国外销"美人"壁纸[①]，这些图像中都可以见到类似《春闺倦读图》中美人共相的重复表现（见图7-7，局部），证明了"美人"共相在当时的广泛传播和深远影响。此外，提艾瑞·奥缀克总结了1720 —1831年欧洲市场（英国、法国、布鲁塞尔）中国外销玻璃画的拍卖纪录。其中可以看出，1780 年以后外销玻璃画才开始出现在英国的拍卖市场，并且买卖双方的身份逐渐扩展到中产阶级，证明了原本用于装饰贵族庄园和城堡的玻璃画趣味已经普及到更广泛的社会阶层。

综上所述，从"美人图"到"职业"女性的多维审视，我们不仅看到了清代外销画中女性题材的独特魅力，更见证了中西文化交汇下女性形象的多元呈现。这些图像不仅是历史的见证，更是文化的瑰宝，值得我们深入

---

① 英国萨尔特兰姆庄园是一所乔治二世时代的豪宅，位于英格兰德文郡普利茅斯附近的普林普顿教区。英国建筑评论家佩夫斯纳认为它是"德文郡最令人印象深刻的乡间别墅"。房子是由建筑师罗伯特·亚当设计，萨尔特兰姆庄园的中国墙纸有四幅，大概是在1750至1760年代扩展和重塑庄园时铺设。

研究和珍视。

二、外销百业图中的"职业"女性的共相

前文中广州永泰兴的广告单已经显示出，"女性工作"在 19 世纪中期成为通草纸画册页中女性主题的一部分，这反映了西方贸易者对"职业"女性题材的需求。就图式来看，这一主题跟 18 世纪末出现的"蒲呱图式"（也可说是市井百业图）有很强的联系。百业图中出现的女性形象跟"美人"形象非常不同，它描绘的是广州口岸社会中底层的各个女性群体，表现了她们的职业、生活状态以及在社会生活中呈现的面貌。在"职业"女性还没有成为一类专门的主题时，她们和"职业"男性一样出现在市井百业图中。本节将通过三本市井百业图册页中的女性形象，去研究在这一 18 至 19 世纪流行图式中，掩盖在具体职业下男性和女性的不同分工，以及底层"职业"女性在被观看时，男权社会下所建构的以商业活动为基础的性别视角。

（一）亨利·梅森选择的"蒲呱册页"

英国军官乔治·亨利·梅森 1789 年来到广州，他从广州外销画家"蒲呱"的画店里，选择了这本描绘中国市井人物的画册，并在 1800 年出版了风靡欧洲的《中国风俗图鉴》。该册页中，60 幅"职业"图像中有 7 幅女性图像，分别是"3 做袜女工"（见图 7-8）、"11 一位中年女性"、"21 拣茶女工"、"41 刺绣女工"、"52 女农民"、"57 阿婆捻棉线"、"60 穿常服的上流女性"。蒲呱的选择体现了在西方男性贸易者的选择下，"女性"首先从职业人物中区分出来，

◎ 图7-8　蒲呱，亨利·梅森翻刻，做袜女工，1800 年，盖提研究中心藏。

并且"女性"内部也存在着等级的偏差。"52 女农民"在梅森的解释下，被描述为贫穷且"粗俗"的代表，她们不能缠足并且只能干粗活；"60 穿常服的上流女性"则小巧且具有女性气质。就女性气质而言，显然底层"职业"女性是被排除在外的，并且缠足是其中一个区分阶级的角度。

（二）美国皮博迪·埃塞克斯美术馆藏"蒲呱"水彩册页

皮博迪·埃塞克斯博物馆所藏的蒲呱水彩百业册页共 100 幅，该册页原属英国的查尔斯·约翰男爵，画面上写有红色数字编号以及黑色汉字标题，有些图像用铅笔写有 18 世纪法文书写法的译文。参考蒲呱画室的经营时间，由此推测该画册生产的时间为 18 世纪末。100 幅图像中"职业"女性图像共 9 幅，分别为"看蚕、打辫线、倒屎娘、整帽、解丝、织布、织麻、挍花、梭线，以及绣花"。这本画册可能更多地参考了外销画家本人的意愿，从中可以看出女性职业的选择以手工类的加工和农业种植为主，这可能与西方贸易者在 18 世纪末对生活生产图像的需求有所关联。

（三）美国皮博迪·埃塞克斯美术馆藏"庭呱"线描册页

皮博迪·埃塞克斯美术馆藏的庭呱百业线描册页共 360 幅，印有"TINGQUA"标签，大约绘于 1830 —1860 年间。这本画册原属美国马萨诸塞州伊普斯维奇镇从事对华贸易的商人奥古斯丁·希尔德，册页中每幅画大部分都有汉文标题，其中二百幅配有铅笔写出的英文注释。从庭呱的线描册页中，可以看到时隔几十年后"职业"女性形象的变化。在这 360 幅职业图像中，女性占据了 43 幅。除了先前已存在的手工业和农业方向的"职业"女性，庭呱册页中明显加入了 19 世纪生活在广州口岸的一些从事专门职业的、且社会地位更为低下的女性，外销画家在此投射出鄙夷的态度。例如生活在船上的蛋家女以"咸水妹、蛋妇、洗衫婆、水鸡卖马蹄"等"职业"身份出现，其中，"咸水""水鸡"的污蔑性称呼很明显地带有道德上的批判。此外，"流民妇""唱盲妹""发疯妹""赌糖胶（倒屎）"等女性形象的出现也代表了西方视角（或男性视角）需求下，与他们有着直接接触关系的、地位更低下的"职业"女性进入了中国社会图像的观照。

　　总体来看，在市井百业册页中，"职业"女性在 18 到 19 世纪的观照中，经历了传统图像的延续和新图像的引入过程，她们在职业图像册页中大概占据 10% 左右的份额。这些女性既不是口岸社会生活文化的主导者，也不是中国传统绘画和历史记录的对象。在亨利·梅森的描述下，劳动的"职业"女性与"女性气质"是划分开的，性别的差异被掩盖在低贱的社会地位之中，成为一种底层劳动者的共相。在西方贸易者和外销画家的图像选择中，"职业"女性的出现成为融入中国风俗整体的观照。

三、外销画中对女性"小脚"特征的观照

　　中国女性在外销艺术品中的形象塑造，构成了西方群体认知中国的重要维度。在这一认知体系中，某些"中国女性"的显著特征，如缠足形成的"小脚"，无疑成为西方观察与解读中国社会风俗的重要切入点。在上一节中，梅森对中国女性的描述揭示了传统社会下，缠足作为区分女性内部阶级的一种标志，其深远的社会影响。尽管从清政府的政策上来看，一口通商后到鸦片战争前，施行的都是禁止外国人和中国妇女相互接触的禁令，但这并未削弱西方贸易者对中国女性的浓厚兴趣与想象。相反，这种禁令在某种程度上激发了他们对女性图像的强烈需求。在外销艺术品中，中国女性的形象长期以来都保持了相对一致的特征，其中，"小脚"作为显著标志，被频繁地描绘与呈现。

　　西方人对女性"小脚"的关注一直没有消失，但其评价的角度却发生了改变。历史学家安东尼娅·芬纳内认为，从 16 世纪开始，中国女性的缠足问题让欧洲人兴奋不已，这种说法匹配的观点是以女性的地位来评价一个文明。16 世纪晚期至 17 世纪，来华的欧洲耶稣会士在塑造和宣扬中国正面形象的同时，对女性缠足也并未给予批评，甚至在某些文字描写中，将其视为一种智慧的体现。这种语境上的联系，使得缠足的女性

◎图 7-9　蒲呱，做袜女工，约 1790 年，34.1 厘米×41.5 厘米，英国维多利亚与阿尔伯特博物馆藏。

与在华西方贸易者之间产生了一种特殊的纽带。利玛窦在《耶稣会与天主教进入中国史》中甚至认为"这大概是某个聪明人想出的办法"。缠足的女性与在华西方贸易者甚至产生了语境上的联系，有流传的轶事说明荷兰人曾与中国当地妇女密谋征服城市并谋杀男子，当这一阴谋被发现时，妇女们被迫穿铁鞋作为报复。因此，被束缚的脚不仅是对帮助欧洲男人的惩罚，也是中国女性偏爱欧洲男性的证据。一方面，缠足逐渐成为记载中的残忍陋习，充满了道德批判的声音；另一方面，它又被描绘成了异国女性的神秘象征，以及对西方男性的渴望与向往。这种双重评价，使得缠足在西方旅行者的怀旧记忆中，成为一种关于性的联想，进而定义了西方人眼中的中国女性群体形象。在外销画的发展过程中，这种"小脚"特征得到了更为凸显的呈现。以郎世宁的"牧羊女"美人像为例，在后期外销玻璃画的发展中，"牧羊女"的"小脚"特征愈发显著，成为画面中不可忽视的元素（见图 7-5c）。同时，在"职业"女性的观照中，外销画家在塑造女性形象时，"小脚"的描绘也已经成为惯用的"共相"。这些画作不仅反映了西方贸易者对中国女性的审美偏好，也揭示了他们对中国社会风俗的深刻认知与解读（见图 7-9）。随着西方贸易者对中国的持续了解与深入探索，民族志的分类使得西方人更加关注道德理念的塑造，女性的地位也因此受到了更多的关注。在这一背景下，西方人对缠足的厌恶情绪变得异常明显[1]。

---

[1]　缠足在西方对中国女性的印象中具有支配地位，参考著作 Jinhua Emma Teng, "The Construction of the 'Traditional Chinese Woman' in the Western Academy: A Critical Review", in Sihns 22, 1996, pp.115-151; Patricia Buckley Ebrey, "Gender and Sinology: Shifting Western Interpretations of

缠足作为中国女性形象的显著标志，在西方对中国的认知中占据了支配地位。这种认知不仅体现在艺术作品中，也渗透到了旅行游记等记录性文字中。许多西方旅行者在提到中国女性时，都不忘谴责缠足的做法。然而，另一方面，他们又十分珍视这一代表中国女性的特征，那些小巧精致的绣花鞋甚至成为满足西方趣味的出口商品。与此同时，中西方在互观过程中也展现出了明显的对立与差异。从中国人的角度看，西方国家女性的"共相"体现在她们袒露的服饰和裸露的皮肤上，这被视为没有文明道德和社会崩溃的标志。当林则徐 1839 年巡阅澳门时，他赞赏西式的楼房建筑，但对西人的服饰、风俗仍然大不以为然，他鄙视地认为："夷服太觉不类。""婚配皆由男女自择，不避同姓，真夷俗也。"这种差异与对立不仅体现在服饰与风俗上，也深刻地反映了中西方在文化与价值观上的巨大鸿沟。随着时间的推移，一个同质的、想象中的东西方女性"共相"被创造了出来，但这种"共相"却是在差异与对立中逐渐形成的。

第三节　个相的引入：钱纳利对疍家女的观照

对于旅居在广州口岸的外国商人来说，尽管清政府明令禁止他们与中国女性接触，但事实上，许多西方商人都被允许参与当地的色情交易。西方贸易者并不像他们在文字中表达的那样充满自律和道德情操，并且时常

Footbinding, 1300-1890", in Late Imperial China 20, 1999, pp.1-34; Jolia Kuehn, "Knowing Bodies, Knowing Self: The Western Woman Traveller's Encounter with Chinese Women, Bound Feet and the Half-Caste Child, 1880-1920", in Studies in Travel Writing 12,2008, pp.265-290.

缺乏自制力和文雅。在这种特殊的情况下，一些与西方贸易者或者来华画家有接触的底层女性成为他们绘制的主题，其中最主要的，就是"疍家女"和"妓女"的题材。在一些西方画家的笔下，她们是广州口岸女性的象征，而钱纳利笔下的濠江渔女（"疍家女"）更是成为一个影响深远的个案。从此，原本属于艺术家个人经验的独立观照，被引入到了外销艺术家描绘广州口岸女性的主题之中，并逐渐演变成为一种机械化的商业共相。

一、在广州口岸生活的"疍家人"

18、19 世纪的广州口岸，尽管是中国最富庶的区域之一，但底层民众的生活依然困苦，他们不得不从事一些艰苦而卑微的工作来维持生计。在这一阶层的百姓中，疍家女占据了相当大的比例，同时，她们也是西方人最常有机会观察到的女性群体。疍家，这一生活在珠江、闽江流域和沿海的特殊水上居民，以船只作为他们的生活空间。尽管有严格的条例规定，西方贸易者和旅行者不能与广州城的女子接触，但生活在船上的疍家女子却随处可见。

"疍"一词，在唐时已经有记载。柳宗元在《岭南节度飨军堂记》中说："卉裳蹑衣，胡夷疍蛮，睢盱就列者，千人以上。"宋朝周去非《岭外代答》中记载"疍蛮"是钦州三种不同产业的疍民："以舟为室，视水如陆，浮生江海者，疍也。钦之疍有三：一为鱼疍，善举网垂纶；二为蚝疍，善没海取蚝；三为木疍，善伐山取材。凡疍极贫，衣皆鹑结。得掬米，妻子共之。夫妇居短篷之下，生子乃猥多，一舟不下十子。儿自能孩，其母以软帛束之背上，荡桨自如。儿能匍匐，则以长绳系其腰，于绳末系短木焉，儿忽堕水，则缘绳汲出之。儿学行，往来篷脊，殊不惊也。能行，则已能浮没。疍舟泊岸，群儿聚戏沙中，冬夏身无一缕，真类獭然。疍之浮生，似若浩荡莫能驯者，然亦各有统属，各有界分，各有役于官，以是知无逃乎天地之间。广州有疍一种，名曰卢停，善水战。"清代黄佐在《广东通志》中的记载："疍户者，以舟楫为宅，捕鱼为业，或编篷濒水而居，谓之水栏，见水色则知有龙，故又曰龙户；齐民则目为蛋家…… 洪武初，编户立里长，属河泊所，岁收渔课。"

西方旅行者的观察则为我们提供了更为生动和具体的描述。他们笔下的疍家人生活虽然艰苦，但充满了活力，他们在贸易生活中扮演着不可或缺的角色。在广州生活 40 多年的美国人威廉·C. 亨特在自己的著作《旧中国杂记》中更有对疍家的专门著录："疍家，一个非常有用的阶层，他们的艇仔常年提供搭载乘客过江、前往花地或到十三行的服务。疍家一词，意为'疍人家庭'，由上面提到的艇子组成，舱顶的中央用厚席子覆盖，用着若干支桨和一支橹行驶。"从文献记载和西方旅行者的描述中，我们可以了解到疍家女的一些生活习性。她们在干活时通常会把辫子盘在头上，用头巾罩住头发，穿着黑色或三色的粗棉布短衫和宽松的长裤。由于地位低下，她们需要从事低贱的苦力劳动，因此没有缠足的习惯，也很少与岸上的男子通婚。

二、个相的形成：钱纳利与疍家女图像

疍家女的工作主要是搭载乘客过江、前往花地或者十三行，她们不仅接送外国人，也向他们出售一些水果或商品，与他们进行一些生意上的往来。在 18、19 世纪西方来华艺术家的眼中，疍家女展现出的形象是她们勤劳和天然可爱的生活状态。1793 年，英国访华使团绘图员威廉·亚历山大就绘制过她们的形象（见图 7-10），他在日记中记载道："中国所有河流和运河上，都有大量的水上人家。这些女人的划船和掌舵技术，和男人一样娴熟。"19 世纪 30 年代在广州、澳门地区写生的法国艺术家奥古斯特·博尔热也描绘过疍家女性的形象（见图 7-11），他观察到："这些船都建得十分牢固，以为乘客提供最大舒适为原则，通常两名妇女在撑船，一个划船，另一个既划船又掌舵。她们都长得非常漂亮，衣服整洁。"

◎ 图 7-10　威
廉·亚历山大，澳门疍
家女，18 世纪末，纸本
水彩，23.4 厘米×18.3
厘米，大英博物馆藏，
编号：1865,0520.206。

◎图 7-11　奥古斯特·博尔杰，澳门岸边的渔
民与船艇，约 1839 年，纸本铅笔，15 厘米×28.5 厘
米，澳门艺术博物馆藏。

　　然而，在对疍家女形象的描绘中，影响最广、最为人熟知的图像无疑
来自长期居住在澳门的英国画家钱纳利。他创作了许多以疍家女为主题的
绘画作品，并很可能在 1839 年博尔杰来到澳门写生时，对其描绘这些群
体的角度产生了影响。钱纳利与疍家女的关系在一些猜测中充满了罗曼蒂
克的色彩，尤其是他与名叫"阿来"和"阿嫦"的两位疍家女的关系更是
被传为佳话。有学者认为，钱纳利至少与其中一位有着情人的关系①。这
种猜测并非空穴来风，因为在一些西方旅行者和贸易者的记录中，不乏与
疍家女有染的记录。例如与钱纳利交好的费城鸦片贸易商本杰明·威尔考
科斯，他在澳门当地生下了一个女儿。1844 年，美国商人约翰·赫德在
信中写道，澳门有很多混血的小孩，他将一幅澳门疍家女的肖像寄给了远
方的朋友，并且介绍她是一位英国人的情妇，而他也试图用 500 美元说服
另一位疍家女成为自己的情妇。

① 陈继春认为，钱纳利与疍家女不同寻常的关系，来自于 20 世纪 80 年代末发表
　的关于钱纳利的论文，并由他请两位渔妇驾船出海进行速写而衍生出来。

钱纳利的速写集中充满了对疍家女生活状态的记录，这些女性或站在路边，或与小孩玩耍，或晾晒衣物等，这充分证明了画家对该主题持之以恒的关注。他从 1842 年 7 月 18 日开始绘制疍家女“阿来”的肖像，而“阿嫦”的肖像画则在 1844 年的英国皇家美术学院年展中公开展出。在钱纳利的笔下，疍家女被赋予了新的生命和意义。他以艺术家的眼光和笔触，捕捉到了她们独特的魅力和气质。“阿来”的肖像现藏于香港上海汇丰银行，是钱纳利的代表作之一（见图7-12），这幅图像中带有钱纳利塑造疍家女时常用的元素，例如天足 、黑色润

◎图7-12　乔治·钱纳利，濠江疍家女，19世纪中期，布本油画，40.6厘米×33厘米，香港上海汇丰银行有限公司藏。

管长裤、红头巾、草帽和渔船等。更重要的是，这幅作品完全依赖于艺术家本人的经验，是个体经验观照下制作与匹配的结果。图中疍家女所在的空间是她熟悉的船边，她皮肤白皙，目光直视观众，氛围一片暧昧祥和。这显然带有画家主观上的美化色彩，使得这位生活在社会底层的穷苦妇女看起来更像是一位西方贵族女性。在绘制这位疍家“美人”时，钱纳利不仅捕捉到了她的外在美，更通过细腻的笔触和色彩运用，传达出了她内心的温柔和坚韧。这种个体关照下的制作与匹配，不仅使得疍家女的形象更加生动和立体，也为我们提供了一个窥视 19 世纪广州口岸女性生活的独特视角。

三、个相融入共相：疍家女图像的“东方”视觉调适

在 19 世纪的艺术领域中，乔治·钱纳利以其独特的艺术视角和精湛的技艺，塑造了疍家女的经典图式，这一形象不仅深受当时艺术市场的

◎ 图7-13a　佚名，濠江渔女，19世纪，布面油彩，28厘米×22.4厘米，私人收藏。

◎ 图7-13b　乔治·钱纳利，中国青年肖像，1848年，铅笔速写，12.5厘米×19.2厘米，日本东洋文库藏。

◎ 图7-13c　乔佚名，中国女性肖像，19世纪，布面油画，尺寸未知，私人收藏。

青睐，更被后来的外销画家广泛借鉴与模仿。钱纳利笔下的疍家女，通过一系列细腻而富有情感的艺术语言，传达出女性天然的纯真与可爱。在这位艺术家创作生涯的后期，"阿来"肖像的坐姿已经多次出现在他所绘制的其他女性画作中（见图7-13b），这表明这一姿态——头部向左肩微倾、温柔直视观众的目光、羞涩的微笑和交叠的双手，已经成为钱纳利固定的"美人"图式。陈继春曾指出，这种图式的频繁出现，或许在某种程度上反映了艺术家后期创作力的一些局限。然而，不可否认的是，钱纳利的"美人"形象在广州口岸的艺术市场上获得了极高的认可，并引领了一股时尚风潮，这一点从众多外销画家纷纷效仿并创作出类似图像这一现象中便可见一斑。具体来看，广州口岸的外销画家在模仿钱纳利的过程中，展现出了两种截然不同的"复制"模式。一方面，他们巧妙地将钱纳利的"阿来"形象融入了更广泛的"美人"画共相之中，无论是描绘疍家女还是中国内宅女性，都采用了这一固定的图式（见图7-13a、图7-13c）。这种"挪用"不仅限于女性主角本身，还延伸到了钱纳利为行商肖像画所创造的整体空间布局上，使得这些作品在保持个性的同时，又融入了更广泛的文化共相。

　　另一方面，外销画家还将疍家女的形象融入了市井百业图中，作为特定女性群体的一个共相进行观照。在这类图像中，有的会用英文标注出"Macao Tanka Girl"（澳门疍家女），以便西方观众更好地了解画中人物的身份和背景。这些图像不仅为西方观众提供了直观了解疍家女生活特点的视觉资料，还与他们通过阅读来华游记所获得的认知形成了有趣的对照。广州口岸的外销画家可能将此图像与广州娼妓陋俗联系起来，按清代赵翼记载："广州珠江疍船不下七八千，皆以脂粉为生计，猝难禁也。"画面左上方的"咸水妹"就是对为西方人从事暗娼生意的疍家女的称呼①（见图7-14）。疍家女作为外销艺术品中并不常见的主题，却在钱纳利等人的笔下焕发出了新的生命力。本地画家们从流行的图像中寻找西方人喜爱的描绘方式，并以此来满足顾客的需求。这一过程不仅促进了东西

◎图7-14　佚名，咸水妹，19世纪，纸本墨水，尺寸未知，私人收藏。

---

① 据晚清《清稗类钞》载："意即粤东疍妇，至沪牟利，为洋人所娱者也。间有兼接本国人者。西人呼之为咸飞司妹，华人效之，简称之曰咸水妹，亦以其初栖宿海中，以船为家也。又有称之咸酸梅者，则谓其别有风味，能领略于酸咸之外也。久之，沪上黠妪辄购贫家女，使效其妆束以媚远客，猝莫能辨也。"

方文化的交流与融合，也为我们今天了解 19 世纪中国社会的多元面貌提供了宝贵的视觉资料。通过对外销画中壹家女形象的深入剖析，我们可以更加清晰地看到个体形象如何被融入共相之中，并在文化的交流与碰撞中展现出独特的魅力与价值。

第四节　外销画的新主题：鸦片贸易下的中国女性

19 世纪初，随着东方主义与帝国主义思潮的涌动，西方世界对中国社会的认知逐渐蒙上了一层消极的色彩。在当时欧洲人心目中，亚洲仿佛成为一个充满竞争与掠夺的竞技场，各国商贸的丰厚利润与殖民地的广泛建立，使得西方国家逐渐滋生出一种民族优越感，进而构筑起欧洲中心主义的观念体系。历史学家科林·麦凯拉斯认为，18 世纪风靡欧洲的中国风尚，在 19 世纪后悄然转变为一种"恐华"情绪，尽管这一转变的具体过程在多数文献中并未得到详尽揭示。

在著者于第六章所探讨的性别空间中，空间的构建旨在维护男外女内的传统伦理秩序。一位举止得体的女性，理应安守于自己的居所，庭院的高墙成为她们生活领域的天然屏障。除妓女这一特殊群体外，普通女性几乎没有任何机会涉足男性的公共领域，更不用说与西方人的交往了。《礼记》中亦有明确规定："妇将有事大小，必请于舅姑"。南宋思想家叶适曾在《水心文集》中赞颂女性的贤德："妇人之可贤，有以文慧，有以艺能，淑均不妒，宜其家室而已。"然而，本节所聚焦的女性形象，却在鸦片贸易的阴霾下，以一种前所未有的姿态登上了外销画的舞台。这些女性形象，一类是鸦片输入中国后，外销画中频繁出现的提供情色服务的女性，她们成为鸦片贸易背景下中国"性"文化的缩影；另一类则是在禁烟运动的浪潮中，劝诫画中展现出"暴力"倾向的女性，她们毅然打破了长期以来被塑造的"宜室宜家"的温婉形象。在鸦片贸易与禁烟运动的交织下，这些女性形象却以一种截然不同的方式被呈现给西方观众，成为日益衰落的中华帝国的一个独特观照。她们在被观看的过程中，促使西方人构建起对自身民族国家道德自信的认知。

一、鸦片贸易与外销画新主题的兴起

鸦片的输入及其对中国社会的深远影响，在 19 世纪成为外销艺术品，尤其是外销画的重要主题之一，这与当时中西贸易的复杂背景紧密相连。相关资料显示，自 19 世纪以来，西方国家向中国大肆倾销鸦片，从 1800 年至 1838 年间，广州港的鸦片进口量激增了五倍以上。在广州口岸的贸易环境中，鸦片的倾销既得益于 18 世纪中叶中国已形成的稳定贸易市场，其标准化的收费与流程极大地促进了各项贸易的繁荣；又得益于买办、澳门引水人和快蟹船之间的激烈竞争，他们为获取在珠江三角洲与黄浦之间运输违禁品的特权而各显神通，这种竞争甚至使得官府收取的贿赂费用变得标准化，从而使得鸦片贩运呈现出规律性、稳定性和安全性。另一方面，尽管 19 世纪初中国已明令禁止鸦片贸易，但在许多港口，鸦片并非被视为非法货物，这为鸦片贩子提供了将贸易合理化的空间。因此，广州口岸实际上存在着两套并行不悖的规则：一套是官方的禁烟政策，另一套则是地方上的实际操作。这种双重规则的存在，无疑进一步刺激了中国的鸦片贸易。此外，19 世纪初开始，东印度公司逐渐失去了在鸦片贸易中的垄断地位，私人贸易显著扩大，这一变化从根本上改变了鸦片贸易的格局，导致销往中国的鸦片价格下降，购买鸦片的需求则持续上升。

然而，尽管鸦片已成为 19 世纪中期西方国家向中国倾销的最主要商品之一，但关于广州口岸的外销画家为何选择以鸦片为题材，描绘吸烟者的故事及其家庭纷争的具体原因，却鲜有资料记载。这或许是画家们的自发选择，也可能是受到了西方顾客购买意愿的影响。但无论如何，这些绘画作品都真实地反映了广州口岸民众在面对鸦片时的复杂心态与社会状态，传递出了新的信息与道德回应。这种回应并非先前视觉艺术中所习惯展现的理想空间与时间，而是在社会运动的背景下，所激发出的深刻道德反思与行动。

二、鸦片主题与女性形象的交织

在清代中后期动荡与变革交织的时代，鸦片不仅成为社会上一道触目惊心的风景线，更深刻地烙印在了艺术创作的版图上，特别是与女性形象交织在一起，形成了一种复杂而微妙的情色观照。克拉克·阿贝尔于1817 年观察道："中国人的确把吸食鸦片视为最大的奢侈品之一。"随着鸦片价格的逐步走低与销量的急剧攀升，这一原本局限于特定阶层的恶习迅速蔓延，渗透到了社会的各个角落。尤为值得注意的是，鸦片与南方性产业之间形成了难以割舍的联系。雷瑨在《蓉城闲话》中的记载便是一个生动的例证：人们通过吸食鸦片来"以媚房中"，这种现象不仅反映了鸦片对于个人生活的深度渗透，也暗示了其作为性产业中一种特殊"媒介"的角色。这一时期的广州口岸外销画家，似乎捕捉到了这一社会现象的"独特魅力"，他们将吸食鸦片的场景与宅院风情画巧妙融合，创造出一系列充满深意的作品。在这些画作中，吸食鸦片的主人公往往置身于卧房或妓馆之中，女性角色则以妻妾或妓女的身份出现，她们或侍奉或陪伴，成为画面中不可或缺的元素。对于不熟悉广州口岸宅院布局的西方观众而言，这样的场景无疑充满了新奇与诱惑（见图 7-15a、图 7-15b）。画作的空间布局虽充满装饰性，但细节之处却极为考究，从床榻上摆放的烟签、烟灯、烟枪等各式工具，到男主人公躺卧吸食的慵懒姿态，无不透露出鸦片对人精神的侵蚀与麻醉。缠足的妻妾在一旁小心翼翼地伺候，其中一位正用烟签将烟泡塞入烟枪，这一动作不仅是对吸食过程的细腻描绘，

◎ 图7-15a　佚名，鸦片烟吸食者，19世纪，水粉纸本，31厘米×26厘米，（原）贾梅士博物院藏。

◎ 图7-15b　庭呱画室，鸦片烟吸食者，19世纪中期，水粉纸本，31.5厘米×23.5厘米，私人收藏。

◎ 图7-15c　"中国吸鸦片者"，《中国吸鸦片者：12幅说明与中国的鸦片贸易对这个国家的损害》插图，伦敦S.W.帕特里奇出版社，约1875年。

更是对当时社会风气的深刻讽刺。

　　画中的讽刺意味并非仅限于对吸烟者的直接描绘，更体现在对文化符号的巧妙运用上。如图像右侧墙上的对联"书是古先生"，虽下联未全，但结合画面情境，不难推测其可能为"花是女侍者，书为古先生"。这对联与桌上未被翻阅的书籍形成了鲜明对比，无声地讥讽了主人公沉迷于鸦片而荒废学业的现状。这种讽刺手法，或许正是满足外销画家有意为之的对中国社会陋习的批判心理。更为有趣的是，这些画作中的场景与当时流传的轶事相互呼应。《清稗类钞》中就有一则"文人吸鸦片构腹稿"的讥讽故事，文中记载："马平王定甫通政拯负时名，惟以吸食鸦片为一生之玷，此外尚有吴墨井、黎二樵及近今姓名显著脍炙人口之诸人，亦皆博学而有此嗜好。或云学者终日伏案，疲劳已甚，假此小憩，可卧而构腹稿也，较之嫖赌征逐，固胜一筹。且孝钦后以吸福寿膏著称于时，上有好者，下必甚焉。诸人皆挂名仕籍，宜其尔尔。又鸦片产于英属印度，为文明之英人贩运来华，此亦文明空气，宜为文明人所饱吸也。"文人墨客们虽博学多才，却也难逃鸦片之诱惑，甚至有人以此为借口，声称吸烟能助其构思文章，实则是对自身堕落的掩饰。这种社会现象在外销画中得到了生动的再现，而西方观众对于用书籍讽刺吸烟者的画面安排也表现出了极大的兴趣与接受度。1875 年左右，在伦敦印制的一本小册子中，介绍了中国吸食鸦片者的故事，书中配有 12 幅插图和对应的图解，其中一幅吸烟者图像很明显地延续了上述外销画的物象安排 ①（见图7-15c）。

　　除了私人空间中的鸦片吸食场景，外销画还展现了另一种更为公开的吸食场景，即将吸烟者置于多人的公共空间中，尤其是引入了妓女作为主角，这不仅反映了吸烟群体正在向社会中下层扩散的趋势，也进一步揭示了鸦片与性产业之间的紧密联系（见图 7-16a、图 7-16b）。《清稗类钞》中记载了官署几成烟窟的情况："鸦片盛行，官署上下几乎无人不吸，公门之中，几成烟窟。有人仿唐诗一首曰：'一进二三堂，床铺四五张。烟灯六七盏，八九十支枪。'"官署之中几乎无人不吸，公门几乎成了烟窟，这一描述与外销画中的场景不谋而合，共同勾勒出一幅鸦片泛滥成灾的社会图景。而鸦片与性产业中女性的紧密联系，更是催生了一系列悲剧与反思。如《秦淮画舫录》中记载的名妓陈喜子，因丈夫吸食鸦片而被迫卖身青楼的故事，便是鸦片对个体命运无情摧残的缩影 。"至于娼家无不设此以饵客"，这种社会现象无疑是对当时道德沦丧、人性扭曲的深刻揭露。同时，也有观点认为，绝大多数人因色而吸毒，最终却导致无法再享受色欲之乐，"惟是因色而吸者，十有九人，殊不知至于终身不能好色者有之矣"。鸦片主题与女性形象在外销画中的结合，不仅展现了清代中后期社会的复杂面貌，更蕴含了对人性、道德以及社会变迁的深刻反思。这些画作不仅是对历史的记录，更是对后世的警示。

---

① The Chinese Opium-Smoker（twelve illustrations showing the ruin which our Opium Trade with China is bringing upon that country, No.3, London ： S. W. Partridge, 约 1875 年。

◎ 图7-16a　佚名，烟客吸烟听曲，19世纪末，通草纸水彩画，35.1厘米×23.2厘米，大英图书馆藏。　◎ 图7-16b　佚名，妓院与唱曲盲女，19世纪末，通草纸水彩画，35.1厘米×23.2厘米，大英图书馆藏。

三、鸦片劝诫图像中的"暴力"女性

自19世纪初至第二次鸦片战争结束，中国社会进入了以鸦片吸食为主要问题的动荡转型期。这一时期，对鸦片问题的迅速整治与反思成为社会焦点。中国社会广泛开展针对鸦片的清算行动，各类劝诫鸦片吸食的组织活动如雨后春笋般涌现，"戒烟会""戒烟公会""戒烟社"等团体纷纷成立。这些团体通过诗、文、歌、赋、小说、戏文等文学形式，深刻揭示鸦片的危害，并传播戒烟良方。在官方层面，清政府采取"内禁"与"外禁"并重的策略，力求禁烟政策取得实效。在此背景下，众多地方官员积极投身禁烟斗争，其中最具代表性的是1839年6月，林则徐亲率文武官员，在虎门海滩公开销毁收缴的237万余斤鸦片，这一壮举彰显了清政府禁烟的决心与力度。

这一自上而下的社会运动风气，为外销画家绘制鸦片劝诫图像提供了丰厚土壤。从商品属性来看，外销画的绘制旨在满足外国市场需求，其风格与描绘吸烟者生活的其他外销画一脉相承。据《中国丛报》1837年4月1日报道，广州口岸的外销画画家顺呱创作了一套六张的劝诫鸦片组画，名为《劝诫图》。这套作品不仅反映了广东民间劝诫鸦片活动的盛况，更从中国和西方双重视角，展现出强烈的民族道德意识。从中国和西方视角来看，这类主题的绘画明显带有强烈的民族道德意识。西方观众对该主题的喜爱可能源于西方类似主题的传统，《中国丛报》在评论顺呱的作品时，将其与英国著名画家威廉·霍加斯的《浪子的一生》作对比，且广州口岸绘制该主题的外销画家不止顺呱一位。例如，1840年前后来华的法国旅行作家老尼克在其游记《开放的中华：一个番鬼在大清国》中提到，他曾收到著名外销画家林呱绘制的组画《鸦片客的一生》，根据老尼克的描述，这套组画同样有六幅，内容与顺呱的作品极为相似。

《中国丛报》记载的六张组画，详细描绘了一位富有乡绅因受家中长工影响染上鸦片，最终挥霍家财、骨瘦如柴、一贫如洗的悲惨历程。在这组画中，女性形象尤为生动，妻子发现家中财物被卖尽、妻妾怒摔烟具等情节设计巧妙。虽然《中国丛报》未刊登顺呱的原作，但现存同一题材的作品中，如大英图书馆藏的 24 幅通草纸《劝诫洋烟》组画及马丁·葛列格里画廊藏的 12 幅通草纸戒烟组画，均展现了相似的主题与图像。其中，"母亲怒鞭吸烟子"的图像尤为引人注目（见图 7-17），画面中母亲用藤条教训吸食鸦片的儿子，同时拽着他的辫子、脚踩他的脊椎，而男主人公的妻子则正用刀具剖开烟枪。这样的女性形象在 19 世纪之前难以想象，她们虽仍被排除在以男性为主导的公共话语权之外，但已毅然加入这场激进的社会运动宣传之中，成为劝诫鸦片的重要力量。

◎图 7-17　佚名，母亲怒鞭吸烟子，19世纪末，通草纸水彩画，35.1 厘米 ×23.2 厘米，大英图书馆藏。

四、鸦片主题在媒介中的演变与西方道德观的投射

随着鸦片主题的外销画在西方观众中影响力不断扩大，1858 年 12 月，《伦敦新闻画报》用一整版篇幅刊载了六幅名为《鸦片吸食者的堕落》的组画，这些画面与《中国丛报》报道的顺呱作品极为相似，进一步推动了西方社会对中国鸦片问题的关注（见图 7–18）。

19 世纪后期，在西方的关注下，中国常被描述为曾经伟大但已陷入落后和停滞阶段的文明，西方对来自中国图像的观看时常伴有浪漫化且阴暗的认知。第二次鸦片战争后，摄影术的传入使西方能够更直观地通过图像了解中国。然而，即使传播媒介发生转变，摄影师的关注点仍与 18、19 世纪的外销艺术品图像高度一致。如约翰·汤姆逊，这位首位在 19 世纪 60 年代广泛游历中国的西方摄影师 ①，其拍摄的照片发表于《中国与中国人民的插图》著作中，该著作是 19 世纪中国最广泛的摄影调查之一。汤

◎ 图 7–18　劝诫鸦片版画，《伦敦新闻画报》，1858 年 12 月 19 日。

---

① 约翰·汤姆逊是首位于 19 世纪六七十年代广泛游览中国的西方摄影师，1873 年到 1874 年，他拍摄的照片发表于四大卷题为《中国与中国人民的插图》的著作中，该书是 19 世纪中国最广泛的摄影调查。

姆逊试图通过照片中的人物形象记录中国人的"类型",与外销画中的说明性册页相似,他的照片也附有解说,并以英国人熟悉的阶级、职业和种族进行分类阐释。这些图像在西方观众眼中,继续体现了维多利亚时代晚期对种族、阶级、进步和文明的信念。就鸦片主题而言,汤姆逊对中国人吸食鸦片的生活状态持批判态度,将鸦片主题与提供性服务的女性相联系,他在图释中写道:"市民通过赌博或吸鸦片来消遣时光……一些休闲场所的表演有许多拥趸……许多已经堕落至极。"从外销画的功能来看,无论是描绘吸烟者的生活,还是描绘其堕落,这些图像都是为了满足西方顾客的需求。一方面,它们满足了西方观众对中国社会生活的持续关注;另一方面,图像中反映的社会运动的警示意义在商业流通过程中被弱化,并在一定程度上强化了西方观众对 19 世纪后期中国人因吸食鸦片而道德败坏的消极印象。这种印象推动了西方对民族国家道德感特征的塑造,进一步加深了中西之间的误解与隔阂。

第八章

结　语

　　法国社会学家皮埃尔·布尔迪厄在《判断力的社会批判》一书中从文化产品探测社会空间，并采用联结商品形式与社会空间的研究方式，强调了文化资本在艺术欣赏与品位形成中的关键作用。将这一理论运用于研究18、19世纪广州口岸生产的中国外销艺术品，可以更深入理解这些艺术作品在当时的社会文化中所扮演的角色。广州外销艺术品作为区域性特色商品，不仅迎合了消费者的审美需求，还无形中构建了特定消费阶层的文化资本。这些外销画之所以能够满足西方消费者的需求，正是因为它们在艺术风格和题材上反映了中西方文化的复杂互动与调适。布尔迪厄的方法强调了文化生产者与消费者之间的互动关系，即艺术品的生产不仅是对市场的回应，更是艺术家在社会结构中的位置与对资本的获取策略的体现。广州的工匠们在生产外销画时，主动吸收西方绘画技法，以迎合西方消费者的期望，同时巧妙地将本土文化元素融入其中，这一过程本质上是一种社会空间中文化资本的再生产。

　　18—19世纪间，广州口岸作为东西方交流的重要枢纽，所生产的中国外销艺术品不仅承载着地区特色，更以其独特的风格映射出消费者的心理诉求与文化资本，进而塑造了特定消费阶层的艺术品位与美学取向。这些艺术品的消费者主要分为两类：一类是亲身莅临广州口岸的西方商贸人士，他们通过直接购买行为，促进了这一独特艺术风格的形成；另一类则是虽未踏足中国，却对中国图像抱有浓厚兴趣的西方潜在观众，他们通过传播中的中国社会生活图像，满足了自身对东方视觉消费的渴望。在此过程中，一个常被忽视的细节是，当地工匠或艺术家在商业图像生产中自觉进行的"挪用"行为，这一行为不仅丰富了图像的内涵，也成为审视这一符号系统不可或缺的依据。

第一节　审美习惯下的图像制作

追溯西方文献中的中国图像，不难发现，古代能够远行至东方的人寥寥无几。耶稣会士为了赢得欧洲资助者的信任，以便在中国传播基督教，刻意描绘了一个道德高尚、充满魅力的中国形象。这种描述伴随着通俗文学的广泛传播，推动了"中国风"风格的盛行，尽管其主要受众局限于上层贵族阶层。随着航海大发现，尤其是"中国贸易"的兴起直至鸦片战争的落幕，东西方间的接触日益频繁，航海贸易的发展打破了地理界限的束缚，也悄然改变着中西方艺术传统中关于纯粹与本质的认知。17 世纪，一位在苏州府服务的传教士记录道：西方透视画成为与精英交往的赠礼。而自"一口通商"政策实施以来，关税清单上已赫然列出多种欧洲图画，它们作为日常用品涌入中国。

此时，西方视角下的中国形象变得更加丰富多彩。1797 年，英国作家威廉·巴特勒收藏了一幅来自元代谢楚芳的工笔花鸟绘画《乾坤生意图》，该图和那些生产于广州口岸的外销艺术品中的图像相当不同，它可能是第一批到达欧洲市场的重要中国传统绘画。三年后，亨利·梅森在伦敦出版了第一本翻印广州口岸外销画家画作的书籍——《中国风俗》。从文化商品的角度看，这两种图像的选择均反映了西方贸易者对中国艺术的关注，但从受众影响范围而言，显然有所不同。以蒲呱画作为代表的商业图像，通过西方人的翻印与传播，更直接地普及了贸易者眼中的中国形象，这一选择也深刻体现了贸易者自身的审美偏好。

因此，本书对中国外销艺术品图像中的景观、人物、生产方式等图像志信息进行了细致的归类与描述，但这种研究绝非简单的事实堆砌。真正的研究价值在于分析这些图像如何被复制、出版，以及它们在历史和文化语境中如何被评论和利用，揭示出隐藏在这些程序化外销艺术品图像背后的深层社会和文化信息。外销画创作者身份决定了他们对现实的观察角度和话语定位，他们不仅是被动的记录者或工匠，更是深谙西方顾客审美与商业需求的艺术实践者。他们根据顾客的偏好，调整传统的中国图式，将细节和构图改编为更贴合西方视觉消费习惯的"中国图像"。这种调整不仅体现于艺术风格和技法的演变，还涉及对图像内容的精心选择。例如，根据西方贸易者的航行路线和商业活动，画家们将广州口岸的景观构建为特定的组合，强调与贸易相关的地标，如繁忙的港口、商铺，以及西方熟悉的中国船只。这些作品满足了西方观众对异国风情的想象与期待，同时也通过特定的符号与结构性细节来强化他们对中国的理解与认知。

尽管这些外销画家往往不被归入主流艺术体系的精英之列，他们却在塑造和传播中国形象的过程中发挥了不可或缺的作用。通过满足商业需求，这些艺术家将传统文化与全球市场联系起来，为东西方文化交流提供了独特的视觉桥梁。他们的作品不仅是艺术表达的产物，更是跨文化传播的媒介，蕴含的知识价值远超艺术家本身的声望。这些图像作为"文化符号"，既反映了广州作为世界性贸易港口的历史地位，也揭示了艺术生产背后的社会动态和文化逻辑。正是通过这些画家的创作，西方世界在视觉上接受并塑造了对中国的某种集体记忆和文化认知，从而推动了更广泛的跨文化交流与互动。

第二节　城市观感和视觉消费符号

18 至 19 世纪广州口岸的中西贸易语境下，广州的商业模式为西方贸易者与制作外销艺术品的工匠或艺术家提供了沟通与合作的平台。由于存在语言障碍，在此经商的人需使用"广州英语"，这是一种融合了多种语言元素的商业语言。它以口语形式存在,基于汉语的句法和短语,同时吸收了葡萄牙语、印度语、英语及广州方言的词汇。这一语言系统要求西方贸易者迅速适应,他们在商业活动中,既感受到文化交流的碰撞,也因"非西方传统"的差异产生复杂情绪,而"广州英语"中的部分歧视性表达,被认为是中国人对外界侵扰的一种反抗体现。例如,19 世纪 30 年代和 40 年代出版的西方游记中,将中文"夷"翻译成"barbarian(野蛮人)"的现象大量出现,且部分西方人记录了中国人使用"番鬼"称呼他们,这在一定程度上表明了本地人对西方人的疏远态度。同样,这种杂糅的商业语言系统也体现在中国外销艺术品的图像中,展示了广州口岸多样化的文化消费符号。外销艺术品中的文字符号有时直接解释图像内容,有时则作为图像空间的组成部分,彰显当地文化。这一符号系统表明,外销艺术品中的图像在"审美习惯"下产生的相似性与再现性之间的差异,并非源于绘画模式的不同,而是观看方式的差异所致。从视觉艺术语言的角度看,18 至 19 世纪城市观感中视觉文化的"互联性"日益增强。1712 年,一位在景德镇服务多年的传教士记载,当时中国可见的欧洲图画多为廉价风景画和城市景观画。而自乾隆时期起,广州口岸的外销艺术品生产者成为吸收外来绘画技术,尤其是空间呈现技术的积极探索者。他们通过临摹、仿制西方商人带来的艺术品,学习版画和细密画技法,甚至直接师从来华西方艺术家。一些复制性强的外销画册页通过版画印刷或湿线稿绘制轮廓,这种技法在外销玻璃画创作中也有所运用。尽管中国外销艺术品图像多为具象描绘,但解读其背后的意义并不简单,商品化的复制过程不仅涉及审美习惯,还需考虑艺术品制作的目的。例如,广州口岸行商定制的西洋风格肖像画,起初可能作为交流名片或商业凭证,但经西方艺术家复制传播后,不仅在西方沙龙展出,还作为中西贸易的视觉符号,通过版画复制被西方观众消费。此外,市井人物与生活生产的图像成为中国下层人民的商业名片,它们以更直接的注释帮助西方观众理解中国人,这些隐藏在图像中的话语在 18 至 19 世纪持续影响着东西方对自我与他者的认知。

从消费者角度出发,作为 18—19 世纪西方主导下全球贸易的文化商品，中国外销艺术品中的图像作为视觉消费符号，彰显了西方中心主义的视觉政体①。西方处于观看的主导地位，而东方则处于被认知、被观看的次要地位。在此过程中，女性形象被固化，她们延续着西方对中国的关注。外销画中，面容精致的行商女眷常被描绘于封闭的庭院中，闺怨主题强调弃妇的孤独与无奈，孩童的出现则明示画中妇女具有母亲身份，即便非亲生，也强调母性"天职"，作为性别符号的女性形象反映了西方人初期对东方情调的理解。而19世纪中期广州永泰兴画店广告单上的女性主题，已从初期的官宦、富贵人家女眷转变为与西方贸易者接触更多的下层女性，这些女性主题体现了对"性""娱乐""美人"等角度的关注。这些图像通过不断复制传播，构建了一个被观看、被建构的女性形象，其中女性话语缺失，更多展现的是男性，尤其是西方男性观察到的消费世界。在西方二元对立的视角下，这些整合的中国人形象及中国符号，均成为对中华民族族群象征的观照，刺激着满足西方视觉消费和审美习惯的形象生产。

第三节　中西方视觉消费角度的互换

　　德国历史学家斯宾格勒在其著作中构建的"西欧中心主义"理论，深刻地揭示了西方文明对于自我及外界的独特认知框架。这一框架以人种中心主义和文明中心主义为基石，塑造了西方社会审视世界的独特视点（斯宾格勒，1968）。18至19世纪间，随着全球贸易网络的拓展，广州口岸成为中西文化交流的前沿阵地。中国外销艺术品作为这一时期的特殊产

---

① 此处"政体"的概念借用与马丁·杰伊在《现代性的视界政体》中所勾勒的"视觉亚文化模式"。视界政体只是一种表象，潜藏在其下的是现代西方文化根深蒂固的西方中心主义。

物，不仅承载了西方贸易者的视觉消费需求，更在深层次上反映了中西文化交汇的复杂图景。西方贸易者对中国外销艺术品的热衷，并非单纯的美学追求，而是根植于资本主义初期积累阶段与启蒙时代求知欲的双重驱动下，对异域文化的强烈好奇与探索欲望。这种"群体消费"现象，不仅满足了西方社会对东方神秘主义的想象，更在无形中构建了基于西方中心主义视角的自我认同。然而，作为西方文明的深层结构，二元对立始终决定着西方人看世界的眼光，抽象主体的设立和中心透视决定了西方中心主义视角的必然性，但这一单一的视觉消费角度必然会在当下的图像分析中产生偏见。

历史学家万青力在《并非衰落的百年：十九世纪中国绘画史》中，对19世纪中国绘画史的研究提出了新的视角，主张以内部标准审视中国绘画，摆脱强加于其上的偏见与蔑视。这一观点同样适用于对中国外销艺术品的解读。这些艺术品不仅展现了西方观众的视觉偏好，更揭示了广州口岸这一特定历史语境下，本土艺术家与工匠如何依据自身文化传统，巧妙融合西方元素，创造出既符合西方审美又蕴含东方韵味的独特视觉符号。从全球史的观念来看，18世纪中叶至19世纪中叶，多元的能动者和渠道促成了"接触区域"的兴起。广州口岸作为"接触区域"的典型代表，其复杂的语言环境、多元的文化交融，以及商品化的中西"折衷"风格图像，不仅与西方绘画技法的传入紧密相连，更与江南版画、北方宫廷风俗画等传统艺术形态相互借鉴，共同孕育出新颖独特的视觉风貌。这种视觉符号的创新，不仅体现了制作者与广大民众对新颖视觉效果的追求，更在无形中塑造了盛清艺术与视觉文化的独特风貌。尤为值得注意的是，广州地方的能动者在视觉符号的创造过程中，展现出了高度的自主性与创造性。他们并非被动地接受欧洲"影响"，而是主动地从丰富的符号系统中择取元素，进行"挪用"与再创造。这一行为，不仅赋予了商业图像以新的生命，更在视觉文化的生产与消费中，实现了东西方视觉消费的深度互动与交融。

本书通过对中国外销艺术品图像中模板、空间、性别等细节的研究，深入剖析了这些地方行动者的具体运作机制，揭示了其如何在特殊性与普遍性、地方性与全球性之间寻找平衡与互补。这一过程，不仅是对欧洲中心主义艺术史观的挑战与反思，更是对全球化视野下中国外销艺术品文化价值的新确认。西方传统思想往往重视事实，轻视拟像，而"挪用"行为则赋予了商业图像生产者以极大的能动性，使其在视觉符号的创造中，能够灵活地穿梭于东西方文化之间，创造出既具有跨文化特征又不失本土韵味的艺术作品。这一实践，不仅丰富了视觉文化的内涵，更为我们理解全球化时代下的文化交流与融合提供了新的视角与启示。

参考文献

一、中文著作

[1]（宋）周去非.岭外代答［M］.北京：中国书店，2018.

[2]（宋）叶适.叶适集［M］.北京：中华书局，2010.

[3]（明）顾启元.客座赘语［M］.上海：上海古籍出版社，2012.

[4]（清）印光任，张汝霖.澳门纪略［M］.澳门：澳门文化司署，1992.

[5]（清）李元度.国朝先正事略［M］.长沙：岳麓书社，2008.

[6]（清）姜绍书.无声诗史韵石斋笔谈［M］.印晓峰，校.上海：华东师范大学出版社，2009.

[7]（清）孙希旦.礼记集解［M］.沈啸寰，王星贤，点校.北京：中华书局，1995.

[8]（清）梁廷枏.粤海关志［M］.广州：广东人民出版社，2014.

[9]（清）赵翼.檐曝杂记［M］.北京：中华书局，1982.

[10]［英］E. H. 贡布里希.艺术与错觉：图画再现的心理学研究［M］.杨成凯，李本正，范景中，译.南宁：广西美术出版社，2015.

[11]王正华.网络与阶层：走向立体的明清绘画与视觉文化研究［M］.台北：石头出版股份有限公司，2020.

[12]中山市档案局主编.香山明清档案记录［M］.上海：上海古籍出版社，2006.

[13]"中研院"近代史研究所，主编.近代中国对西方及列强认识资料汇编［M］.台北："中研院"近代史研究所，1990.

[14]中外关系史学会.中外关系史论丛［M］.北京：世界知识出版社，1985.

[15]中国史学会.鸦片战争（一）［M］.上海：上海神舟国光社，1954.

[16]［英］孔佩特.广州十三行：中国外销画中的外商（1700—1900）［M］.

于毅颖，译.北京：商务印书馆，2014.

[17][美]卡尔·克罗斯曼.中国外销装饰艺术[M].孙越，黄丽莎，译.北京：商务印书馆，2015.

[18]田昌五.中国封建社会经济史（第4卷）[M].济南：齐鲁书社，1996.

[19]朱杰勤.中外关系史译丛[M].北京：海洋出版社，1984.

[20][美]汤姆·米歇尔.图像学：形象 文本 意识形态[M].陈永国，译.北京：北京大学出版社，2012.

[21]江滢河.清代洋画与广州口岸[M].北京：中华书局，2007.

[22]巫鸿.时空中的美术：巫鸿古代美术史文编二集[M].北京：生活·读书·新知三联书店，2016.

[23]巫鸿.中国绘画中的"女性空间"[M].北京：生活·读书·新知三联书店，2019.

[24]李世庄.中国外销画：1750s—1880s[M].广州：中山大学出版社，2014.

[25]李国荣，林伟森，主编.清代广州十三行纪略[M].广州：广东人民出版社，2006.

[26]吴芳思.帝国掠影：英国访华使团画笔下的清代中国[M].北京：中国人民大学出版社，2006.

[27][意]利玛窦，[比]金尼阁.利玛窦中国札记[M].何高济，等译.北京：中华书局，2010.

[28][美]亨特.广州番鬼录；旧中国杂记[M].冯树铁，沈正邦，译.广州：广东人民出版社，2009.

[29][英]戴维·阿诺德.地理大发现[M].王国玮，译.台北：麦田出版公司，1999.

[30][英]托马斯·阿罗姆.大清帝国城市印象：十九世纪英国铜版画[M].李天纲，主编.上海：上海古籍出版社，2002.

[31][美]范岱克.广州贸易：中国沿海的生活与事业:1700—1845[M].黄超，译.北京：社会科学文献出版社，2008.

[32]季压西，陈伟民.中国近代通史[M].北京：学苑出版社，2007.

[33]周宁.天朝遥远：西方的中国形象研究[M].北京：北京大学出版社，2006.

[34]冼宝榦，万伟成，主编.民国佛山忠义乡志[M].佛山市图书馆，校注.长沙：岳麓书社，2017.

[35]［法］西蒙·德·波伏娃.第二性［M］.邱瑞銮，译.台北：猫头鹰出版社，2013.

[36] 胡光华.西方绘画东渐中国"第二途径"研究［M］.天津：天津人民美术出版社，2005.

[37] 胡朴安.中华全国风俗志［M］.武汉：湖北人民出版社，1986.

[38]［荷］约翰·纽霍夫.荷使初访中国记［M］.包乐史，庄国土，译.厦门：厦门大学出版社，1989.

[39]［美］高彦颐.闺塾师：十七世纪中国的妇女与文化［M］.李志生，译.南京：江苏人民出版社，2005.

[40]［比利时］高华士.清初耶稣会士鲁日满常熟账本及灵修笔记研究［M］.赵殿红译，郑州：大象出版社，2007.

[41] 陈来.古代宗教与伦理：儒家思想的根源［M］.北京：生活·读书·新知三联书店，2009.

[42] 陈美延，主编.陈寅恪集·金明馆丛稿初编［M］.北京：生活·读书·新知三联书店，2001.

[43] 陈滢.陈滢美术文集［M］.广州：广东人民出版社，1995.

[44] 陈继春.钱纳利与澳门［M］.澳门：澳门基金会，1995.

[45] 陈顾远.中国婚姻史［M］.上海：上海书店，1984.

[46] 梁嘉彬.广东十三行考［M］.广州：广东人民出版社，1999.

[47] 张箭.地理大发现研究［M］.北京：商务印书馆，2002.

[48] 张毅，主编.历朝闺怨情爱诗［M］.北京：华夏出版社，1999.

[49] 张错，通草与画布：19世纪外贸画与中国画派［M］.台北：艺术家，2017.

[50] 黄时鉴，主编，东西交流论坛（第二集）［M］.上海：上海文艺出版社，2001.

[51] 黄时鉴，沙进，十九世纪中国市井风情：三百六十行［M］.上海：上海古籍出版社，1999.

[52] 费成康，澳门400年［M］.上海：上海社会科学院出版社，1996.

[53]［英］菲利普·费南德兹·阿梅斯托，2010.大探险家：发现新世界的壮阔之旅［M］.黄中宪，译.台北：左岸文化事业有限公司.

[54] 杨伯达，清代院画［M］.北京：紫禁城出版社，1993.

[55]［法］奥古斯特·博尔杰，奥古斯特·博尔杰的广州散记［M］.钱林森，等译.上海：上海书店出版社，2006.

[56][德]奥斯瓦尔德·斯宾格勒，1968.西方的没落[M].齐世荣，等译.北京：商务印书馆.

[57][英]迈克尔·苏利文，东西方美术的交汇[M].赵潇，译.上海：上海人民出版社，2014.

[58]刘芳，章文钦，主编，清代澳门中文档案汇编 vol.I-II[M].澳门：澳门基金会，1999.

[59]刘翠溶，明清时期家族人口与社会经济变迁[M].台北："中央"研究院经济研究所，1992.

[60][美]爱德华·W.萨义德，东方学[M].王宇根，译.北京：生活·读书·新知三联书店，2007.

[61][英]埃里克·霍布斯鲍姆，民族与民族主义[M].李金梅，译.上海：上海人民出版社，2000.

[62]阎宗临，中西交通史[M].南宁：广西师范大学出版社，2007.

[63]龙思泰，早期澳门史[M].上海：东方出版社，1997.

[64]戴裔煊，明史卷92：兵志四[M].北京：中国社会科学出版社，1984.

[65]龚之允，图像与范式：早期中西绘画交流史（1514—1885）[M].北京：商务印书馆，2014.

[66][法]让·鲍德里亚，2000.消费社会[M].刘成富，全志钢，译.南京：南京大学出版社.

二、中文论文

[1]丁新豹.中国风与康、雍、干时代的中法文化交流[J].澳门博物馆，象映乾坤：中国风：48，2013.

[2]可飞鲨，乐怀璧.19—20世纪英国对中国性实物的收藏及其文化的解读[A].董少新编，感同身受：中西文化交流背景下的感官与感觉[C].上海：复旦大学出版社，2018.

[3][葡萄牙]托梅·皮莱资.东方概要(手稿)[J].文化杂志中文版(31)：17，1997.

[4]江滢河.清代广州外销画若干市井女性形象浅析[J].文化杂志，中文版(72)：51-65，2009.

[5]姚斌.中国的影像与影像的中国：约翰·汤姆森与中国形象[J].国际汉学(01)：154-161，2016.

［6］庄育振．理想风景的追寻之二：从十八世纪英国如画美学的观点谈地景艺术的剧场性［J］.台湾美术（10）：80，2010.

［7］陆文雪.阅读和理解:17—19世纪中期的欧洲的中国图像［D］.香港：香港中文大学博士论文，2003.

［8］陈滢.18至19世纪的广州外销画家及其艺术［J］.美术（04）：103-108，2013.

［9］陈曦.18 —19世纪西方人眼中的中国女性：以珠江疍家女为例［J］.岭南文史：39，2016.

［10］闫辉.清代战图类宫廷铜版画艺术研究［J］.美术研究（03）：46-50，2006.

［11］张隆溪.什么是"怀柔远人"？正名、考证与后现代式史学［J］.二十一世纪（02）：56-63，1998.

［12］彭长歆.清末广州十三行行商伍氏浩官造园史禄［J］.中国园林（05）：91，2010.

［13］董少新."'黑睛小眼'与'碧瞳神目'的对望以及关于眼睛的审美"［A］.董少新编，感同身受：中西文化交流背景下的感官与感觉［C］.上海：复旦大学出版社：137，2018.

［14］程存洁、黄庆昌.海贸遗珍：十八至二十世纪初广州外销艺术品［J］.收藏家：49，2006.

［15］郑伊看.另一个我：一件广州外销镜画中的"牧羊女"形象研究［J］.艺术设计研究（06），2020.

［16］刘凤霞.口岸文化：从广东的外销艺术探讨近代中西文化的相互观照［D］.香港：香港中文大学博士论文，2012.

［17］联合国毒品和犯罪问题办公室.麻醉品公报（第五十九卷）［R］.（1）（2），2007.

［18］魏崴.18、19世纪广东社会生产与社会生活油画研究［A］.银川当代美术馆编，视觉的调适：中国早期洋风画［C］.中国青年出版社：372，2014.

三、西文著作

［1］Algernon Graves, The Royal Academy of Arts：A Complete Dictionary of Contributors and their Work from its Foundation. London：H. Graves, 1905.

[2] André Everard van Braam Houckgeest, An Authentic Account of the Embassy of the Dutch East-India Company. New York : Cambridge University Press, 2011.

[3] Anne Birrell, New Songs from a Jade Terrace. London : George Allen & Unwin, 1982.

[4] Antonia Finnane, Changing Clothes in China : Fashion, History, Nation. New York : Columbia University Press, 2007.

[5] Boje Jens, Journal paa den anden Reyse til China med Skibet Dronningen af Danmark, Indeholdende de merkvrdigste Ting, som fra Reysens Begyndelse Anno 1742 og til dens Ende 1744 ere arriverede. Samt lidet om nogle Landes Vsen og Beskaffenhed (Journal kept on the second journey to China with the Queen of Denmark, containing the most peculiar things happening from the beginning of the journey in 1742 to its ending in 1744. Together with a little about the nature and character of some countries). Copenhagen : Glasing, 1745.

[6] Carl L Crossman. The China trade : Export Paintings, Furniture, Silver&Other objects. Princeton : The Princeton press, 1972.

[7] Carl L. Crossman, The decorative arts of the China trade : Paintings, furnishings and exotic curiosities. Woodbridge : Antique Collectors' Club, 1991.

[8] Carmen Nocentelli, Empires of Love : Europe, Asia, and the Making of Early Modern Identity. Pennsylvania : University of Pennsylvania Press, 2013.

[9] Christoph Conrad, Social History, International Encyclopedia of the Social and Behavioral Sciences. Amsterdam : Elsevier, 2001.

[10] Clarke Abel, Narrative of a journey in the interior of China. London : Longman, 1818.

[11] Clunas, Craig, Fruitful Sites : Garden Culture in Ming Dynasty China. London : Reaktion Books, 1996.

[12] Clunas, Craig, Chinese painting and its audiences. New Jersey : Princeton University Press, 2016.

[13] Colin Mackerras, Western Images of China. USA : Oxford University Press, 2000.

[14] David Clark, Chinese Art and its Encounter with the World. Hong Kong : Hong Kong University Press, 2011.

[15] Downing Charles Toogood, The Fan-Qui in China, in 1836-7, 3 cols. London : Henry Colburn, 1838.

[16] Downs Joseph, The China Trade and Its Influences. New York : Harbor Press, 1941.

[17] Duhaut-Cilly & Auguste Bernard & August Frugé & Neal Harlow, A Voyage to California, the Sandwich Islands & Around the World in the Years 1826-1829. Berkeley : University of California Press, 1999.

[18] Eckert & Jones, The history of everyday life : Reconstructing Historical Experiences and Ways of Life. Princeton : Princeton University Press, 1995.

[19] Erwin Panofsky, Studies In Iconology. New York : Harper & Row, 1962.

[20] Fitch W. Taylor, A Voyage around the World. New York: U. Appleton, 1848.

[21] Fortune, Robert, Two Visits to the Tea Countries of China and the British Tea Plantations in the Himalaya. London : John Murray, 1853.

[22] Francette Pacteau, The symptom of Beauty. Cambridge : Harvard University Press, 1994.

[23] George B. Stevens, The Life, Letters, and Journals of the Rev. and Hon. Peter Parker, M.D., Missionary, Physician, and Diplomatist, The Father of Medical Missions and Founder of the Ophthalmic Hospital in Canton. Boston : Congregational Sunday-School and Publishing Society, 1896.

[24] Greig, James ed, The Farington Diary, Vol. I (July 13, 1793 to August 24, 1802) . London : Hutchinson and Co, 1923.

[25] Hellman, Lisa, Navigating the foreign quarters : Everyday life of the Swedish East India Company employees in Canton and Macao 1730 - 1830,Stockholm : Department of History. Stockholm University, 2015.

[26] Hickey, William & Alfred Spencer, Memoirs of William Hickey. London : Hurst&Blackett, 1948.

[27] Hunter, William C, The 'Fan-kwae' at Canton Before Treaty Days, 1825-1844. London : Kegan Paul, Trench, &Co, 1882.

[28] Israel Reinius, Herman Reinius, Journal hllen p resan till Canton. Stockholm : Birgit Lunelund-Grnroos,2008.

[29] J.L. Cranmer-Byng ed, J. L. Macartney, Lord, Cranmer-Byng,An Embassy To China : Being The Journal Kept By Lord Macartney During His Embassy To The Emperor ChIen-Lung, 1793-1794. London : Longmans, 1962.

[30] Jacques M. Downs, The Golden Ghetto, The American Commercial Community at Canton and the Shaping of American China Policy, 1784-1844. Hong Kong : Hong Kong University Press, 2014.

[31] James Cahill, Pictures for Use and Pleasure : Vernacular Painting in High Qing China. Berkeley : University of California Press, 2010.

[32] Jane Turner ed, The Dictionary of Art. Oxford : Oxford University Press, 1996.

[33] Jean Baudrillard, Mark Poster ed, For a Critique of the Political Economy of the Sigh, in Selected Writings. Stanford : Stanford University Press, 1988.

[34] John Goldsmith Phillips, China-trade porcelain : an account of its historic. Cambridge, MA : Harvard University Press, 1956.

[35] John Thomson, China and Its People in Early Photographs. New York : Dover Publications, 1982.

[36] John Thomson, Thomson's China : Travels and Adventures of a Nineteenth-Century Photographer. Judith Balmer (ed.) . Oxford : Oxford University Press, 1933.

[37] Jones, O, The grammar of ornament. London : A. & C. Black, 2008.

[38] Joshua A. Fogel ed, Traditions of East Asian Travel. New York : Berghahn Books, 2005.

[39] Kam Louie, Theorising Chinese Masculinity : Society and Gender in China. Cambridge : Cambridge University Press, 2002.

[40] Katherine Hillard ed, My Mother's Journal. Boston : G. H. Ellis, 1900.

[41] Kiernan, V. G, British diplomacy in China, 1880 to 1885. New York : Octagon Books, 1970.

[42] Lo-shu Fued, A Documentary Chronicle of Sino-Western Relation (1644-1820), vol. I-II. Tucson : The University of Arizona Press, 1966.

[43] Margaret C. S. Christman, Adventurous Pursuits：Americans and the China trade, 1784—1844. Washington：Smithsonian Institution Press, 1984.

[44] Margaret Jourdain & R. Soame Jenyns, Chinese Export Art In the Eighteenth Century. London：Country Life Limited, and New York：Charles Scribner's Sons, 1950.

[45] Max Weber, The Religion of China：Confucianism and Taoism. New York：Free Press, 1968.

[46] Meares, J, Voyages Made In The Years 1788 And 1789, From China To The North West Coast Of America. London：Printed at the Logographic Press, 1791.

[47] Michael Greenberg, British Trade and the Opening of China 1800—42. Cambridge：Cambridge University Press, 1951.

[48] Michael Keevak, Becoming Yellow：A Short History of Racial Thinking. New Jersey：Princeton University Press, 2011.

[49] Michael Sullivan, The meeting of Eastern and Western Art. London：Thames and Hudson, 1973.

[50] Michael Sullivan, The Meeting of Eastern and Western Art. Berkeley：University of California Press, 1989.

[51] Nichols, J, Illustrations of the Literary History of the Eighteenth Century London：Printed by and for the author, 1817.

[52] Osmond Tiffany, Jr, The Canton Chinese of the American's Sojourn in the Celestial Empire. Boston and Cambridge：James Minore and Company, 1849.

[53] Osmond Tiffany, The Canton Chinese：Or, The American's Sojourn in the Celestial Empire. Boston：J. Munroe, 1849.

[54] Osvald Sirén, Kina och den kinesiska tanken i Sverige p 1700—talet . Stockholm：Lychnos, 1948.

[55] Patrick Conner, George Chinnery 1774—1852, Artist of India and the China Coast. Woodbridge：Antique Collectors Club Ltd, 1993.

[56] Patrick Conner, The Hongs of Canton：Western Merchants in South China 1700—1900, as Seen in Chinese Export Paintings. London：English Art Books, 2009.

[57] Paul A. Van Dyke & Maria Kar-Wing Mok, Images of the Canton

Factories 1760 −1822 : Reading History in Art. Hong Kong University Press, 2015.

[58] Paul A. Van Dyke, The Canton Trade : Life and Enterprise on the China Coast, 1700−1845. Hong Kong : Hong Kong University Press, 2005.

[59] Paul Ricoeur, Time and Narrative. Chicago : University of Chicago Press, 1988.

[60] Paul Van Dyke, Merchants of Canton and Macao : Politics and Strategies in Eighteenth−Century Chinese Trade. Hong Kong : Hong Kong University Press, 2011.

[61] Paul Van Dyke, Merchants of Canton and Macao : success and failure in eighteenth−century Chinese trade. Hong Kong : Hong Kong University Press, 2016.

[62] Peter Osbeck, A Voyage to China and the East Indies. London : Benjamin White, 1771.

[63] Parker, Peter, Minutes of two annual meetings of the Medical missionary society in China ; including the sixteenth report of its Ophthalmic hospital at Canton, for the years 1850 and 1851 [R]. Canton : Printed at the office of the Chinese repository, 1851.

[64] Parker, Peter, Minutes of two annual meetings of the Medical missionary society in China : including the sixteenth report of its Ophthalmic hospital at Canton, for the years 1850 and 1851. Canton : Printed at the office of the Chinese repository, 1852.

[65] Philip Carter, Men and the Emergence of Polite Society 1660−1800, New York : Routledge, 2000.

[66] Richard T, Schaefer, Encyclopedia of Race, Ethnicity, and Society. Thousand Oaks : SAGE Publications, 2008.

[67] Robert Morrison & Eliza A. Robert Morrison, Memoirs of the life and labours of Robert Morrison. South Carolina : Nabu press, 2014.

[68] Shelvocke, G, A Voyage Round The World By Way Of The Great South Sea. Bowie, MD : Heritage Books, 2003.

[69] Sheridan Prasso, The Asian Mystique : Dragon Ladies, Geisha Girls, & Our Fantasies of the Exotic Orient. New York : Public Affairs, 2005.

[70] Stephen W. Bushell, Description of Chinese Pottery and Porcelain.

Oxford : Clarendon Press, 1910.

[71] Theodore R. Schatzki, Social Practices : A Writtgensteinian Approach to Human Activity and the Social. Cambridge : Cambridge University Press, 1996.

[72] Thierry Audric, Chinese reverse glass painting 1720-1820 : An artistic meeting between China and the West. Bern : Peter Lang AG, 2020.

[73] Torén, O, En ostinisk resa. Stockholm : Tiden, 1961.

[74] Tr. Saeha. Rabinoriteh & Henri Lefbvre, Everyday life in the modern world. London : Routledge, 1971.

[75] Valery M. Garrett, Heaven Is High, the Emperor Far Away : Merchants and Mandarins in Old Canton. Oxford : Oxford University Press, 2002.

[76] Vinton A. Dearing & Charles E. Beckwith, eds, Poetry and Prose. New York : Oxford University Press, 1974.

[77] William C. Hunter, Bits of old China. MA : Adamant Media Corp, 2005.

[78] Wu Tung, Tales from the Land of Dragons. Boston : Museum of Fine Arts, 1997.

四、西文论文

[1] Bartlett, C.J. Peter Parker, the Founder of the Modern Medical Missions : A Unique Collection of Paintings [J] . Journal of the American Medical Association, 67, 1916.

[2] Carbone, Iside. Glimpses of China through the Export Watercolours of the 18th-19th Centuries : A Selection from the British Museum's Collection (MPhil thesis). SOAS University of London. Retrieved from DOI : https : //doi.org/10.25501/SOAS.00028566, 2002.

[3] Dobkin, Josephine C. Chinnery and Houqua : Questions of Attribution. Metropolitan Museum Journal, 48 (2013) , 205-216, 2013.

[4] Emma Jinhau Teng. The West as a "Kingdom of Women" : Woman and Occidentalism in Wang Tao's Tales of Travel. In Joshua A. Fogel (Ed.) , Traditions of East Asian Travel. New York : Berghahn Books, 2005.

[5] Frederic D. Grant, Jr. The Failure of the Li-ch'uan Hong : Litigation as a Hazard of Nineteenth-Century Foreign Trade. The American

Neptune, 48, 243-260, 1988.

[6] Frederik Green. Glimpses of a Different World : 19th Century Chinese Trade Paintings from the Sutro Orientalia Collection. Bulletin of the California State Library Foundation, 2014, p.110, 2014.

[7] Igor Kopytoff. The Cultural Biography of Things : Commoditization as Process. In Arjun Appadurai (Ed.) , The Social Life of Things : Commodities in Cultural Perspective. Cambridge : Cambridge University Press, 1986.

[8] Jinhua Emma Teng. The Construction of the 'Traditional Chinese Woman' in the Western Academy : A Critical Review. SIGNS, 22, 115-151, 1996.

[9] John D. Wong. Global Positioning : Houqua and his China Trade Partners in the Nineteenth Century (Doctoral dissertation) . Harvard University, USA, 2012.

[10] Jolia Kuehn. Knowing Bodies, Knowing Self : The Western Woman Traveler's Encounter with Chinese Women, Bound Feet and the Half-Caste Child, 1880-1920. Studies in Travel Writing, 2008 (12) , 265-290, 2008.

[11] L.H. Liu. Robinson Crusoe's Earthenware Pot. Critical Inquiry, 25, No.4, 728-757, 1999.

[12] M. de la Vollée. Art in China. Bulletin of the American Art Union, 1850, p.119, 1850.

[13] M. van Wijhe. The History of Caffeine as Used in Anesthesia. In Jose Carlos Diz (Eds.), The History of Anesthesia. Amsterdam: Elsevier. p.101, 2002.

[14] Michael Werner. Beyond Comparison : Histoire Croisée and the Challenge of Reflexivity. History and Theory, 45, No.1, 30-50, 2006.

[15] Miles Ogborn. Writing Travels : Power, Knowledge and Ritual on the English East India Company's Early Voyages. Transactions of the Institute of British Geographers, New Series 27, No.22, 2002.

[16] Natalia V. Alferova & Anna V. Tarasenko. Chinese Export Painting in the Collection of the National Library of Russia. National Research University Higher School of Economics, HSE Working Papers WP BRP 112/ HUM/2015, 2015.

[17] Patricia Buckley Ebrey. Gender and Sinology : Shifting Western

Interpretations of Footbinding, 1300−1890. Late Imperial China, 1999（20），1−34，1999.

［18］Patrick Conner. The Enigma of Spoilum and the Origins of China Trade Portraiture. Magazine Antiques, March 1998, p.420, 1998.

［19］Patrick Conner. Lamqua : Western and Chinese Painter. Arts of Asia, 29, No.2, p.5, 1999.

［20］Pauline Webber. A Souvenir from Guangzhou. Conservation Journal, Issue 48, 2004.

［21］Rosalien van der Poel. Made for Trade−Made in China, Chinese Export Paintings in Dutch Collection : Art and Commodity（Doctoral dissertation）. Rhodes University, Netherlands, 2016.

［22］Sander L. Gilman. Lam Qua and the Development of a Westernized Medical Iconography in China. Medical History, 30, No.1, 57−69, 1986.

［23］Shelagh Vainker. Costumes of China. Orientations, Volume 34, 2003.

［24］Stephen McDowall. Global China : Material Culture and Connections in World History. Journal of World History, vol.23 no.1, 3−8. doi : 10.1353/jwh.2012.0008, 2012.

［25］Thomas Prasch. Mirror Images : John Thomson's Photographs of East Asia. In Douglas Kerr and Julia Kuehn（Eds.）, A Century of Travels in China : Critical Essays on Travel Writing from the 1840s to the 1940s. Hong Kong : Hong Kong University Press, 53−62, 2007.

［26］Timothy Kendall. Torture−and Loving Care−in China : Captivity and the Fiction of Oriental Despotism. In Eric Hayot, Haun Saussy and Steven G.Yao（Eds.）, Sinographies : Writing China. Minneapolis : University of Minnesota Press, 2008.

［27］Wang Cheng−hua. A Global Perspective on Eighteenth−Century Chinese Art and Visual Culture. Art Bulletin, 964, 391, 2014.

［28］William Foster. British Artists in India : 1760−1820. The Walpole Society, XIX, 24, 1930.

［29］Wyatt, Don J. A Certain Whiteness of Being : Chinese Perception of Self by the Beginning of European Contact. In Rotem Kowner and Walter Demel（Eds.）, Race and Racism in Modern East Asia : Western and Eastern Constructions. Leiden : Brill, 2012.

[30] Yangwen Zheng. The Social Life of Opium in China, 1483—1999. Modern Asian Studies, Vol.37, 1–39, 2003.

五、展览图册、图录

[1] 王次澄，吴芳思，宋家钰，主编. 大英图书馆特藏中国清代外销画精华 [C]. 广州：广东人民出版社，2011.

[2] 王潮生，主编. 中国古代耕织图 [C]. 北京：中国农业出版社，1995.

[3] 英国维多利亚阿拉伯特博物院，广州市文化局，等. 18 —19 世纪羊城风物：英国维多利亚阿尔伯特博物院藏广州外销画 [C]. 上海：上海古籍出版社，2003.

[4] 香港艺术馆. 珠江风貌：澳门、广州及香港 [C]. 香港：香港市政局，2002.

[5] 香港海事博物馆. 珠三角航海图集 [C]. 香港：香港海事博物馆，2015.

[6] 澳门博物馆. 象映乾坤：中国风 [C]. 澳门：澳门特别行政区政府文化局，2013.

[7] 澳门艺术博物馆. 海侨儒宗：利玛窦逝世四百周年文物特集 [C]. 澳门：澳门艺术博物馆，2010.

[8] 澳门艺术博物馆. 速写澳门：钱纳利素描集 [C]. 澳门：澳门艺术博物馆，2012.

[9] Burford Robert. Description of a view of Canton, the river Tigress, and surrounding country : now exhibiting at the Panorama, Leicester square, London. Printed by T. Brettell, 1838.

[10] Craig Clunas. Chinese export watercolours. Kent : Victoria and Albert Museum, 1984.

[11] Craig Clunas. Chinese export art and design. Kent : Victoria and Albert Museum, 1987.

[12] Dunn, Nathan. 10,000 Chinese Things : A Descriptive catalogue of the Chinese Collection in Philadephia : With Miscellaneous Remarks upon the Manners, Customs, Trade, and Government of the Celestial Empire. Philadelphia : Printed for the Proprietor, 1839.

[13] Francis B Lothrop. George Chinnery 1774—1852, and other Artists

of the Chinese Scene. Salem：Peabody Museum of Salem, 1967.

[14] Luisa Vinhais & Jorge Welsh. A Time and A Place——Views and Perspectives on Chinese Export Art. Kensington：Jorge Welsh, 2016.

[15] Mary Bartlett Cowdrey. American Academy of Fine Arts and American Art-Union：Exhibition Record 1816-1852. New York：New York Historical Society, 1953.

[16] National Library of Australia. The Chinese Pith Painting Collection at the National Library of Australia. Canberra：National Library of Australia, 2017.

[17] Patrick Conner. The China Trade 1600-1860. The Royal Pavilion：Art Gallery and Museums, Brighton, 1986

[18] W.R. Sargent et al.（eds.）. Views of the Pearl River Delta：Macau, Canton and Hongkong. Hong Kong：Hong Kong Museum, 1996.

六、网络文献

[1]（明）高濂. 遵生八笺［M］. 明万历时期雅尚斋刊本［OL］. 哈佛大学图书馆，https://hollis.harvard.edu/primo-explore/search？tab=everything&search_scope=everything&vid=HVD2&lang=en_US&mode=basic&offset=0&query=lsr01,contains,007918128.

[2]（明）黄佐纂修. 广东通志（嘉靖 40 年刻本）［OL］. 广州：广东省地方志办公室誊印，https://www.99xianzhi.com/xianzhi/1122.html.

[3]（清）徐珂编撰. 清稗类钞［OL］. 中国哲学书电子化计划维基 https://ctext.org/wiki.pl？if=gb&chapter=280523.

[4] 王亚楷，2020-5-22. 晚清的鸦片劝诫图［OL］. 文汇报，1765.

[5]Carl Gustav Ekebergs ostindiska Resa, Aren 1770 och 1771.Rostock：verlegts Johann Christian Koppe. Retrieved from https：//archive.org/details/reisenachostind00osbe.

[6]Elijah Coleman Bridgman, Description of the City of Canton：with an appendix, containing an account of the population of the Chinese Empire, Chinese weights and measures, and the imports and exports of Canton. Retrieved from：https：//primarysources.brillonline.com/browse/western-books-on-china/description-of-the-city-of-cantonwith-an-appendix-

containing-an-account-of-the-population-of-the-chinese-empire-chinese-weights-and-measures-and-the-imports-and-exports-of-canton ; ht649,1834.

[7]Gardener's Chronicles, Retrieved from : https : //www.biodiversitylibrary.org/item/104355#/page/1/mode/1up, 1860.

[8]Mason, George Henry, The costume of China : illustrated by sixty engravings : with explanations in English and French. Retrieved from Getty Research Institute. https : //archive.org/details/gri_33125008480846, 1800.

[9]Pat Hardy, New research on rare clay portrait figure by Chitqua,Retrieved from https : //www.britishportraits.org.uk/research-papers/new-research-on-rare-clay-portrait-figure-by-chitqua/, 2013.

[10]Pehr Osbeck, A voyage to China and the East Indies. London : B. White. Retrieved from https : //archive.org/details/b30531500_0002, 1771.

[11]Samuel Wells Williams, A Chinese Commercial Guide : Consisting of a Collection of Details and Regulations Respecting Foreign Trade with China, Sailing Directions, Tables. Retrieved from Printed at the Office of the Chinese Repository. GoogleBooks : https : //books.google.com/books ? id =cMNLAAAAYAAJ&printsec=frontcover&hl=zh-CN&source=gbs_ge_summary_r&cad=0#v=onepage&q&f=false, 1856.

[12]William Chambers, Designs of Chinese Buildings, Furniture, Dresses, Machines, and Utensils, London : Published for the author, Retrieved from : https : //archive.org/details/DesignsChineseb00Cham/page/10/mode/2up, 1757.

七、手稿

[1] Ebenezer Dorr & William Dorr and John Dorr, Dorr Family Papers, 1684-1887. Retrieved from Massachusetts Historical Society, 1684, 1787, 1799.

[2] https : //www.cap.amdigital.co.uk/Documents/Details/Letters-from-Ebenezer-Dorr——William-Dorr-and-John-Dorr/MHS_DorrFamily_B1_F1.

[3] Rebecca Chase Kinsman, Life in Macao in the 1840's : Letters of Rebecca Chase Kinsman to Her Family in Salem. From the Collection of Mrs. Rebecca Kinsman Munroe, Essex Institute Historical Collection, 1950.